上市公司并购重组案例解析与法规汇编

北京证监局课题组
北京上市公司协会 编

并购·重组

科学出版社
北京

内 容 简 介

本书以北京辖区上市公司为研究对象，系统梳理自 2015 年至 2017 年发生的并购重组行为，深入研究上市公司并购重组的背景原因、特征趋势和潜在风险，重点剖析辖区上市公司并购重组典型案例，从并购重组视角研究如何在强化监管、防范风险的基础上，积极稳妥地实现金融服务实体经济、提高辖区上市公司可持续发展能力。本书还对上市公司最新重组并购相关法律法规进行梳理，对于上市公司的重组并购具有权威性的借鉴及指导价值。

本书可供上市公司股东、董事、监事、高级管理人员，以及参与上市公司并购重组的相关人士参考。

图书在版编目（CIP）数据

上市公司并购重组案例解析与法规汇编 / 北京证监局课题组，北京上市公司协会编. —北京：科学出版社，2019.6

ISBN 978-7-03-061766-8

Ⅰ. ①上… Ⅱ. ①北… ②北… Ⅲ. ①上市公司-企业兼并-案例-中国 ②上市公司-企业重组-案例-中国 ③上市公司-企业兼并-企业法-汇编-中国 ④上市公司-企业重组-企业法-汇编-中国 Ⅳ. ①F279.246 ②D922.291.919

中国版本图书馆 CIP 数据核字（2019）第 132248 号

责任编辑：陈会迎 李 嘉 / 责任校对：杨 赛
责任印制：徐晓晨 / 封面设计：无极书装

科学出版社出版
北京东黄城根北街 16 号
邮政编码：100717
http://www.sciencep.com

北京虎彩文化传播有限公司 印刷
科学出版社发行 各地新华书店经销

*

2019 年 6 月第 一 版 开本：720 × 1000 1/16
2019 年 11 月第二次印刷 印张：21 1/2
字数：428 000

定价：168.00 元

（如有印装质量问题，我社负责调换）

编委会名单

前　言

当前，全球经济在深度调整中缓慢复苏，中国经济进入增速换挡、结构调整、动能转换相互交织的新常态。推动经济由高速增长阶段转向高质量发展阶段，是适应我国社会主要矛盾变化、保持经济持续健康发展的必然要求。适应新常态、引领新常态，紧紧围绕供给侧结构性改革服务实体经济，是资本市场的使命和职责。作为资本市场的基石、国民经济的脊梁，上市公司是提高供给质量的主力军，也是新技术、新产业的重要开拓者。因此，在供给侧结构性改革的迫切要求下，亟须发挥上市公司龙头效应，充分利用并购重组优化资源配置功能，积极促进企业提质增效、产业转型升级和经济结构优化。

在当前和今后一个时期，北京市将深入落实政治中心、文化中心、国际交往中心、科技创新中心等“四个中心”的城市战略定位，有序疏解非首都功能，优化提升首都功能。通过大力推进并购重组促进首都经济转型升级、推动科技成果产业化、构建高精尖经济结构，在质量、效率、动力变革上下大功夫，这不仅符合城市经济内生增长的需要，而且体现新时代推动经济高质量发展的思路。本书内容分为三篇。第一篇为北京辖区上市公司并购重组情况分析。以北京辖区上市公司为研究对象，系统梳理自 2015 年至 2017 年发生的并购重组交易，分析辖区上市公司并购重组市场发展背景、趋势、特征及主要风险因素，提出相关建议。第二篇为北京辖区上市公司并购重组典型案例。重点剖析北京辖区 13 个上市公司并购重组典型案例，从交易背景、交易结构、交易进程及实施效果等方面进行分析，研究如何在强化监管、防范风险的基础上，提高上市公司可持续发展能力，实现金融服务实体经济的目标。第三篇为上市公司并购重组法律法规汇编。汇总整理上市公司并购重组相关法律、法规、证监会规章、规范性文件及有关监管问答。

目　录

第三篇

第一篇 北京辖区上市公司并购重组情况分析

一、北京辖区上市公司并购重组市场概况

北京辖区上市公司分布广泛、类型齐全，整体规模处于国内领先地位；央企众多、总部集聚，集中了国民经济支柱产业和战略性新兴产业的龙头企业。近年来，北京辖区上市公司并购重组呈现活跃势头。2015 年至 2017 年，北京辖区上市公司共发生 116 起并购重组项目，规模高达 5743.07 亿元，平均交易金额约 50 亿元。分年度看，2015 年、2016 年及 2017 年，北京辖区上市公司分别发起并购重组项目 42 起、34 起和 40 起，交易金额分别为 1774.34 亿元、2312.11 亿元和 1656.62 亿元。截至 2017 年末，有 75 起已经完成，20 起尚在进行中（其中 2 起已通过审批，1 起处于过户阶段），21 起宣告失败。

二、北京辖区上市公司并购重组背景分析

（一）并购重组是经济结构转型调整的内生需求

党的十九大报告指出了新时代我国经济发展的鲜明特征，即“我国经济已由高速增长阶段转向高质量发展阶段，正处在转变发展方式、优化经济结构、转换增长动力的攻关期”[①]。一方面，传统行业产能过剩问题严峻，生产经营下行压力增加；另一方面，以新经济、新业态、新技术为代表的消费升级为新兴产业发展带来活力。在经济结构转型调整的迫切要求下，通过并购重组加快产业整合或产业转型已成为趋势。以产业整合升级和调整为主的并购重组，一方面淘汰落后产能，改变传统行业散小弱差的局面，提高行业集中度，完善资源优化配置，进而提升企业的内生增长能力，实现产业结构调整转型；另一方面助力一大批高科技企业实现技术升级、产业升级，提高资本市场资金对接实体经济的效率，进一步提升上市公司质量和改善公司治理。

（二）国企改革、“一带一路”倡议等顶层设计提供重要契机

2017 年国务院《政府工作报告》明确提出国企国资改革的目标，即“以提高核心竞争力和资源配置效率为目标，形成有效制衡的公司法人治理结

① 习近平：《决胜全面建成小康社会 夺取新时代中国特色社会主义伟大胜利——在中国共产党第十九次全国代表大会上的报告（2017 年 10 月 18 日）》，《人民日报》，2017 年 10 月 28 日，第 1 版。

构、灵活高效的市场化经营机制”[①]。近几年，随着改革顶层设计及多项试点工作的逐步推进，央企并购重组步伐日益加快，集团层面进一步加强重组整合，集团下属优势龙头企业间相同业务板块进一步优化整合，专项基金引导资本进一步向关键领域和行业集中。突出表现为：①淘汰过剩产能，深入推进供给侧结构性改革，去产能范围逐步从钢铁、煤炭行业向建材、船舶、电力等过剩行业扩展；②提升行业集中度，近几年钢铁、水泥、化工、机械、煤炭等周期性行业集中度均出现回升，龙头优势进一步得到强化；③以混合所有制改革为突破口，通过资产置换、引入战略投资者等方式，实现主营业务向新兴产业、产业链高利润环节的迁移，从而实现产业转型升级。同时，“一带一路”倡议的推进为中国企业在全球范围内开展并购重组提供了契机，通过资本“走出去”，把先进技术和管理“引进来”，开拓国际市场、提升国际竞争力。

（三）放松管制，大力提高并购重组服务于实体经济的效率

近年来，国务院和中国证券监督管理委员会（简称证监会）发布一系列政策鼓励市场化并购重组，为企业兼并重组优化环境、扫清障碍。2014 年 3 月，国务院出台《国务院关于进一步优化企业兼并重组市场环境的意见》（国发〔2014〕14 号），要求进一步在并购重组审批方面取消下放部分审批事项，简化审批程序。同年 5 月，国务院在《国务院关于进一步促进资本市场健康发展的若干意见》（国发〔2014〕17 号）中强调，充分发挥资本市场在企业并购重组过程的主渠道作用，强化资本市场的产权定价和交易功能，拓宽并购融资渠道，丰富并购支付方式。证监会通过大力推进并购重组市场化改革，扎实开展“简政放权”和“放管服”改革，进一步激发市场活力，支持供给侧结构性改革和实体经济发展；相继对上市公司股份回购、四种情形要约收购义务豁免审批，大幅简化并购重组审批程序；推出并购重组分道制审核政策，鼓励优质的并购重组项目；在完善并购重组市场化机制、丰富并购重组支付工具、拓宽融资渠道、提高并购重组事项审核效率等方面实现了突破。

（四）龙头效应和政策环境提供充分条件

上市公司因其特殊的市场地位，更易聚集人才流、资金流和技术流，孵

---

① 李克强：《政府工作报告——2017 年 3 月 5 日在第十二届全国人民代表大会第五次会议上》，http://www.gov.cn/premier/2017-03/16/content_5177940.htm，2019 年 4 月 22 日。

化带动上下游产业发展，通过并购重组形成聚合效应，从而发挥资源整合平台的作用，成为产业链的关键环节和核心部位。北京聚集了大量以软件、信息服务、计算机公司为代表的高新技术上市公司，这得益于以下因素：一是高校众多、高新技术人才聚集，承接国际前沿课题研究，大大刺激软件、信息技术及计算机行业将研究成果直接转化为生产力，提高核心竞争力；二是政府不断完善高新技术产业配套政策，加大税收、财政、人才支持，打造中关村等国家自主创新示范区，通过集聚孵化高科技企业形成产业链，推动实现横向多元化协同作用，强化上市公司的聚集和协同发展作用。

三、北京辖区上市公司并购重组特征分析

综合来看，北京辖区上市公司并购重组主要涉及软件和信息技术服务业，计算机、通信和其他电子设备制造业等新兴行业，高科技发展潜力明显；并购重组方式大多围绕横向整合和多元化经营展开；并购重组主体大多为中小型规模的企业，但也不乏规模巨大的央企进行战略性并购。

（一）行业特征

从并购重组数量上看，2015 年至 2017 年计算机、通信和其他电子设备制造业及软件和信息技术服务业是并购重组的主力军，分别发起项目 18 起和 25 起，占比为 16%和 22%（图 1-1）。北京辖区高新技术行业较为发达、政策完善，拥有成熟的国家自主创新示范区，成功吸引大量互联网、计算机、软件等高新技术企业聚集，利于培育潜在并购机会。从并购重组规模上看，2015 年至 2017 年公共事业和交通运输业项目交易金额巨大，一般由国有企业主导；电力、热力生产和供应业及铁路、船舶、航空航天和其他运输设备制造业并购重组规模均占比 14%左右。2015 年至 2017 年电力、热力生产和供应业虽仅有 1 起重大收购［中国长江电力股份有限公司（简称长江电力）收购三峡金沙江川云水电开发有限公司（简称川云公司）］，但交易金额达 797 亿元，位居行业第一；铁路、船舶、航空航天和其他运输设备制造业中，中国南车股份有限公司（简称中国南车）与中国北车股份有限公司（简称中国北车）合并，涉及并购重组金额也高达 762 亿元，是大型央企并购重组的代表。

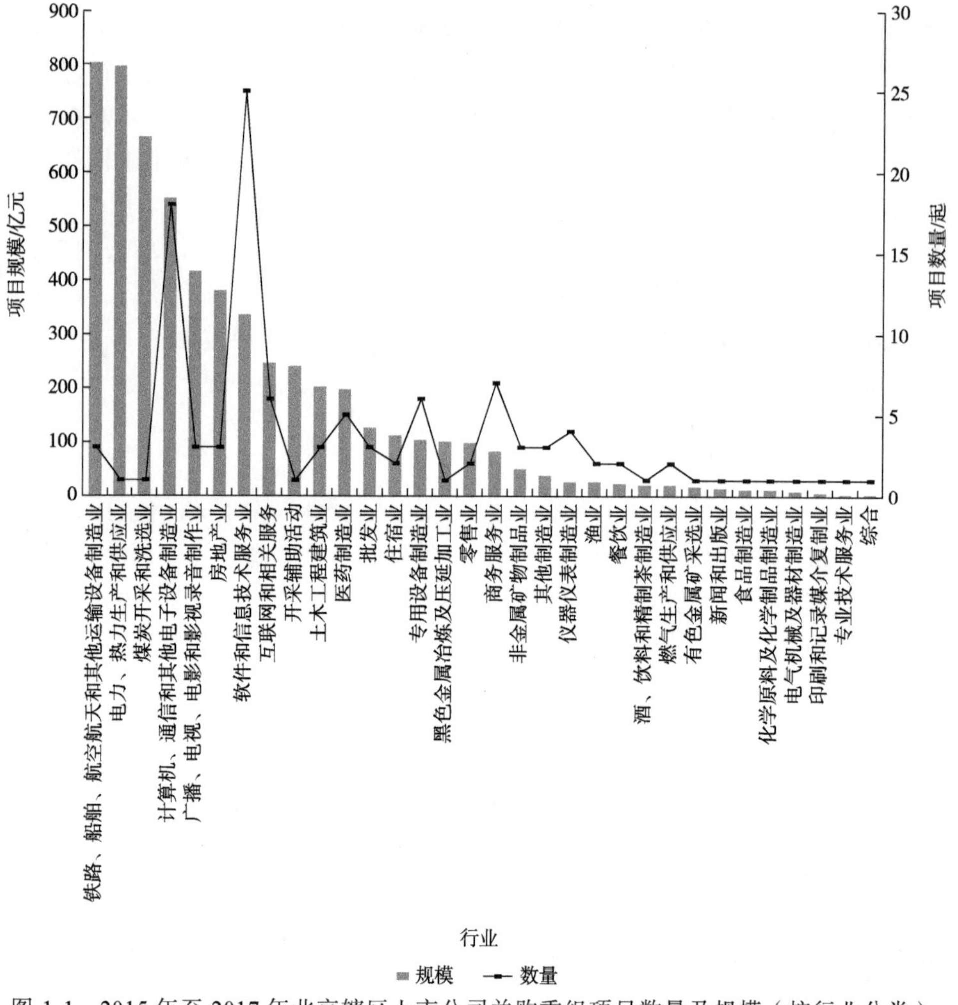

图 1-1　2015 年至 2017 年北京辖区上市公司并购重组项目数量及规模（按行业分类）

资料来源：Wind 资讯

（二）主体特征

从并购重组数量上看，2015 年至 2017 年大部分并购重组发起方为民营企业。民营企业对市场竞争压力更为敏感，生产经营方式灵活，“船小好掉头”，可以充分利用市场机制，尤其是通过并购重组这一重要的资源配置手段，延伸产业范围，强化产业链管理，谋求跨行业发展，探索转型之路。从并购重组金额上看，国有企业尤其是中央国有企业的并购重组项目一般规模较大，远大于民营企业项目规模。在供给侧结构性改革的推动下，国有企业产业整合稳步推进，诞生了如中国中车股份有限公司（简称中国中车）等超大规模的并购交易。

从并购重组规模上看，2015年至2017年50亿（含）元以下规模项目是北京辖区并购重组的主流，其中小于等于10亿元规模的有55起，10亿～50亿（含）元的有41起；50亿元以上规模的仅有20起，其中50亿～100亿（含）元的有8起，超过100亿元规模的超大规模并购有12起（图1-2）。在全部项目中，民营企业发起81起，国有企业发起30起，分别占比70%和26%，而涉及交易金额比例则恰好相反，民营企业发起项目的交易金额占全部交易金额的比重仅为33%，远低于国有企业65%的占比。央企以不到20%的交易数量占据了50%以上的交易金额，单个项目平均交易规模约为民营企业的5倍以上。

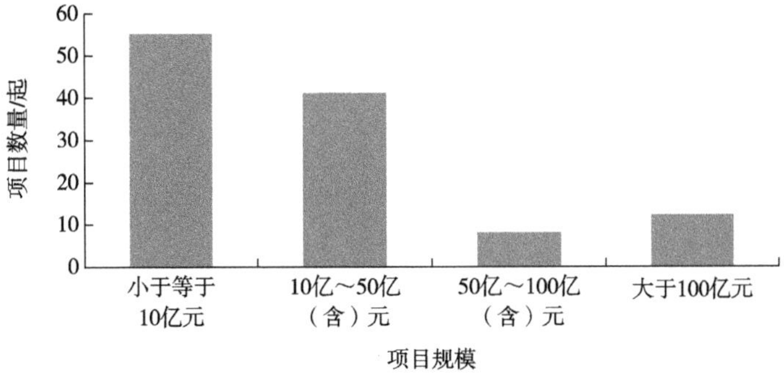

图1-2　2015年至2017年北京辖区上市公司并购重组项目数量（按规模分类）

资料来源：Wind资讯

（三）交易地域特征

按照交易地域来看，北京辖区109起并购重组项目发生在境内，其余7起则涉及境外。境内并购重组本土化优势明显，操作相对直接，易于发挥整合后的协同效应，因而境内标的通常易于成为首选并购目标。境外并购交易则相对复杂，并购风险相对较高，市场信息不对称程度较高，且过程涉及政治风险、法律风险、汇率风险等。但随着中国企业"走出去"的步伐加快和全球化资产配置需求的上升，北京辖区上市公司跨境并购的数量与规模也有所增加和扩大，例如，万达电影院线股份有限公司（简称万达院线）[①]收购HG Holdco，利亚德光电股份有限公司（简称利亚德）收购PLANAR，北京首旅酒店（集团）股份有限公司（简称首旅酒店）收购如家酒店集团及Poly Victory Investments Limited（简称Poly Victory），以及中科创达软件股份有限公司（简

① 2017年5月19日正式更名为万达电影股份有限公司（简称万达电影）。

称中科创达）收购 Rightware Oy（简称 Rightware）等代表性并购。上述交易均属于横向并购，主要目的是提升企业全球知名度，汲取国外团队的管理经验，开拓海外市场，提高全球市场份额。

（四）交易方式特征

从数量上看，发行股份购买资产和协议收购是最主要的并购重组形式，2015 年至 2017 年末分别发生 85 起和 21 起，占比约为 73%和 18%（图 1-3）。从金额上看，吸收合并也是并购重组主要形式之一，发行股份购买资产和吸收合并涉及的交易金额占比分别为 63%和 14%。与现金支付方式相比，发行股份收购的方式给并购方的现金流带来的压力较小，有利于并购方保持较好的营运能力，减轻偿债压力。并购方可以平稳度过短期资金周转困难；被并购方在交易完成后也可能获得股票升值收益。

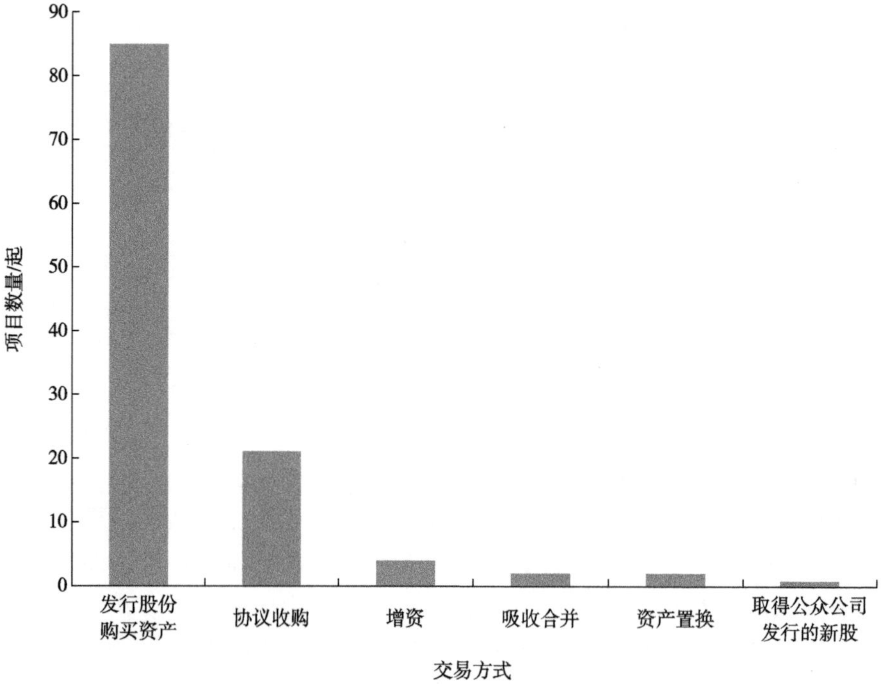

图 1-3　2015 年至 2017 年北京辖区上市公司并购重组项目数量（按交易方式分类）

资料来源：Wind 资讯

（五）交易目的特征

北京辖区并购重组目的以横向整合和多元化战略为主，其中交易目的为横向整合的有 82 起，交易目的为多元化战略的有 17 起，数量占比分别为

70.7%和 14.7%（图 1-4），交易金额占比分别为 63.18%和 9.35%。横向整合有助于企业扩大生产经营规模，提高市场占有率，提升行业集中度，增强抵抗风险能力。尤其是对于科技产业和新兴产业，横向整合有助于企业直接获取对方生产技术及核心团队，紧跟创新步伐，扩大经营范围和规模，对冲行业发展的不确定性风险。在北京辖区横向整合的并购重组项目中，来自计算机、软件、互联网及相关服务行业的项目的占比接近 50%。另外，辖区多元化战略的并购重组项目大多来自传统行业。对于面临较大经营压力的传统行业，并购重组有助于其快速调整经营方向，分散传统业务下行风险，寻求业务转型新途径。但是，也有部分企业通过激进的并购扩张战略，追求多元化投资，如乐视网信息技术（北京）股份有限公司（简称乐视网）仅用五年时间从网络视频业务扩展到电视、互联网金融、体育、手机、汽车等多个板块，但未能有效控制风险，以致深陷困境。

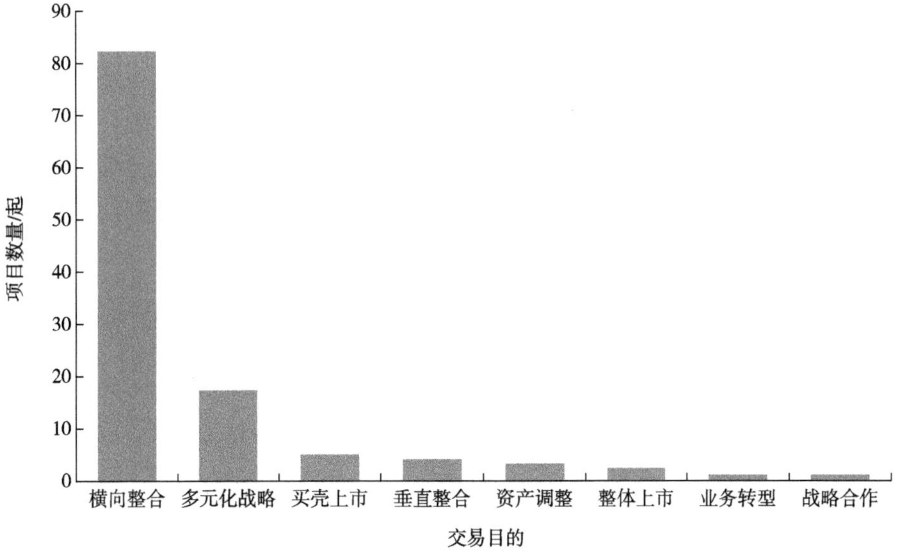

图 1-4　2015 年至 2017 年北京辖区上市公司并购重组项目数量（按交易目的分类）

资料来源：Wind 资讯

四、并购重组主要风险分析

（一）交易筹划和实施阶段

1. 政治政策风险

并购交易双方因属国不同，面临着政策、法律环境的差异，加之标的所属国对本国企业的保护，上市公司在并购筹划期内即面临巨大的政治风险和政策风险。紫光股份有限公司（简称紫光股份）在收购美国西部数据公司过程中，受到美国外国投资委员会（The Committee on Foreign Investment in the United States，CFIUS）的审查，导致收购终止。北京北斗星通导航技术股份有限公司（简称北斗星通）在收购境外汽车电子与导航业务资产过程中，与对手方未能就交易保证金支付时间和方式、境内外审批风险等达成共识，导致短期内无法签署股权收购协议，最终公司终止上述海外并购并为此损失交易意向保证金 500 万欧元。

2. 交易实施风险

由于并购重组交易涉及两方及以上企业和诸多复杂环节，交易过程中往往存在较多风险点。一是在并购实施阶段，标的企业的经营状况可能恶化，导致资产价值下降。二是交易支付方式选择不当，可能会导致企业现金压力过大，影响并购后整合的资金运用，增加运营风险；采用举债收购的方式，可能会因并购方负债过于沉重，收购后资本结构恶化。北京君正集成电路股份有限公司（简称北京君正）在筹划收购北京豪威科技有限公司（简称北京豪威）过程中，考虑到“蛇吞象”的交易将导致原实际控制人持股比例大幅摊薄，且大幅增加杠杆获得收购资金无疑将增加控制权转移风险和运营风险，最终决定终止收购。

（二）后续整合阶段

并购的根本目的是增强企业竞争力，如果完成并购后双方无法在整个企业集团层面形成经营协同效应、财务协同效应、市场营销协同效应及企业文化融合效应，则将难以实现规模经济和优势互补，造成经营效率下降。

1. 交易对手方违规风险

如果交易对手方存在非法挪用资金、职务侵占、管理人员徇私舞弊等违规违法行为，将给收购企业带来巨大风险。由于尽职调查只能查明收购基准日为止的财务、法律问题，后续整合期间可能会因并购方监督不力发生违规违约行为，造成企业损失。在中水集团远洋股份有限公司（简称中水渔业）收购厦门新阳洲水产品工贸有限公司（简称新阳洲）初期，新阳洲原大股东（个人）占用公司资金，大量应收款项没有收回，导致新阳洲现金流量严重不足，持续经营受到重大影响，公司盈利预测无法实现，以致本次收购彻底失败。

2. 商誉减值风险

在并购完成后，被收购企业的经营业绩与收购时承诺的业绩相比下滑较大，或者标的资产减值导致企业商誉减值，将对并购方业绩产生负面影响。2017 年末，北京辖区有 209 家上市公司资产中存在商誉，商誉金额共计 2422.08 亿元，同比增长 12%。其中 21 家公司的商誉金额超过净资产的 50%，更有 2 家公司超过 100%［乐视网、中科云网科技集团股份有限公司（简称*ST 云网）］，越来越多的公司在经营中背着“定时炸弹”，财务舞弊冲动被进一步强化。北京蓝色光标数据科技股份有限公司（简称蓝色光标）从 2010 年至 2014 年实现营业收入爆发式增长，主要得益于其大量的并购活动，但随之产生的高溢价商誉风险成为公司业绩的隐形杀手。2015 年，受传统电视广告行业收入整体下滑等因素的影响，收购标的经营业绩无法达到承诺水平，蓝色光标面临计提巨额的商誉减值，仅收购的西藏山南东方博杰广告有限公司（简称博杰广告）一家，商誉减值就高达 7.9 亿元。

3. 并购标的业绩风险

标的企业业绩可能会因宏观经济环境变化出现低于预期的情况，或者由于后续整合失败盈利预测难以实现。为落实京津冀一体化战略，以及钢铁行业化解过剩产能实现转型升级，2016 年北京首钢股份有限公司（简称首钢股份）完成对首钢京唐钢铁联合有限责任公司（简称京唐钢铁）51%的股权的收购。但收购完成后京唐钢铁连续两年未能完成盈利预测，增加了并购交易后续业绩风险。

4. 管理机制和企业文化整合风险

每个企业都有其独特的管理理念和文化背景，体现在不同的考核制度、激励制度、资源配置机制等方面。企业在并购实施后，面临着管理构架、人力资源、客户关系、专利技术、资金设备等多方面的后续整合。2014 年，大唐电信科技股份有限公司（简称大唐电信）以约 15 倍的溢价收购与公司主业无关的游戏公司广州要玩娱乐网络技术股份有限公司（简称要玩娱乐），目的在于获得要玩娱乐的高盈利能力，便于贡献业绩。大唐电信在完成收购后，缺乏对被收购企业的有效管理，无法充分调配企业的优势资源，后续整合面临巨大挑战，在业绩对赌期结束后公司即陷入亏损。

五、监管建议

北京辖区上市公司近年并购重组活动呈现出机遇与挑战、发展与风险并存的态势。为了充分发挥资本市场对实体经济的重要支持作用，未来仍需要上市公司、中介机构等市场主体，以及证券监管、国资监管等部门共同努力，进一步推进并购重组市场化、法治化进程。

（一）落实上市公司主体责任

1. 审慎决策投资项目，未雨绸缪防范风险

上市公司管理层应明晰战略发展与并购目标，忠实、勤勉履行受托责任，发挥董事会专门委员会、独立董事和专业机构的作用，从投资决策、内部控制、审计监督和信息披露等方面采取有效措施，建立健全风险防控机制。特别是海外并购涉及资金规模大、周期长，不仅需要对标的区域的政治、法律和社会环境进行系统性评估和决策，而且需要根据国外政局政策的变化及时做出反应和调整。

北京辖区内并购重组以科技、软件等高科技新兴行业为主，高科技新兴行业并购双方的信息不对称程度一般高于传统行业并购。上市公司不但应充分了解标的项目资产、负债和经营状况等信息，对财务指标进行科学分析，对并购标的的资产质量和偿债情况做出判断，防范经营和财务风险，还要对项目核心团队、关键技术等因素细致调查、心中有数。

2. 避免盲目扩张跨界，积极提高整合水平

上市公司实施并购重组后，业务规模和范围得以迅速扩张，同时也亟须提高企业管理水平，规范财务核算和内部控制，真正实现资源优化配置，通过协同效应发挥优势企业的领先作用，助推企业的转型调整，从而改善生产经营能力，而非简单地提高短期股价收益。实施战略性并购，首先要按照预定的并购目标，慎重选择并购对象，注重考虑主营业务协同效应及后续整合方案，避免跨界炒作、制造噱头的重组行为。

并购完成后，首先要进行财务整合，包括财务管理目标整合、财务管理制度整合、会计核算制度整合、存货资产整合、现金流转内部体系整合等，实现财务协同效应，从而达到防范财务整合风险的目的，关注高溢价收购在业绩承诺期结束后随之而来的人才、技术流失与商誉减值风险。其次，要抓

紧改善控股公司治理，健全内部监督、避免过度授权，建立风险预警机制，从风险信息收集、反馈、分析与监控等方面完善内部控制，提升自身在战略、业务、技术、制度、人事、文化等方面的整合能力。最后，要建立与下属企业，特别是境外公司的快捷畅通联系机制，及时掌握子公司有关资金、业务和财务方面的重大信息与异常情况，以保证境内外信息传递报告的及时性、准确性和完整性。

（二）发挥中介机构抓手作用

1. 鼓励创新交易方案，激发并购市场活力

创新交易方案设计需要充分发挥市场机构的作用。交易结构设计是并购重组的核心环节，对并购活动的影响不仅在于完成交易，更重要的是为并购后期的整合打下良好基础，使交易双方实现共赢。交易结构创新或将有效实现企业间的融合，形成利益共同体，给标的企业带来有效激励，充分调动管理层的工作积极性和实现承诺业绩的信心。

在交易支付方式的选择上，需要充分利用公司拥有的流动性资源，考虑股价的不确定性及目标企业的财务状况，合理设计并购支付方式，降低并购支付风险。同时，应该充分考虑公司自身支付能力，避免为了达到并购目的而采取冒险的方法导致超额支付的风险,应该充分考虑并购后的负债率水平。

通过丰富和创新支付工具，适当引入定向可转债、优先股、并购重组过桥融资和并购基金等工具，完善市场化的定价机制，提高定价弹性，改善和优化融资结构，拓宽企业的融资渠道，缓解资金压力，提高资本市场的活跃程度。

2. 消除境外投资监督盲点，切实防范跨境并购风险

目前，我国证券监管的方式和手段都难以将触角延伸至境外，境外资产监管效果受到制约。为此，应充分发挥中介机构在上市公司境外并购中的把关作用。一是加强境外子公司的审计监管，境内母公司对境外子公司建立直接审计制度，聘用境外独立第三方审计机构对境外资产及收入进行审计并出具审计意见，及时发现和掌握境外公司内控缺陷和问题，提高上市公司境外业务的审计质量，为提高境外财务信息质量提供保障。二是发挥境外并购财务顾问作用，明确财务顾问从事上市公司境外并购尽职调查工作的职责要求，引导财务顾问勤勉尽责。三是引导律师事务所等机构积极与境外专业团队加强合作交流，逐步完善金融法律服务，为上市公司境外布局提供有力支持。

（三）健全多维联动监管机制

1. 围绕供给侧结构性改革，助力国有企业并购整合

在国内宏观经济下行、产业整合和结构转型背景下，部分国有企业依然面临着产能过剩、产品或经营同质化严重等问题，深入推进供给侧结构性改革、淘汰落后产能、实现产业升级迫在眉睫。

国有企业改革和整合工作是高难度的系统工程，需要各方面政策支持，加强证券监管与国资管理、行业管理部门的协作，在并购重组领域共同加强引导和监管。首先，要协调各方利益，优化产业布局，让参与重组的各方实现共赢，避免出现国有资产流失的情况。其次，政府应当以经济政策为导向，从宏观上引导企业进行并购，发挥其服务功能，优化并购的配套服务环境。例如，鼓励国有企业通过市场手段进行兼并重组，在加强信息披露、有效控制风险的条件下，监管部门可适当增开绿色通道，把控审核质量，加快审核进度，从而助推经济实现转型升级。

2. 合力给予政策支持，降低并购重组成本

目前，证监会、国务院国有资产监督管理委员会（简称国务院国资委）、国家发展和改革委员会（简称国家发改委）、商务部、国家外汇管理局（简称国家外管局）等相关部门均从不同角度对上市公司并购重组活动实施监管，尤其是针对跨境并购，分别从境外投资项目、境外企业设立、外汇管理、国资管理及股权融资等方面进行核准。一方面，建议在提高行政审批效率的基础上发挥监管合力，降低上市公司并购时间成本和审批成本。另一方面，进一步缓解企业并购融资难问题。目前上市公司境外并购的支付手段仍以现金为主，资金压力较大，多采取离岸设立 SPV（special purpose vehicle，特殊目的载体）作为收购主体进行境外并购，或者由控股股东或并购基金先行收购，再由上市公司通过非公开发行股份进行购买的方式绕道而行。因此，建议拓宽股债结合等多种融资方式，丰富支付手段，研究落实可转债等配套细则，并在税收、保险、跨境资产管理等方面提供更多的政策扶持，全方位打造更加完善的上市公司并购政策支持体系。

3. 以信息披露为核心，完善监管规则体系

建议加强上市公司并购重组风险提示及信息披露义务，强化信息披露意识，完善信息报告制度。尤其是现行上市公司信息披露规则并未对境外子公司披露事项进行单独规定，仅要求上市公司披露主要子公司的经营情况和业绩状况。原则上主要子公司的判断标准为单个子公司的净利润或单个参股公司的投资收益对上市公司净利润的影响达到10%以上，但上述指标较为单一，难以实现全面覆盖，容易导致上市公司对境外子公司的风险揭示不完整、不充分。建议以投资者需求为导向，完善对上市公司境外子公司财务信息和非财务信息披露的要求，增加披露境外项目投资进展、资金使用及效益跟踪等情况，并细化上市公司对境外子公司政治、经济、市场等重要风险披露要求。

4. 加强反收购行为规范，提高市场化程度

在国际资本市场上，反收购是一种正常行为，收购和反收购往往相互交织。但是，如果反收购行为得不到规范，上市公司管理层或者一些股东有可能滥用反收购措施阻止正当的收购，也可能无法利用正当反收购手段阻止恶意收购，或者导致对上市公司控制权的无休止的恶性争夺。建议在《上市公司收购管理办法》中详尽地对反收购措施进行规范，使反收购既能成为一种正常的市场手段，又不至于阻碍正当并购重组的进行。

5. 鼓励创新防范风险，严格行政监管执法

鼓励创新与防范风险如硬币的两面。伴随着日新月异的市场形势和复杂多样的交易方案，违法违规行为也更加复杂和隐蔽，这可能使现有监管力量鞭长莫及。并购重组又是我国资本市场中发生内幕交易、操纵市场等违法行为的“重灾区”，这就要求着力减少信息不对称，加快健全内幕信息防控制度和监管体制，完善对内幕交易、操纵市场等行为的法律界定和惩罚标准，规范交易各个阶段的信息披露要求，全方位多层次地防控内幕信息的产生。加强对“忽悠式重组”的检查和监管，严厉惩处关联方违规资金占用等行为。

6. 注重人才培养与宣传，强化认知风险意识

部分上市公司在收获并购成果、助推业务扩张的同时，也暴露出经验不足、管理能力不够、风险意识淡薄、控制手段缺乏等问题，加之缺乏熟悉跨境并购等领域的金融、法律人才，导致境外投资处处受到掣肘，对境外投资风险的认知度和重视度还有待提高。建议从经验丰富的中介机构中邀请优秀师资，有针对性地在北京辖区开展并购重组专题培训，剖析并购案例，增强上市公司风险管理意识。

第二篇　北京辖区上市公司并购重组典型案例

案例一　中国南车吸收合并中国北车案例

一、交易背景

（一）交易主体

中国南车于 2008 年 6 月成立，主要从事铁路机车、客车、货车、动车组、城轨地铁车辆及重要零部件的研发、制造、修理、销售和租赁，以及轨道交通装备专有技术延伸产业等。中国南车是全球主要的轨道交通装备制造和全面解决方案供应商之一，同时依托轨道交通装备的核心技术，不断拓展其他业务领域，寻求多元化发展，业务范围也涉及新能源、新材料、新能源汽车、工程机械，以及总包业务、融资租赁、金融服务等领域。

中国北车于 2008 年 6 月成立，主要从事轨道交通装备（含动车组及城市轨道车辆）、工程机械、机电设备、环保设备、相关部件等产品的研发、制造、修理，技术服务，设备租赁等。中国北车是全球主要的轨道交通装备制造和全面解决方案供应商之一，近年来也在不断拓展其他业务板块，包括机电产品及清洁能源和节能环保设备制造、原材料贸易、轨道交通装备及机械设备融资租赁与城轨及其他相关项目管理承包服务。

（二）交易目的

在国内外轨道交通市场快速发展的背景下，中国南车、中国北车作为我国轨道交通装备制造业领军企业和全球重要的轨道交通装备制造商及全面解决方案提供商，拟通过本次吸收合并进行战略合作，以扩大合并后新公司的业务规模，增强盈利能力，打造以轨道交通装备为核心，跨国经营、全球领先的大型综合性产业集团，进而提升全体股东的利益。本次合并将有助于提升国际化、增强协同性及拓展多元化。

二、交易方案及进程

（一）交易方案

本次交易采取吸收合并的方式，中国南车向中国北车全体 A 股换股股东发行中国南车 A 股股票、向中国北车全体 H 股换股股东发行中国南车 H 股股票，并且拟发行的 A 股股票将申请在上海证券交易所（简称上交所）上市流通，拟发行的 H 股股票将申请在香港联合交易所有限公司（简称香港联交所）上市流通，中国北车的 A 股股票和 H 股股票相应予以注销。合并后成为中国中车股份有限公司，简称中国中车。

中国南车和中国北车的 A 股和 H 股采用同一换股比例进行换股，以使同一公司的所有 A 股股东和 H 股股东获得公平对待，从而同一公司的不同类别股东持有股份的相对比例在合并前后保持不变。本次合并的具体换股比例为 1∶1.10，即每 1 股中国北车 A 股股票可以换取 1.10 股中国南车将发行的中国南车 A 股股票，每 1 股中国北车 H 股股票可以换取 1.10 股中国南车将发行的中国南车 H 股股票。

换股比例系由合并双方在以相关股票于首次董事会决议公告日前 20 个交易日的交易均价作为市场参考价的基础上，综合考虑历史股价、经营业绩、市值规模等因素，经公平协商而定。

本次合并完成后，合并后新公司股份总数为 27 288 758 333 股，其中 A 股为 22 917 692 293 股，占股份总数的 83.98%，H 股为 4 371 066 040 股，占股份总数的 16.02%，股本结构如表 2-1 所示。

表 2-1　中国南车、中国北车及合并后新公司股本结构

股东	中国南车		中国北车		合并后新公司	
	持股数量/股	持股比例	持股数量/股	持股比例	持股数量/股	持股比例
A股股东	11 779 000 000	85.34%	10 126 083 903	82.60%	22 917 692 293	83.98%
其中：南车集团及其下属企业	7 889 406 857	57.16%	—	—	7 889 406 857	28.91%
北车集团及其下属企业	—	—	6 700 158 074	54.65%	7 370 173 881	27.01%
其他A股股东	3 889 593 143	28.18%	3 425 925 829	27.95%	7 658 111 555	28.06%
H股股东	2 024 000 000	14.66%	2 133 696 400	17.40%	4 371 066 040	16.02%
合计	13 803 000 000	100.00%	12 259 780 303	100.00%	27 288 758 333	100.00%

注：本表数据因进行了约分，可能存在偏差

（二）交易进程

中国南车和中国北车交易进程如表 2-2 所示。

表 2-2　中国南车–中国北车交易进程

公告日期	事项
2014年12月30日	中国南车、中国北车发布合并预案

续表

公告日期	事项
2015年1月21日	中国南车、中国北车发布合并报告书
2015年3月6日	国务院国资委批准
2015年3月9日	股东大会通过
2015年3月17日	证监会受理
2015年4月3日	证监会发行审核委员会（简称发审委）、商务部通过
2015年4月28日	证监会批准
2015年6月1日	交易完成

三、案例点评

本次合并不仅可以加速中国轨道交通装备制造业由“中国制造”向“中国创造”的转变，还将有力推动中国高端装备制造业的产业升级，推进中国由“制造大国”向“制造强国”迈进。本次合并顺应了经济全球化和市场一体化的大趋势，也符合“一带一路”倡议及我国优化产业布局、发展高端装备制造业的产业政策。

合并后新公司不仅将成为全球高铁技术的最大供应商，更将巩固其全球最大轨道运输设备制造商的地位。尤其合并后的实体公司将受益于更大规模、更高运营效率、更高研发效率、更低采购成本和统一的全球战略，实现更强国际竞争力。

（1）融合双方的技术和研发资源，提升创新能力。中国南车、中国北车将在合并后统筹双方研发资源，避免重复开发造成的资源浪费，提高研发效率；集中优质资源投入基础性研究、共性技术研究、前瞻性研究和战略性新兴产业研究；整合双方既有研究资源及技术成果，构建新公司统一的知识管理平台，提升公司的创新能力。合并后新公司将进一步融合双方优势技术，提高创新能力，通过技术互补加快实现核心技术领域的突破，提高国产化率水平。

（2）整合双方的海外资源，提高国际竞争力。中国南车、中国北车在海外市场开拓方面均有丰富的经验和强大的网络，通过整合双方的海外资源，可以进一步提升合并后新公司的竞争力。在统筹海外市场方面，合并后新公司将进一步整合中国南车、中国北车的海外市场和客户资源，统一筹划海外市场开拓及相关投资，提高市场开拓效率和资源利用效率；在共享销售网络方面，制定统一的海外市场拓展策略，共享销售网络资源，整合海外销售队伍，提升在国际市场上的竞争力；在统一品牌形象方面，整合双方的品牌影响力，集中双方优势参与国际竞争。

（3）优化双方的产品体系，更好地满足客户需求。中国南车、中国北车经过多年的发展，拥有动车组、机车、客车、货车、城轨地铁等多种产品体系，合并后新公司将进一步优化整合双方的产品体系，包括：①进一步形成全系列产品体系。全系列产品体系的构建有助于充分融合双方优势技术，为客户提供更优质、更多样的产品选择，增加对客户组合销售和交叉销售的机会。②推行产品的标准化。标准化生产有助于推进规模化采购和生产，提高生产效率。③实现产品平台和组件的模块化，将有助于为客户提供灵活组合的定制化产品，更好地满足市场需求。

（4）统筹双方的生产、采购及销售体系，提升资源使用效率。合并后新公司将进一步实现生产基地的专业化和地域化分工，统筹规划未来投资，具体体现在：①专业化分工。通过专业化分工安排提高生产批量，形成规模效应，提高生产效率和经济效益。②地域化分工。合并后新公司将在全国布局生产，降低生产成本，通过统筹分配产能资源，实现就近生产并提高交货速度、降低运输费用和售后服务成本。③统筹规划投资。国内外新增投资将按照收益最大化原则，对资源进行合理配置，提升投资回报率。

合并后新公司还将在销售体系上整合销售网络资源，统一销售策略。在供应体系方面，通过整合双方的国内外供应商体系，统一采购标准，优化配置原有的资源和供应商，实现采购规模效应。

（5）促进新产业发展，打造多元化业务板块。本次合并有利于合并后的新公司在技术、市场、人才、管理、资金等方面节约出大量资源，这些资源均可以用于支持新产业的发展，提高公司的整体抗风险能力。

案例二　招商公路换股吸收合并华北高速案例

一、交易背景

（一）交易主体

招商局公路网络科技控股股份有限公司，简称招商公路，其前身华建交通经济开发中心于1993年由交通部设立，2011年改制为招商局华建公路投资有限公司（简称华建公路），2016年整体变更为股份有限公司。招商公路主营业务包括公路投资运营、交通科技、智慧交通、光伏发电等板块，形成了勘察、设计、特色施工、投资、运营、养护、服务等公路全产业链相关业务，直接和间接投资参控股30家经营性公路公司。

华北高速公路股份有限公司，简称华北高速，于1999年9月由华建交通经济开发中心、天津市京津塘高速公路公司、京津塘高速公路北京市公司（现北京首发投资控股有限公司）和河北省公路开发有限公司四家企业通过募集方式设立，并在深圳证券交易所（简称深交所）挂牌上市。华北高速主营业务为投资开发、建设、经营收费公路，拥有华北地区的公路主干线京津塘高速公路的收费权。同时经营部分光伏发电业务，在江苏、内蒙古、新疆、宁夏等地投资运营并网型光伏电站。

（二）交易目的

在深化供给侧结构性改革的背景下，招商公路通过将招商局集团旗下公路板块整合上市，对路权集中管理，有利于降低高速公路运营成本，提高公路运营技术，改善服务质量，这将加快提升交通运输的有效供给。招商公路打造中央级高速公路上市公司，将进一步扩大其业务结构战略协同的优势，实现集公路行业科研、设计、特色施工、投资、养护、运营于一体的全产业链、全方位的产业布局，有效增强国有资本的影响力、带动力和控制力，从而促进我国综合交通网络的形成，推动行业服务水平的提升。

二、交易方案及进程

（一）交易方案

1. 境外市场开展要约收购，提前筹备私有化回归

招商局集团下属的招商局亚太有限公司（简称招商亚太）是在新加坡上市的公路投资运营公司。2009 年，招商局集团将招商亚太并入华建交通经济开发中心。2016 年，招商公路通过其境外子公司 Easton Overseas Limited 向招商亚太的其他股东及可转债持有人发起要约收购，收购完成后公司间接持有其 100%股权。招商亚太从新加坡交易所退市，为其回归境内资本市场奠定了基础。

2. 内部资产整合完善产业链，同步推动市场化融资

鉴于招商公路无法在实施重组的同时进行配套融资，招商公路在上市前首先启动增资工作。2016 年 7 月，招商公路通过北京产权交易所公开征集现金投资方，根据竞价结果引入 5 名机构投资者。同时招商局集团以其持有的招商局重庆交通科研设计院有限公司（简称招商交科院）100%股权参与增资。2016 年 9 月，招商公路完成市场化股权融资 105 亿元。

通过上市前增资，招商公路筹集了未来持续发展业务所需资金，有效释放了国有资产的估值水平。同时，招商交科院全部资产和业务整合并注入招商公路，使招商公路主营业务从公路运营管理向相关工程咨询与承包业务延伸，增强了上下游的互补协同性。

3. 换股吸收合并子公司，实现公路板块整体上市

2017 年，招商公路以换股方式吸收合并子公司华北高速，具体方案为招商公路发行 A 股股票 554 832 864 股，按 1∶0.6956 的比例换取其他投资者持有的华北高速 797 632 065 股 A 股股票，华北高速退市并注销，招商公路的全部股份在深交所主板上市。招商公路作为合并方暨存续公司，华北高速全部资产、负债、业务、人员、合同及其他一切权利与义务由招商公路承继和承接。

招商公路通过换股吸收合并上市子公司，在方案设计、股东沟通及审核难度上要高于华北高速发行股份购买资产的方式，但有利于保留招商公路在行业内积累的品牌效应，延续交通部（现交通运输部）和招商交科院的传统优势，也有利于搭建规模更大、更为宽广的资本运作平台。

（二）交易进程

招商公路和华北高速交易进程如表 2-3 所示。

表 2-3 招商公路-华北高速交易进程

公告日期	事项
2016年8月24日	招商公路的子公司Easton Overseas Limited收购招商亚太少数股东股权
2016年9月13日	泰康保险集团股份有限公司、四川交投产融控股有限公司、重庆中新壹号股权投资中心（有限合伙）、民信（天津）投资有限公司、芜湖信石天路投资管理合伙企业（有限合伙）以现金认购招商公路新增股份，认购金额105亿元
2017年6月28日	国务院国资委获准公告日
2017年6月30日	招商公路及华北高速召开临时股东大会，审议通过吸收合并的方案
2017年9月25日	商务部获准公告日
2017年10月20日	证监会上市公司并购重组审核委员会（简称并购重组委）审核通过公告日
2017年12月25日	招商公路股票上市

三、案例点评

招商局集团下属的金融、航运、地产板块此前已经登陆资本市场，公路板块的业务重组是继中国外运长航集团并入招商局集团、招商局蛇口工业区控股股份有限公司吸并招商局地产控股股份有限公司之后的又一项产业布局。招商公路本次重组将股份制改造、引入外部投资者和 A 股上市相结合，形成了“境外资产私有化+内部资产整合+同步股权融资+吸并子公司换股上市”的一揽子方案，实现了集团公路板块的整体上市，在 A 股市场具有一定创新性和代表性，是北京辖区的资本运作典型案例。

招商公路借助市场化方式实现了国有资产保值增值，有利于进一步提高公司治理水平和综合竞争力，体现出资本市场服务实体经济发展的重要作用，在国有企业改革领域也具有借鉴意义。

在行业发展方面，招商公路重组有助于深化交通运输行业供给侧结构性改革，推动跨区域运输协同联动、发展全国公路网络科技、降低物流成本。此外，招商公路运营的京津塘高速公路是横跨三地的重要通道，通过重组提高交通一体化服务能力，对落实京津冀协同发展战略具有重要作用。

案例三　蓝星新材收购安迪苏集团案例

一、交易背景

2015 年 1 月 31 日，蓝星化工新材料股份有限公司（简称蓝星新材）[①]发布收购中国蓝星（集团）股份有限公司（简称蓝星集团）持有的蓝星安迪苏营养集团有限公司（简称安迪苏集团）85%普通股股权的重大资产重组草案。

（一）交易主体

资产购买方为蓝星新材。蓝星新材是一家由中国蓝星化学清洗总公司（即蓝星集团前身）为主发起人，联合北京橡胶工业研究设计院有限公司、化学工业部连云港设计研究院、广州合成材料研究院有限公司和国营长风机器厂四家法人共同发起设立的股份有限公司。该公司属于化学原料和化学制品制造业，主营业务为有机硅、环氧树脂、双酚 A 及工程塑料等产品的生产与销售。交易对手方为蓝星集团，是中国化工集团有限公司的子公司，隶属国务院国资委。由于蓝星新材是蓝星集团控股子公司，本次交易属于关联方交易。

交易标的资产为蓝星集团持有的安迪苏集团 85%普通股股权。安迪苏集团是国际化的全球动物营养添加剂领军企业，总部位于法国，其主要产品包括蛋氨酸、维生素、酶制剂等动物营养添加剂，为全球五大蛋氨酸生产商之一。

（二）交易目的

交易目的主要是通过重大资产置换，改善公司经营状况，增强公司盈利能力。受化工新材料行业产能矛盾加剧等因素的影响，蓝星新材的有机硅、双酚 A、环氧树脂等产品业务在 2012 年至 2014 年上半年下降明显，导致公司业绩连续大幅下滑，并且短期内难以摆脱主营业务盈利能力较弱的局面，未来发展前景不明朗。因此，本次交易中蓝星集团通过将现有主要资产、负

---

① 蓝星新材于 2016 年 12 月 18 日领取北京市工商行政管理局换发的新版营业执照，变更完成后，公司名称改为蓝星安迪苏股份有限公司，简称安迪苏。

债、业务等剥离，将旗下盈利能力较强且发展空间广泛的动物营养添加剂业务注入蓝星新材，实现该业务上市，同时提升公司盈利能力和核心竞争力，实现主营业务整体转型。

二、交易方案及进程

交易方案分为重大资产重组和募集配套资金，具体包括：重大资产置换；发行股份并支付现金购买资产；发行股份募集配套资金。

（一）交易方案

1. 重大资产置换

蓝星新材以置出资产与蓝星集团拥有的置入资产进行等值资产置换。该次重组的置出资产为，截至 2014 年 6 月 30 日，蓝星新材扣除出售资产及 16.71 亿元左右的其他应付款之外的全部资产及负债。出售资产是指中国蓝星哈尔滨石化有限公司 100%股权、蓝星（北京）化工机械有限公司 100%股权、公司工程承包和设计相关业务的资产及负债，蓝星新材已于 2014 年 12 月 26 日完成该等出售资产的交割，并公布《蓝星化工新材料股份有限公司重大资产出售暨关联交易实施情况报告书》。在重大资产出售交易中，蓝星新材获得 10.99 亿元左右的现金对价，其余部分对价已与 16.71 亿元的其他应付款相抵消。

本次重组的置入资产为蓝星集团拥有的安迪苏集团 85%普通股股权（扣除评估基准日后安迪苏集团 85%普通股股权对应的 4.25 亿元现金分红）。

2. 发行股份并支付现金购买资产

购买资产所发行股份价格为定价基准日（第五届董事会第二十一次会议决议公告日）前 20 个交易日股票交易均价，即 4.08 元/股。本次置入资产作价 1 064 880.00 万元，置出资产作价 170 084.52 万元，资产置换差价由蓝星新材向交易对手方蓝星集团非公开发行股份并支付现金购买，其中现金支付金额为 3.5 亿元，剩余部分以发行股份方式支付。根据发行价格 4.08 元/股计算，向蓝星集团发行股份总数为 2 107 341 862 股。

本次对置入资产评估采取收益法。截至评估基准日 2014 年 6 月 30 日，置入资产安迪苏集团归属于母公司普通股所有者净资产账面价值为 701 278.04 万元，收益法评估结果为 1 302 800.00 万元，增值额为 601 521.96 万元，增值率为 85.78%。安迪苏集团 85%普通股股权扣除评估基准日后安迪苏集团

85%普通股股权对应的 4.25 亿元现金分红后，交易双方协商确定交易价格为 1 064 880.00 万元。

本次对置出资产评估采取资产基础法。截至评估基准日 2014 年 6 月 30 日，置出资产净资产评估价值为 170 084.52 万元，相较于置出资产母公司报表口径净资产账面价值 170 700.10 万元，减值额为 615.58 万元，减值率为 0.36%；相较于置出资产备考合并报表归属于拟置出资产所有者净资产 47 334.50 万元，增值额为 122 750.02 万元，增值率为 259.32%。交易双方协商确定交易价格为 170 084.52 万元。

3. 发行股份募集配套资金

为提高交易整合绩效，蓝星新材拟向不超过 10 名特定投资者非公开发行股份募集配套资金不超过 7 亿元，不超过交易金额的 25%，其中，不超过 3.5 亿元用于向蓝星集团支付股权转让对价，不超过 3.5 亿元用于补充上市公司流动资金。

蓝星新材向不超过 10 名特定投资者募集配套资金股份发行价格不低于定价基准日（第五届董事会第二十三次会议决议公告日）前 20 个交易日公司股票交易均价的 90%，即 8.34 元/股。本次交易募集配套资金不超过 7 亿元，募集配套资金非公开发行股份不超过 83 932 853 股。

蓝星新材与其交易对手方蓝星集团还签有《蓝星化工新材料股份有限公司与中国蓝星（集团）股份有限公司之盈利预测补偿协议》，约定蓝星集团对蓝星新材存在利润补偿条款，期间为该次重大资产重组实施完毕后的三年（含完成当年），即 2015 年度、2016 年度、2017 年度。蓝星集团承诺 2015 年度、2016 年度和 2017 年度置入资产所产生的净利润分别不低于 1.54 亿欧元、1.07 亿欧元和 1.065 亿欧元（近似值）。在本次重大资产重组实施完毕后三年内，如果任何一年置入资产的实际净利润数低于承诺净利润数，蓝星集团应依据该次置入安迪苏集团普通股股权比例将差额部分以现金方式向蓝星新材进行补偿。补偿金额计算公式为：当年应补偿金额=（某会计年度承诺净利润数−某会计年度实际净利润数）×85%。

蓝星新材确认，若安迪苏集团在该次重大资产重组实施完毕后三年内累计实际净利润总数超出三年累计承诺净利润总数，则依据该次置入安迪苏集团普通股股权比例计算的超出部分由甲乙双方按照 5∶5 的比例分享，蓝星新材应向蓝星集团以现金方式返还超出部分的 50%。返还金额计算公式为：应返还金额=（利润补偿期间累计实际净利润数−利润补偿期间累计承诺净利润数）× 85% × 50%。

（二）交易进程

蓝星新材和安迪苏集团交易进程如表 2-4 所示。

表 2-4　蓝星新材–安迪苏集团交易进程

公告日期	事项
2014年9月29日	蓝星新材召开第五届董事会第二十一次会议，审议通过《蓝星化工新材料股份有限公司重大资产置换及发行股份并支付现金购买资产并募集配套资金暨关联交易预案》
2015年1月30日	蓝星新材召开第五届董事会第二十三次会议，审议通过《关于公司重大资产置换及发行股份并支付现金购买资产并募集配套资金暨关联交易方案的议案》等相关议案
2015年4月8日	交易获国务院国资委批准
2015年4月15日	股东大会通过
2015年4月28日	交易获证监会受理
2015年6月11日	第一次证监会反馈意见回复
2015年6月29日	蓝星新材接到证监会通知，经并购重组委召开的2015年第54次工作会议审核，公司重大资产置换及发行股份并支付现金购买资产并募集配套资金暨关联交易之重大资产重组事项获得无条件通过
2015年7月24日	蓝星新材接到证监会《关于核准蓝星化工新材料股份有限公司向中国蓝星（集团）股份有限公司发行股份购买资产并募集配套资金的批复》
2015年10月8日	安迪苏集团85%普通股股权已变更登记至蓝星新材名下，相关变更登记手续已于2015年10月8日办理完毕
2015年10月30日	交易完成

三、案例点评

该案例为重大资产出售与重大资产重组同步开展并实现买壳上市。买壳上市是指非上市公司购买一家上市公司一定比例的股权来取得上市的地位，然后注入自己有关业务及资产，实现间接上市的目的，更多发生在民营企业身上。买壳上市与首次公开发行（initial public offering，IPO）相比对上市资产项目的要求较为灵活，可以减少筹备期的工作量和准备时间，费用也相对较低。

A 股上市公司蓝星新材通过置入安迪苏集团 85%股权，置出自身主要资产、负债，使安迪苏成为 A 股市场首家管理机构及主营业务均位于海外的上市公司，证券名称也相应从“蓝星新材”改为“安迪苏”，这一成功重组的案例将为未来更多境外公司来中国市场上市提供了范本，进一步推进中国资本市场的开放步伐。

如表 2-5 所示，之前因 2012 年、2013 年连续两年亏损，蓝星新材被实施退市风险警示。而伴随本次交易，蓝星新材现有主要资产、负债、业务等被剥离，同时动物营养添加剂等优质资产及业务被注入蓝星新材，该公司的盈利水平大幅增长，由负转正，公司持续盈利能力有望显著增强。

表 2-5　2012～2016 年蓝星新材/安迪苏经营情况（单位：万元）

项目	2016年	2015年	2014年	2013年	2012年
营业收入	1 068 826.31	1 517 333.17	954 443.74	826 253.97	908 416.38
净利润	231 618.12	200 279.56	14 375.03	−118 833.09	−103 781.16

案例四　首旅酒店收购如家酒店集团、Poly Victory 案例

一、交易背景

（一）交易主体

首旅酒店目前是国内大型综合性旅游上市公司，主要从事酒店管理、景区、旅行社等业务，并将自身发展定位于以酒店经营管理为主营业务的系列品牌发展平台。

交易对手方包括重大现金购买的交易对手方、发行股份购买资产的交易对手方和募集配套资金的交易对手方。其中，重大现金购买的交易对手方为如家酒店集团；发行股份购买资产的交易对手方为北京首都旅游集团有限责任公司（简称首旅集团）、携程旅游信息技术（上海）有限公司（简称携程上海）、Wise Kingdom Group Limited（简称 Wise Kingdom）、沈南鹏（Nanpeng Shen）、Smart Master International Limited（简称 Smart Master）、孙坚、Peace Unity Investments Limited（简称 Peace Unity）、宗翔新；募集配套资金的交易对手方为询价发行方式下不超过 10 名符合条件的特定对象。交易标的资产为如家酒店集团 84.73%股权及 Poly Victory 100%股权。

（二）交易目的

第一，响应政府号召，回归境内上市。2015 年 6 月，国务院常务会议提出鼓励境外优质上市公司、特殊股权结构类企业回归境内上市。本次交易正是首旅酒店落实国务院上述政策导向的重要举措。交易完成后，作为较早在境外上市的优质企业，如家酒店集团将从美国纳斯达克全球市场退市，并正式回归 A 股证券市场。这主要由于目前中国证券市场逐步完善，政府鼓励创新、创业型企业发展，推动了如家酒店集团等境外优质上市公司加快私有化回归步伐。同时也是首旅酒店实践国有企业混合所有制改革的重要举措，通过资产重组，整合优质酒店资产，促进国有资本的保值增值。

第二，整合业内资源，增强品牌影响。如家酒店集团旗下拥有五个酒店品牌，即如家酒店、莫泰酒店、云上四季酒店、和颐酒店和如家精选酒店。如家酒店集团在经济型酒店细分市场上拥有独特优势，将有助于进一步完善

首旅酒店的品牌系列。本次交易结束后，首旅酒店旗下酒店品牌种类和数量将得以丰富与增加，形成覆盖“豪华”“高档”“中档”“经济型”全系列的酒店业务，扩大市场份额，完善产业布局，提高核心竞争力，增强首旅酒店的影响力。此外，如家酒店集团作为行业领先的酒店管理集团，不仅拥有丰富的资本市场运作经验，还拥有丰富的市场化经营管理经验。通过本次交易，首旅酒店将与如家酒店集团在经营、管理、财务、技术、营销、品牌和文化等方面优势互补，充分发挥交易协同效应，推动首旅酒店的资产规模与盈利能力持续扩大和提高。

第三，推行“互联网+”模式，扩大发展空间。近几年，随着移动互联网快速兴起，线上旅游也得到了蓬勃发展，推动了 OTA（online travel agency，线上旅行社）、O2O（online to offline，线上到线下）等“互联网+”商业模式在酒店行业的普及。本次交易前，首旅酒店就拥有丰富的旅游业务线下资源，但对基于互联网及移动互联网的线上旅游业务模式没有太多涉足。通过本次发行股份购买资产，Ctrip.com International，Ltd.（简称携程）将成为首旅酒店的重要战略投资者之一。目前，携程在综合性旅行服务公司中处于领先地位，与全国各大航空公司、各大银行，以及大型电信服务商均建立了战略合作伙伴关系。得益于携程在互联网领域的领先地位及良好的品牌形象，该次重组将帮助首旅酒店进行线上、线下业务的全方位合作，抓住国内旅游市场潜在的发展空间。

二、交易方案及进程

（一）交易方案

首旅酒店以合并方式向如家酒店集团非主要股东支付现金对价，获得如家酒店集团 65.13%股权，实现如家酒店集团的私有化。同时，首旅酒店还将通过发行股份的方式购买 Poly Victory 100%股权和如家酒店集团 19.60%股权。具体方案如下。

1. 重大现金购买

首旅酒店拟通过设立境外子公司，以合并方式向如家酒店集团非主要股东支付现金对价，获得如家酒店集团 65.13%股权，实现如家酒店集团的私有化。首旅酒店通过在境外新设的两层特殊目的公司首旅酒店集团（香港）控股有限公司［简称首旅酒店（香港）］及首旅酒店集团（开曼）控股有限公司

[简称首旅酒店(开曼)]执行该次私有化交易。在本次交易中,首旅酒店(香港)是首旅酒店的全资子公司,而首旅酒店(香港)在开曼设立的全资子公司首旅酒店(开曼)则作为收购主体,由其与如家酒店集团合并,获得如家酒店集团 65.13%股权。由于本次重大现金购买的标的资产为如家酒店集团在美国纳斯达克全球市场的股权,重大现金购买的交易价格不以评估报告为依据,购买价格的确定因素为如家酒店集团市值、净资产、同类公司的估值水平等。根据首旅酒店、首旅酒店(香港)、首旅酒店(开曼)及如家酒店集团于 2015 年 12 月 6 日签署的合并协议,该次重大现金购买的交易价格为每股普通股 17.90 美元及每股 ADS(American depositary shares,美国存托股份)(每股 ADS 为两股普通股)35.80 美元,交易总对价为 11.24 亿美元,约合人民币 71.78 亿元,交易总对价后续在交割日会根据股权激励行使情况进行调整,本次收购资金来源为自筹资金。合并协议交割时,如家酒店集团非主要股东持有的如家酒店集团 65.13%的股权将被注销登记,首旅酒店(香港)将向如家酒店集团非主要股东提供现金对价。首旅酒店(开曼)将被如家酒店集团吸收合并并停止存续,由如家酒店集团作为存续公司。.

重大现金购买交易方案及交易完成后架构如图 2-1 和图 2-2 所示。

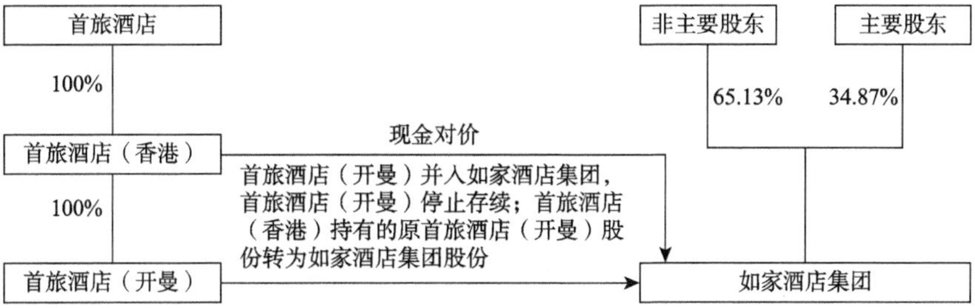

图 2-1　重大现金购买交易方案

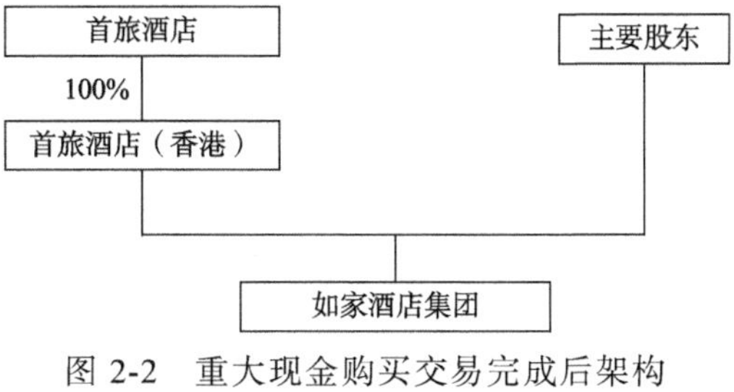

图 2-2　重大现金购买交易完成后架构

2. 发行股份购买资产

首旅酒店拟向首旅集团等 8 名交易对手方发行股份购买 Poly Victory 100%

股权和如家酒店集团 19.60%股权，包括向首旅集团发行股份购买其持有的 Poly Victory 100%股权，以及向携程上海、Wise Kingdom、沈南鹏、Smart Master、孙坚、Peace Unity、宗翔新等首旅集团外的其他发行对象购买其合计持有的如家酒店集团 19.60%的股权。由于 Poly Victory 主要资产为如家酒店集团 15.27%股权，本次发行股份购买资产交易完成后，首旅酒店将通过直接及间接方式持有如家酒店集团 34.87%股权，具体如图 2-3 所示。本次交易购买资产价格的确定因素包括如家酒店集团的市值、净资产、同类公司的估值水平等。

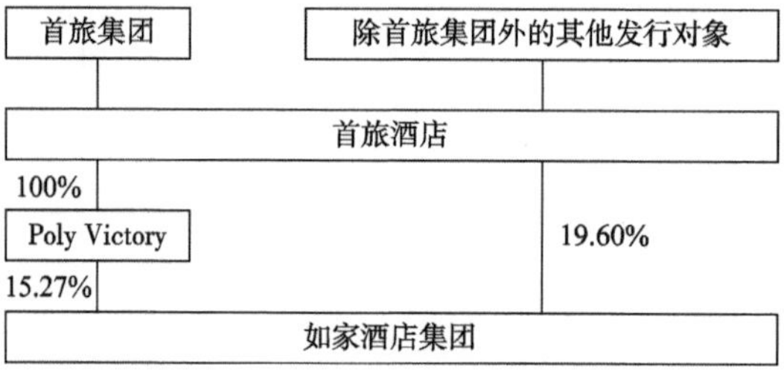

图 2-3　发行股份购买资产交易完成后架构

首旅酒店以 15.69 元/股发行约 2.47 亿股股份购买 Poly Victory（持有如家酒店集团 15.27%股份）100%股权及 7 家特定投资者持有的如家酒店集团 19.60%的股权。根据首旅酒店与发行股份购买资产交易对手方于 2015 年 12 月 6 日签署的发行股份购买资产协议，本次发行股份购买资产以人民币作价，相对应的如家酒店集团股权的交易价格为每股普通股 17.90 美元、每股 ADS（每股 ADS 为两股普通股）35.80 美元，据此确定交易标的交易价格合计为 38.73 亿元，其中 Poly Victory 100%股权交易价格为 17.14 亿元，其他 7 家特定投资者所持如家酒店集团股权交易价格为 21.59 亿元。

3. 募集配套资金

由于首旅酒店以现金方式支付该次重大现金购买的交易对价，为提高该次重组绩效，缓解后续上市公司偿债压力，首旅酒店拟采用询价发行方式向不超过 10 名符合条件的特定对象非公开发行股份募集配套资金，总金额不超过 38.74 亿元，扣除本次重组中介机构费用及相关税费后将用于收购如家酒店集团股权或置换本次交易中预先投入的部分银行贷款。本次交易配套融资发行股份的定价基准日为本公司第六届董事会第八次会议决议公告日，发行价格不低于定价基准日前 20 个交易日公司股票交易均价的 90%，即不低于 15.69 元/股。根据募集配套资金上限和发行底价计算，本次交易募集配套资金所发行股份数量不超过 246 862 556 股。

（二）交易进程

表 2-6　首旅酒店-如家酒店集团、Poly Victory 交易进程

公告日期	事项
2015年12月8日	首旅酒店第六届董事会第八次会议于2015年12月6日在民族饭店十一层会议室以现场会议方式召开，会议审议通过《关于公司符合重大资产重组及发行股份购买资产条件的议案》
2015年12月30日	首旅酒店控股股东首旅集团于2015年12月28日收到北京市国资委出具的批复
2016年1月15日	召开首旅酒店2016年第一次临时股东大会，审议通过了《关于公司发行股份购买资产并募集配套资金方案的议案》
2016年1月25日	首旅酒店收到证监会出具的《中国证监会行政许可申请受理通知书》（160109号）。证监会对首旅酒店提交的《北京首旅酒店（集团）股份有限公司发行股份购买资产核准》行政许可申请材料进行了审查，认为该申请材料齐全，符合法定形式，决定对该行政许可申请予以受理
2016年3月4日	第一次证监会反馈意见
2016年4月8日	首旅酒店收到证监会通知，经并购重组委于2016年4月8日召开的2016年第24次并购重组委工作会议审核，首旅酒店发行股份购买资产并募集配套资金暨关联交易事项获得有条件通过
2016年7月28日	首旅酒店收到证监会出具的《关于核准北京首旅酒店（集团）股份有限公司向北京首都旅游集团有限责任公司等发行股份购买资产并募集配套资金的批复》（证监许可〔2016〕1677号）
2016年10月14日	根据Poly Victory交割完成后的股东名册和Maples Corporate Services Limited出具的交割完成后如家酒店集团股东名册，2016年10月14日，首旅酒店已获得Poly Victory 100%股权和如家酒店集团19.60%股权，该次发行股份购买资产的标的资产已完成过户
2017年1月9日	首旅酒店发布《发行股份购买资产并募集配套资金暨关联交易实施情况暨新增股份上市报告书》

三、案例点评

如家酒店集团私有化，以及境外投资者以境外公司（如家酒店集团）股权与 A 股上市公司（首旅酒店）跨境换股成功，是海外并购实践上的突破。在此之前，市场上虽然也出现了一些境外投资者以境内公司股权与 A 股上市公司换股的案例，但相关交易获得证监会和商务部审批通过的案例几乎没有，这就使首旅酒店跨境换股收购如家酒店集团的案例具有了创新性的标志性意义。

2005 年至 2006 年，由于境内资本市场萎靡，部分境内企业通过搭建红筹架构“出海”境外资本市场，并以此规避证监会及商务部的监管。《关于外

国投资者并购境内企业的规定》限制境内居民通过搭建红筹架构将境内权益转移到境外，以及逃避境内监管。首旅酒店收购如家酒店集团，实际是将已经在境外的权益投入境内上市公司。对此，商务部并未将境外投资者的境外公司股权换股取得 A 股上市公司股权解释为《关于外国投资者并购境内企业的规定》中的跨境换股，而是将其视为对 A 股上市公司境外收购支付手段的创新性实践，这为 A 股上市公司境外收购打开了一扇大门。另外，首旅集团向标的方股东（如家酒店集团主要股东）发行私募可交换债，提供了基于上市公司股价的对赌机制，若股价上涨，债券持有人则可换股获得溢价收益，即使股价变化不如预期，债券持有人仍能获取一定固定收益。海外并购可以通过换股和可交换债券缓解换汇压力，具有借鉴意义。

交易完成后，首旅酒店成为国内第二大酒店集团，并形成覆盖全系列的酒店业务。首旅集团持有首旅酒店 36.7%的股份，仍为首旅酒店控股股东；携程上海将持有首旅酒店股份 1.05 亿股，持股比例约为 15.4%，为首旅酒店第二大股东。从方案设计角度看，本次换股形成利益联盟，如家酒店集团管理层及携程入股，从而间接完成混合所有制改革。

案例五　中国电建收购 8 家公司案例

一、交易背景

（一）交易主体

中国电力建设股份有限公司（简称中国电建）为资产购买方。中国电建前身为中国水利水电建设股份有限公司，于 2009 年 11 月 30 日由中国水利水电建设集团公司和中国水电工程顾问集团有限公司（简称顾问集团）在北京共同发起设立，2011 年 10 月 18 日在上交所上市，2014 年 1 月公司更名为中国电力建设股份有限公司。目前中国电建已形成建筑工程承包、电力投资与运营、房地产开发和设备制造与租赁四大业务板块。

中国电力建设集团有限公司（简称电建集团）为交易对手方，是中国电建的控股股东。电建集团是在中国水利水电建设集团公司、顾问集团、国家电网有限公司和中国南方电网有限责任公司所属的 14 个省区市电力勘测设计、工程、装备制造企业基础上组建的国有独资公司。电建集团是为水利水电、火电、新能源、电网及基础设施等领域提供规划、勘测、设计、施工运营一体化服务的国内领先、国际先进的特大型电力建设集团公司。本次配套融资的交易对手方为不超过 200 名符合《优先股试点管理办法》和其他法律法规规定的合格投资者。

标的资产为电建集团所属水电、风电勘测设计板块经营性资产，具体包括电建集团所持顾问集团、中国电建集团北京勘测设计研究院有限公司（简称北京院）、中国电建集团华东勘测设计研究院有限公司（简称华东院）、中国电建集团西北勘测设计研究院有限公司（简称西北院）、中国电建集团中南勘测设计研究院有限公司（简称中南院）、中国电建集团成都勘测设计研究院有限公司（简称成都院）、中国电建集团贵阳勘测设计研究院有限公司（简称贵阳院）、中国电建集团昆明勘测设计研究院有限公司（简称昆明院）8 家公司 100%股权。上述 8 家公司的工程设计代表着国际领先的水利水电设计水平。以上述 7 家设计院为例，自成立以来，7 家设计研究院完成了大量的水利水电工程勘测设计工作，目前这 7 家设计研究院完成和正在开展金沙江、黄河、大渡河、雅砻江、怒江、雅鲁藏布江等大型河流与一大批中型河流的水电开发规划。

（二）交易目的

第一，贯彻国家战略，实现整体上市。国务院国资委和国家发改委在 2011 年于《关于印发〈电网企业主辅分离改革及电力设计、施工企业一体化重组方案〉的通知》中提出完善电建集团的产业链，实现一体化经营的战略要求。当时电建集团正在筹备成立的过程中，其筹备组曾计划在中国电建上市后将水电、风电勘测设计板块资产和业务注入上市公司。因此，中国电建有必要进一步实现产业链整合与统一管控，将水电、风电勘测设计业务板块资产注入上市公司平台，为形成和构建电力设计、施工一体化产业体系奠定坚实基础，从根本上理顺股权和管理关系，优化资源配置，提高上市公司质量，提高企业竞争力，增加规模效益，促进我国电力工业健康发展。电建集团该次重组将是实现整体上市的重要环节，同时也是对资本市场承诺的郑重履行。

第二，减少同业竞争，提高盈利能力。通过本次交易，中国电建将实现水电、风电设计施工业务的整合，进一步避免上市公司与电建集团之间的同业竞争，大幅减少关联交易，更好地保护上市公司，特别是中小投资者利益。同时，水电、风电勘测设计业务盈利能力较强，将其并入上市公司后，有助于增强中国电建的核心竞争能力和持续经营能力，提升长期盈利能力，符合上市公司全体股东的利益。

二、交易方案及进程

（一）交易方案

该并购属于横向整合，存在关联交易，交易方案包括：①以非公开发行普通股及承接债务方式购买资产；②非公开发行优先股募集配套资金。具体内容如下。

（1）以非公开发行普通股及承接债务方式购买资产。中国电建以非公开发行普通股并承接债务的方式购买电建集团持有的顾问集团、北京院、华东院、西北院、中南院、成都院、贵阳院、昆明院等 8 家公司 100%股权。

第一，承接债务方式。中国电建向电建集团支付部分对价 25 亿元，所承接债务为电建集团已发行的本金为 25 亿元的 2012 年度第一期中期票据（12 水电工 MTN1）。

第二，发行普通股方式。8 家标的公司账面价值合计为 979 669.05 万元，经核准的评估值合计为 1 716 585.62 万元，评估增值为 736 916.57 万元，增值率为 75.22%。本次交易标的资产根据上述评估值确定的成交价格为 1 716 585.62 万元。中国电建本次发行普通股的市场参考价为定价基准日前 20 个交易日交易均价（2.77 元/股），本次向电建集团发行普通股的价格为 3.63 元/股（除息调整前），较本次发行市场参考价溢价 31.05%；2015 年 5 月 18 日，中国电建决定按 2014 年上市公司总股本 960 000 万股为基数向全体股东按每 10 股派发现金红利 1.00 元（含税），根据《中国电力建设股份有限公司与中国电力建设集团有限公司资产购买协议》及《中国电力建设股份有限公司与中国电力建设集团有限公司资产购买协议之补充协议》约定，本次发行普通股购买资产的发行价格相应调整为 3.53 元/股（除息调整后）。根据本次发行的普通股发行价格为 3.53 元/股及标的资产的交易价格为 1 716 585.62 万元、承接债务所支付的对价金额为 25 亿元，确定中国电建向电建集团发行股份购买资产的股份数量为 4 154 633 484 股。

表 2-7　电建集团 8 家标的公司价值

标的资产	账面价值/万元	评估值/万元	评估增值/万元	增值率
顾问集团	159 099.71	160 432.04	1 332.32	0.84%
北京院	58 645.54	70 070.45	11 424.91	19.48%
华东院	96 696.59	316 795.30	220 098.71	227.62%
西北院	107 433.72	144 660.02	37 226.30	34.65%
中南院	138 278.83	194 248.85	55 970.02	40.48%
成都院	156 981.15	382 286.10	225 304.95	143.52%
贵阳院	60 930.60	114 578.43	53 647.83	88.05%
昆明院	201 602.91	333 514.44	131 911.53	65.43%
合计	979 669.05	1 716 585.62	736 916.57	75.22%

资料来源:《中国电力建设股份有限公司发行普通股购买资产并发行优先股募集配套资金暨关联交易报告书（草案）》

注：表中分项数字的和可能不等于合计数字，是因为有些数据进行过四舍五入

中国电建与电建集团于 2014 年 12 月 27 日签署了《中国电力建设股份有限公司与中国电力建设集团有限公司业绩补偿协议》，并于 2015 年 3 月 31 日签署了《中国电力建设股份有限公司与中国电力建设集团有限公司业绩补偿协议之补充协议》。根据《中国电力建设股份有限公司与中国电力建设集团有限公司业绩补偿协议》及《中国电力建设股份有限公司与中国电力建设集团有限公司业绩补偿协议之补充协议》，本次重大资产购买的业绩补偿期间为

2015 年、2016 年和 2017 年，电建集团承诺标的公司 2015 年、2016 年、2017 年各年实现净利润数分别为 197 783 万元、200 130 万元和 204 042 万元。若标的公司当年累计实现净利润低于该年累积承诺净利润，差额部分由电建集团先以其在本次重大资产购买中取得的股份对公司进行补偿，股份补偿不足的，再以现金进行补偿。

（2）非公开发行优先股募集配套资金。中国电建拟向不超过 200 名合格投资者非公开发行优先股募集配套资金，募集资金总额不超过 20 亿元，且不超过本次交易总金额的 25%。中国电建本次发行的优先股为附单次跳息安排的固定股息、非累积、非参与、可赎回但不设回售条款、不可转换的优先股。

（二）交易进程

中国电建与 8 家公司交易进程如表 2-8 所示。

表 2-8　中国电建–8 家公司交易进程

公告日期	事项
2014年9月28日	第二届董事会第二十七次会议审议通过了《中国电力建设股份有限公司重大资产购买并发行优先股募集配套资金暨关联交易预案》
2014年12月27日	第二届董事会第三十四次会议审议通过了本次交易的正式方案及相关议案。同日，中国电建与电建集团签署了附条件生效的《中国电力建设股份有限公司与中国电力建设集团有限公司资产购买协议之补充协议》和《中国电力建设股份有限公司与中国电力建设集团有限公司业绩补偿协议》
2015年1月13日	中国电建收到控股股东电建集团转来的国务院国资委出具的《关于中国电力建设股份有限公司资产重组暨配套融资有关问题的批复》，国务院国资委原则同意公司本次资产重组的总体方案
2015年1月15日	股东大会通过
2015年1月26日	交易获证监会受理
2015年4月23日	发审委通过
2015年5月25日	证监会批准
2015年6月12日	顾问集团100%股权、北京院100%股权、华东院100%股权、西北院100%股权、中南院100%股权、成都院100%股权、贵阳院100%股权和昆明院100%股权由电建集团转让至中国电建的股东变更工商变更登记手续均已办理完成
2015年6月23日	发布《中国电力建设股份有限公司重大资产购买并发行优先股募集配套资金暨关联交易实施情况报告书》

三、案例点评

2011 年电建集团筹备组承诺会在两年内启动将大股东旗下的中水顾问集团等优质资产注入上市公司，并表示注入相关优质资产后将增厚每股业绩。

此次并购重组就是电建集团向资本市场履行承诺的重要一步。

一是避免同业竞争，增强业务协同性。首先，中国电建注入的 8 家公司都是以水利、风电、太阳能等新能源设计为主营业务，轻资产、高利润。资产注入可以提升中国电建的利润率和净资产收益率，同时也完善了新能源设计业务，使中国电建在水电设计和建设方面的能力远高于竞争对手。其次，设计—施工—运营一体化后，将促进中国电建在国际市场上的 EPC（engineering-procurement-construction，设计—采购—施工）总承包模式业务能力。最后，资产注入减少了很多关联交易，促进公司扁平化经营。合并还有助于减少同业竞争矛盾。公司内部大部分子公司都可以独立竞标工程项目，重组后可以通过协调来解决同业竞争的问题。

本次并购的优势在于注入的资产原本就一直属于母公司管理，所以注入后不存在组织架构的整合、文化的磨合，或者人事方面大的变动。在业务的协同性方面也取得了不少进展，总体对于中国电建或者相关资产都是双赢的安排。

二是利用新型融资工具，发挥优先股在并购融资中的作用。发行优先股配套募集资金是一种新型融资办法，其以权益资金入账的独特属性在交易支付方式中存在一定的优势。发行优先股不但能优化公司资本结构，对资产负债率较高的公司来说，还能以较低的成本获得权益并撬动相当比例的债务，增加运营资金，解决融资问题。从中长期看，公司归属普通股股东的每股收益一般都会有所增厚。同时，相较于普通股，优先股在并购融资中的应用优势在于不稀释原股东的表决权和控制权，不影响股东对公司的控制权结构。但是优先股发行成本和股息的支付存在一定的压力和潜在风险，在并购融资方案中需进行多层面、深层次的考虑。

在企业并购中，通过拓宽并购融资渠道，灵活选择运用并购融资方式，可以有效降低并购融资成本。中国电建的案例给予我们启示：未来可以研究各种新型有效的并购融资工具，丰富并购融资手段，加强资本市场在资源配置方面的重要作用。例如，采用债权性融资、股权性融资、混合性融资、优先股、杠杆收购、管理层收购、信托方式等多元化方式解决企业并购融资渠道不畅和资金紧张问题，以多种并购融资方式共同推动并购融资市场的健康繁荣发展。

案例六　金隅股份收购冀东水泥案例

一、交易背景

（一）交易主体

北京金隅集团股份有限公司（简称金隅股份）既是全国最大的建筑材料生产企业之一，又是北京地区领先的房地产开发企业。公司的经营范围是建材制造、房地产开发和不动产经营产业，主要产品是高标号水泥、家具、矿棉吸声板、加气混凝土、耐火材料、房地产开发经营、物业管理、销售自产产品等。公司持有及与独立第三方共同拥有多项先进技术的专利权，并已起草或审阅多项建筑材料业界的国家及行业标准，公司拥有一个国家级企业技术中心、一个国家重点实验室。公司的“金隅”牌水泥被认定为中国驰名商标、中国名牌产品和北京名牌产品，公司连续多年获得“中国房地产百强企业”称号。

唐山冀东水泥股份有限公司（简称冀东水泥）是一个以水泥生产为主业，集干粉砂浆、水泥外加剂、水泥助磨剂等新型建筑材料为一体的大型建材企业集团，是华北地区最大的高标号水泥供应商。主导产品“盾石”牌硅酸盐水泥被评定为中国驰名商标。冀东水泥快速发展，控股公司遍布国内京津冀、吉林、辽宁、陕西、内蒙古五大区域，并向山西、湖南、重庆、山东等地拓展，企业的资源配置力、市场影响力、掌控力、整合力、成长性及抗风险力显著提高。冀东水泥不断优化煤炭搭配使用，合理使用周边废渣资源，逐步降低产品能耗，效果显著，2015 年吨水泥生产成本同比下降约 10%。

（二）交易目的

自 2014 年初以来，中国经济的下行压力逐渐增加，房地产库存较高，投资需求不振，水泥需求萎靡，水泥行业面临较大的产能过剩压力，水泥价格持续下滑。全国水泥价格指数亦从 2014 年 1 月 2 日的 116.58 持续下滑至 2016 年 3 月 7 日的 77.76，跌幅超过 30%。面对严峻的市场态势，一方面，水泥龙头企业间竞争激烈，甚至为提升市场份额一度出现恶性竞争，出现水泥销售价格低于成本价格的状况，加速行业状况的恶化。另一方面，产能过剩和水泥价格的大幅下滑增加了水泥企业的业绩压力。交易资产冀东水泥的财务报表显示,冀东水泥自 2014 年以来营业收入增速逐年下滑,净利润为负,公司亏损严重。盈利能力恶化导致越来越多的水泥企业破产清算，水泥制造企业数量急剧缩水。短短数年间，水泥制造企业单位数量从 2010 年的 5000 余家迅速锐减至 2011 年初的 3700 余家，在 2015 年底已不足 3400 家。

本次交易双方寄希望于京津冀区域内两家龙头企业的重组所带来的规模效应及协同效应，通过供给侧的结构优化来化解产能过剩，全面降低成本，增强企业的整体实力，提高市场集中度，缓解市场竞争压力。尤其是 2016 年下半年以来，随着中国经济企稳回升，基建和房地产的需求逐渐增加，京津冀区域在后续的协同建设中依然存在大量的建设需求。金隅股份和冀东水泥分别作为北京和河北地区的水泥行业的国有企业，通过本次并购，也可以进一步落实“京津冀一体化”的国家战略，协同区域资源，提高水泥行业的区域集中度，改善竞争结构，提高长期盈利能力。

二、交易方案及进程

（一）交易方案

2016 年 5 月 31 日，金隅股份签署协议拟以现金 475 000 万元认购冀东发展集团有限公司（简称冀东集团）123 975.204 万元的新增注册资本，并以现金 4.75 亿元收购中泰信托有限责任公司（简称中泰信托）持有的冀东集团 10%的股权。交易完成后，金隅股份持有冀东集团 55%的股权，成为冀东集团控股股东。唐山市国资委持有冀东集团 45%的股权。值得注意的是，冀东集团在 2016 年 5 月 30 日向唐山国有资本运营有限公司转让其持有的部分冀东水泥股份，占冀东水泥股份总数的 7.48%（于 2016 年 7 月 18 日经国务院批准），因此交易时冀东集团持有冀东水泥 30%的股权。交易完成后冀东集团的股权结构如表 2-9 所示。

表 2-9　冀东集团股权结构

股东名称	出资额/万元	出资比例
金隅股份	136 373	55.00%
唐山市国资委	111 578	45.00%
合计	247 950	100.00%

注：本表数据因进行了约分，可能存在偏差

2016 年 6 月 29 日，金隅股份签署协议以持有的水泥业务相关资产认购冀东水泥非公开发行的 A 股股份。交易完成后，金隅股份将直接成为冀东水泥的控股股东。其标的资产的评估价值为 129.5 亿元左右，折合每股 9.31 元。另外，冀东水泥拟向不超过 10 名特定投资者非公开发行股份募集配套资金，募集资金总额不超过 30.24 亿元，股份发行价格不低于 9.31 元/股。以冀东水泥募集配套资金约 30.24 亿元、发行股份价格 9.31 元/股测算，交易完成后冀东水泥的股权结构如表 2-10 所示。

表 2-10　冀东水泥股权结构

项目	本次交易前		本次交易后			
			募集配套资金前		募集配套资金后	
	持股数量/股	持股比例	持股数量/股	持股比例	持股数量/股	持股比例
金隅股份	—	—	1 391 299 488	50.80%	1 391 299 488	45.41%
冀东集团	404 256 874	30.00%	404 256 874	14.76%	404 256 874	13.20%
唐山国有资本运营有限公司	100 836 212	7.48%	100 836 212	3.68%	100 836 212	3.29%
不超过10名特定投资者	—	—	—	—	324 814 318	10.60%
其他A股股东	842 429 828	62.52%	842 429 828	30.76%	842 429 828	27.50%
合计	1 347 522 914	100.00%	2 738 822 402	100.00%	3 063 636 720	100.00%

交易完成后，金隅股份直接或间接持有冀东水泥 58.61%的股权，成为其实际控制人。另外，冀东水泥获得交易前金隅股份持有的水泥业务相关资产。

（二）交易进程

金隅股份和冀东集团交易进程如表 2-11 所示。

表 2-11　金隅股份–冀东集团交易进程

公告日期	事项
2016年5月31日	董事会通过收购冀东集团55%的股权的议案
2016年5月31日	与唐山市国资委、冀东集团、中泰信托签订协议
2016年8月15日	股东大会通过交易
2016年9月8日	获国务院国资委批准
2016年9月19日	获商务部反垄断局批准
2016年10月11日	股权过户，交易完毕

金隅股份和冀东水泥交易进程如表 2-12 所示。

表 2-12　金隅股份-冀东水泥交易进程

公告日期	事项
2016年5月31日	与唐山市国资委、冀东集团、中泰信托签订协议
2016年6月29日	董事会通过收购冀东水泥议案
2016年7月8日	获河北省国资委批准
2016年7月13日	标的资产评估获北京市国资委核准
2016年7月15日	冀东水泥股东大会批准交易
2016年8月3日	获香港联交所批准
2016年8月10日	获北京市国资委批准
2016年8月15日	股东大会通过交易
2016年12月13日	冀东水泥向证监会申请中止重大资产重组审查
2016年12月22日	证监会同意中止审查
2017年11月20日	为解决同业竞争，对原交易方案进行重大调整

三、案例点评

本次交易主要达成的是通过对冀东水泥及金隅股份旗下水泥业务的整合重组实现规模效益和协同发展。双方业务在京津冀地区高度重合，可以定义为区域内的横向并购。同时，金隅股份拥有房地产、金融等业务，可以达成供给链上的整合，并为重组后的水泥业务提供财务支持。因此，本次交易也形成了一定的纵向并购的效应。

（一）重组激发规模效应及协同效应，走出经营困境

本次重组为京津冀区域水泥制造业的两家龙头企业指引了走出经营困境的方向。从重组后的企业内部角度看，重组带来了规模效应及协同效应。第一，重组后公司根据供需、成本优化产能。为化解产能过剩，公司适当调整低效产能输出以保证产出效率最大化。第二，重组产生的规模效应为公司降低了采购、销售等方面的业务成本。第三，重组后金隅股份可为冀东水泥提供强大的支持，以降低其财务成本。重组后原先行业内资产负债率最高的冀东水泥（高达 76.3%）原有资产财务成本可降低约 2500 万元。第四，金隅股份拥有高超的环保及固体废弃物处理技术，可帮助公司节能减排，提高区域内环保水平，并创造综合经济效益。

在外部市场方面，合并后公司将提高水泥行业的区域集中度，改善竞争结构。合并后公司占区域水泥行业的市场份额将大大提升，成为区域水泥龙头企业，改变了京津冀乃至华北地区水泥制造业的格局。一方面，将有助于改善行业恶性竞争及价格战的情况，促进水泥价格回归理性。另一方面，重组后公司在区域内市场份额较大，增强了对区域内市场的影响力。

（二）响应国家政策号召，结合自身情况为政策落实开辟道路

本次重组确切地落实了“京津冀一体化”、供给侧结构性改革和国有企业改革的政策要求，有着深远的意义。国务院于 2014 年提出“京津冀一体化”的概念，旨在三地通过优势互补、互利共赢、扎实推进而进行协同发展。“京津冀一体化”鼓励辖区内区域性资源整合，通过协同合作共同发展。京津冀地区中，河北省长期依赖重工业，因此水泥制造业关乎河北省经济发展及民生。但是水泥行业作为产能过剩行业，当前也亟须进行供给侧结构性改革，主动化解产能过剩，降低生产成本，提高生产质量和效率。

一方面，作为京津冀地区水泥制造业的龙头企业，本次重组整合了行业资源，做到了优势互补、协同发展，改善了区域内竞争环境，通过资源整合优化产能，降低成本，加强环保。重组后企业市场份额和生产能力都有了进一步提高，可以更好地着眼于推动区域内水泥行业的供给侧结构性改革，重点支持高效产能、逐渐淘汰低效产能并加强固体废弃物处理效果，提高综合经济效益。

另一方面，2015 年的新一轮国有企业改革提倡将国有资本向关乎国民经济命脉和国计民生的行业集中、整合，提高优质国有企业在行业中的核心竞争力。新一轮国有企业改革倡导从“管资产”转换为“管资本”的模式。此次重组后，金隅股份将旗下水泥业务转让给冀东水泥经营。因此，金隅股份的实际控制人北京国有资本经营管理中心控制着资本，但是将具体资产的经营管理下放到了企业，响应了新一轮国有企业改革“管资本”的号召。

案例七　梅泰诺收购 BBHI 集团案例

一、交易背景

（一）交易主体

梅泰诺全称为北京梅泰诺通信技术股份有限公司（现更名为北京数知科技股份有限公司），是国内领先的通信基础设施解决方案和支撑服务提供商。作为通信领域的先行者，梅泰诺多年来致力于通信运维服务、塔桅、信息基础设施投资、通信测试服务等多个通信领域。公司产品包括各类通信塔、聚氨酯基站机房和工业空调等，其中新型三管通信塔为国内首创，具有重量轻、造价低、便于安装维护等特点。梅泰诺率先在通信塔行业引入“以研发设计为龙头、以生产制造为支撑、以差异化服务为基础”的新商业模式，将通信塔研发设计、生产制造、安装服务各环节有效集成整合，形成了公司控制和管理之下的通信塔产品供应整套产业链，为客户提供一站式服务。

BBHI 集团，全称为 Blackbird Hypersonic Investments Ltd，是全球领先的互联网广告供应端平台公司，主要从事互联网营销业务，在全球范围内拥有 7000 多家媒体资源，为媒体主提供优质的广告位的管理和运营业务，为 Yahoo!、Bing、Network 等广告网络及其广告主提供精准的广告投放业务。BBHI 集团拥有领先的基于上下文检索的广告技术，尤其在预测数据分析和机器学习方面，其自主算法可以根据用户正在浏览或搜索的网页内容自动和动态地选择用户可能会感兴趣的广告，并且智能化地实现点击率和竞价排名之间的平衡，从而帮助媒体主大幅提高长期广告收入，实现广告位价值的最大化，帮助广告主实现精准营销。BBHI 集团作为全球范围内参与竞争的 SSP（sell-side platform，供应方平台），建立了成熟的互联网营销体系，拥有丰富的媒体资源、优质的客户和先进的广告技术，在互联网营销行业具有较强的竞争优势和盈利能力。

（二）交易目的

梅泰诺为通信塔行业龙头，从 2015 年开始向互联网营销行业转型。2015 年梅泰诺收购日月同行信息技术（北京）有限公司（简称日月同行）100.00%

股权，开始涉足互联网营销业务。2015 年同期日月同行实现营业收入 12 675.10 万元，净利润 4484.43 万元。日月同行通过构建专业化的互联网营销平台，整合各类互联网应用下载平台资源及流量资源，为广告主提供软件营销服务，为媒体主提供流量增值服务，以及其他传统互联网广告服务。日月同行已经建立了成熟的互联网营销业务体系，具有高效的资源整合与运营能力，拥有丰富的国内媒体资源和优质的客户网络，在国内互联网营销领域具有较强的竞争力。收购的目的为通过宁波诺信睿聚投资有限责任公司（简称宁波诺信）间接持有 BBHI 的 99.998%股权。公司前次重组收购的日月同行为 DSP+SSP[①] 的互联网营销企业，而 BBHI 集团作为全球领先的 SSP，拥有先进的广告技术及全球化的媒体资源和客户资源，两者的业务方面具有较强的互补性和协同性。本次交易能完善产业链业务体系，进一步夯实互联网营销业务，提升公司在互联网营销领域的整体竞争力。

二、交易方案及进程

继收购国内互联网营销平台日月同行后，梅泰诺逐渐向互联网营销行业转型。2016 年初，梅泰诺收到标的公司 BBHI 的资料，产生收购意向。但由于跨境并购风险较大，为了避免并购交易过程过于冗长导致并购失败，梅泰诺实际控制人张志勇牵头成立并购基金上海诺牧投资中心（有限合伙）（简称上海诺牧）。由上海诺牧在境外收购 BBHI，解决跨境并购风险后，再将 BBHI 出售给梅泰诺。

（一）交易方案

1. 梅泰诺实际控制人设立并购基金上海诺牧

2016 年 2 月 23 日，上海诺牧成立，其资金来源主要分为两部分：第一部分为合伙人出资合计 11.6167 亿元。其中，10.55 亿元来自梅泰诺实际控制人张志勇、张敏夫妇的个人自有资金，以及质押持有的上市公司股票取得的质押融资（合计为 9.066 亿元，质押股份数为 3946 万股，价格约为 22.97 元/股）；0.95 亿元来自瑾瑜 1 号（财通资产–瑾瑜并购 1 号特定多个客户专项资产管理计划）其他投资人的资金。第二部分为信托贷款 21 亿元。由中融国际信托有限公司设立“中融–慧富融投 20 号信托贷款集合资金信托计划”，向上

① DSP 即 demand-side platform，需求方平台。

海诺牧提供了 21 亿元的贷款，利率为 12%，期限为 4 年。信托贷款的担保措施为：梅泰诺实际控制人张志勇、张敏夫妇提供的不可撤销连带担保责任，张志勇、李海莉将上海诺牧、宁波诺裕泰翔投资管理有限公司（简称宁波诺裕）的股份提供质押担保。

2. 梅泰诺实际控制人设立的并购基金跨境并购 BBHI

2016 年 8 月 12 日并购基金上海诺牧完成对 BBHI 100%股权的收购。收购采用的是 earn-out 支付法（或有对价支付法）。BBHI 100%股权作价约 8.89 亿美元（约人民币 58.67 亿元），分期支付的安排如下：①交割时，首期支付款为现金约 4.27 亿美元（约人民币 28.16 亿元），但 BBHI 100%股权已完成过户；②后续支付款合计约 4.62 亿美元（约人民币 30.51 亿元），是否足额支付取决于 BBHI 有无完成业绩承诺。前次交易中，交易对手 Starbuster 向上海诺牧做出了两个业绩承诺：第一个为 Yahoo！补偿机制，如果 BBHI 失去与 Yahoo！的合同并且找不到同等级的合同，Starbuster 向上海诺牧及其关联方补偿金额不超过 2 亿美元；第二个为业绩对赌，Starbuster 承诺 BBHI 在 2016 年、2017 年、2018 年和 2019 年扣除非经常性损益后归属母公司所有者的净利润分别不低于 39 372.96 万元、47 247.42 万元、56 697.30 万元、58 080.00 万元（按 6.6 元/美元的汇率计算）。具体对价和付款比例如表 2-13 所示。

表 2-13　梅泰诺-BBHI 分期支付安排

项目	交割	2016年	2017年	2018年	2019年	合计
承诺利润/万美元		5 965.60	7 158.70	8 590.50	8 800.00	30 514.80
PE	14.9 倍					
购买对价/万美元	88 887.40					
付款比例	48%	12%	13%	10%	17%	100.00%
承诺应付款额/万美元	42 666.00	10 666.50	11 555.40	8 888.70	15 110.90	88 887.50

注：上述测算不包含诺祥投资有限公司（简称香港诺祥）将于 2016 年度审计报告出具后向 Starbuster 支付的 0.21 亿美元的营运资金调整额；PE 即市盈率，PE=购买对价/2016 年承诺利润

交易完成后，BBHI 原管理层不变。Starbuster 的唯一股东 Divyank Turakhia 仍为 BBHI 的 CEO（chief executive officer，首席执行官）。BBHI 的股权结构如图 2-4 所示。

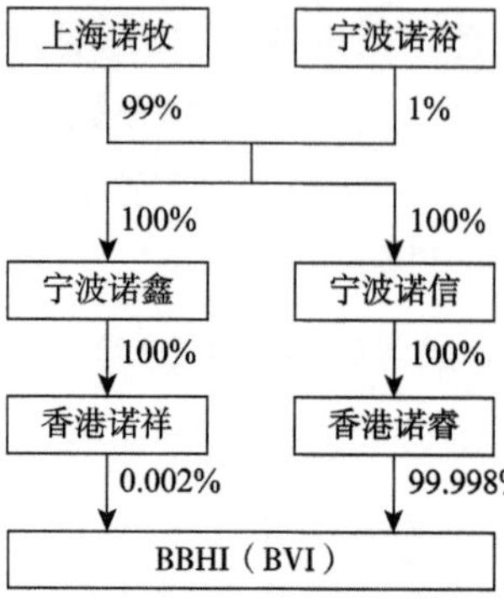

图 2-4　BBHI 股权结构

BVI 即 The British Virgin Islands，英属维尔京群岛

为了满足资金出境的监管要求，上海诺牧分别设立两个 SPV 收购 BBHI 的股权。宁波诺信、宁波诺鑫信德投资有限责任公司（简称宁波诺鑫）分别持有同股同权的 BBHI 99.998%股份和 0.002%股份。宁波诺鑫设立的 SPV 香港诺祥履行后续 30.51 亿元现金支付款的支付义务。

3. 梅泰诺收购宁波诺信并进行增发

本次交易梅泰诺以发行股份和支付现金相结合方式购买宁波诺信 100.00%股权。同时，梅泰诺拟向不超过 5 名符合条件的特定投资者发行股份募集配套资金。

首先，发行股份并支付现金购买资产。梅泰诺向上海诺牧和宁波诺裕以发行股份及支付现金的方式购买其持有的宁波诺信 100.00%股权。本次交易完成后，宁波诺信成为梅泰诺的全资子公司，梅泰诺通过宁波诺信及诺睿投资有限公司（简称香港诺睿）持有 BBHI 99.998%股权。香港诺祥承诺本次交易完成后在 2019 年度审计报告出具后 30 个工作日内向梅泰诺无条件赠与其持有的 BBHI 0.002%股权。截至评估基准日 2016 年 4 月 30 日，经交易各方协商，宁波诺信 100.00%股权的交易价格确定为 630 000.00 万元。宁波诺信 100.00%股权的对价支付将以股份和现金相结合的方式进行，具体支付方式如表 2-14 所示。

表 2-14　宁波诺信股权支付方式

交易对手方	持有宁波诺信股权比例	交易对价/万元	支付方式			
			股份对价/万元	股份比例	现金对价/万元	现金比例
上海诺牧	99.00%	623 700.00	420 000.00	67.34%	203 700.00	32.66%
宁波诺裕	1.00%	6 300.00	0	0	6 300.00	100.00%
合计	100.00%	630 000.00	420 000.00	66.67%	210 000.00	33.33%

上海诺牧、宁波诺裕做出业绩承诺，即 BBHI 在 2016 年、2017 年、2018

年的扣除非经常性损益后归属母公司所有者的净利润分别不低于人民币3.94亿元、4.72亿元、5.67亿元（按6.6元/美元的汇率计算），如果交易无法在2016年完成，应顺延。如果业绩无法完成，上海诺牧、宁波诺裕将以“现金+股票”的方式补偿梅泰诺。

其次，募集配套资金。本次发行股份募集配套资金的发行对象为符合证监会规定的证券投资基金管理公司、证券公司、信托投资公司、财务公司、保险机构投资者、合格境外机构投资者及其他境内法人投资者、自然人，且发行对象不超过5人，所有发行对象均以现金方式认购本次发行的股份。

本次交易拟募集配套资金不超过340 000.00万元，募集配套资金总额占本次购买资产交易价格的53.97%。本次募集配套资金在扣除相关中介机构费用后用于支付本次交易现金对价和SSP中国区域研发及商用项目。本次交易前，张志勇、张敏夫妇合计持有梅泰诺26.13%的股权，为梅泰诺的实际控制人。购买资产的事项完成后，张志勇、张敏夫妇合计控制的股份比例为55.66%（其中通过上海诺牧间接持股39.99%），仍为梅泰诺的实际控制人。

购买资产事项完成后，梅泰诺股权结构变化如表2-15所示。

表2-15　梅泰诺股权结构变化

股东名称	发行前		发行后	
	持股数量/股	持股比例	持股数量/股	持股比例
张敏	44 690 000	23.47%	44 690 000	14.08%
贾明	11 686 956	6.14%	11 686 956	3.68%
全国社保基金一一四组合	7 678 909	4.03%	7 678 909	2.42%
兴证证券资管-工商银行-兴证资管鑫众11号集合资产管理计划	6 895 000	3.62%	6 895 000	2.17%
江西日月同辉投资管理有限公司	6 573 913	3.45%	6 573 913	2.07%
张志勇	5 056 600	2.66%	5 056 600	1.59%
万家基金-民生银行-万家基金恒赢定增26号资产管理计划	4 608 072	2.42%	4 608 072	1.45%
杭州创坤投资管理有限公司	4 050 148	2.13%	4 050 148	1.28%
中国建设银行股份有限公司-华宝兴业服务优选混合型证券投资基金	3 051 728	1.60%	3 051 728	0.96%
富国基金-建设银行-中国人寿-中国人寿委托富国基金混合型组合	2 941 992	1.54%	2 941 992	0.93%
上海诺牧	—	—	126 888 217	39.99%
其他社会股东	93 197 677	48.94%	93 197 677	29.38%
合计	190 430 995	100.00%	317 319 212	100.00%

资料来源：《北京梅泰诺通信技术股份有限公司发行股份及支付现金购买资产并募集配套资金暨关联交易报告书（草案）》

注：本表数据因进行了约分，可能存在偏差

4. 后续安排：上海诺牧质押梅泰诺股份作为后续现金对价支付的保证金

由于上海诺牧收购 BBHI 的交易采用了 earn-out 支付法，拟在未来 4 年内分 4 期支付剩余的 30.51 亿元现金对价，为了保证上海诺牧的履约能力，本次交易设计了保证金环节。一是质押梅泰诺股份作为保证金，每一期的质押股份市值应为下一期支付款的 1.35 倍。上海诺牧承诺在 2016 年至 2019 年分 4 期质押梅泰诺股份给 Starbuster 或其指定的实体。其中，质押的股票市值=应付给 Starbuster 的下一期对赌分期款项×135%。当期支付款支付完毕后，上海诺牧按应付下一期应质押的上市公司股票数量的差额部分办理质押或解押。上海诺牧承诺用于保证金的质押的股份数不超过其持有上市公司股份数量的 30%。假如 BBHI 完成业绩承诺，上海诺牧应向 Starbuster 支付的价款在 2016 年、2017 年、2018 年、2019 年分别约为 7.04 亿元、7.63 亿元、5.87 亿元、9.97 亿元，平均每年支付约 7.63 亿元。那么平均每期质押的上市公司股份市值应为 10.30 亿元。二是质押股份数不足时，需提供银行保函。由于上海诺牧承诺用于保证金的质押的股份数不超过其持有上市公司股份数量的 30%，当质押股份数不足时，上海诺牧需就差额部分向 Starbuster 提供银行保函，保函金额=应付给 Starbuster 下一期的对赌分期款项−可用于办理质押的上市公司股票市值/135%。三是如果上海诺牧违约，需加速支付后续现金支付款。若已提供质押的股票市值低于下一期对赌款项的 135%，且银行保函金额不足，差额部分小于或等于下一期应付款的 10%，则上海诺牧应立即支付下一期应付的对赌款项；若已提供质押的股票市值低于下一期对赌款项的 135%，且银行保函金额不足，差额部分大于下一期应付款的 10%，则上海诺牧应立即支付剩余所有对赌年度的所有应付款项。四是按本次发行价格 33.10 元/股计算，2016 年至 2019 年上海诺牧每年需质押或解除质押的股票数量如表 2-16 所示。

表 2-16　上海诺牧每年需质押或解除质押的股票数量明细

项目	2016年	2017年	2018年	2019年
应付对赌款/万美元	10 666.50	11 555.40	8 888.70	15 111.90
应付对赌款/万元	70 398.90	76 265.64	58 665.42	99 731.94
股票价格/（元/股）	33.10	33.10	33.10	33.10
质押股票数量/股	21 268 549	23 040 978	17 723 691	30 130 495
发行后总股本/股	317 319 212	317 319 212	317 319 212	317 319 212
已质押股票占比	6.70%	7.26%	5.59%	9.50%
较上一年质押或解除质押（以“−”列示）比例	6.70%	0.56%	−1.68%	3.91%

（二）交易进程

梅泰诺和BBHI交易进程如表2-17所示。

表 2-17　梅泰诺-BBHI 交易进程

公告日期	事项
2016年6月23日	梅泰诺发布董事会预案：拟向上海诺牧和宁波诺裕以发行股份及支付现金的方式购买其持有的宁波诺信100.00%股权
2016年9月30日	梅泰诺发布交易草案
2016年10月18日	股东大会通过议案
2016年10月24日	证监会受理
2016年11月10日	第一次证监会反馈意见
2016年12月1日	第一次证监会反馈意见回复
2016年12月16日	第二次证监会反馈意见
2016年12月20日	第二次证监会反馈意见回复
2016年12月30日	发审委通过
2017年2月10日	证监会批准
2017年3月14日	标的资产过户
2017年3月22日	交易完成

三、案例点评

本次交易涉及跨境并购，且并购规模较大，隐含的并购风险相对较高，最终梅泰诺通过大股东过桥收购及“平行对赌”的方式提高了并购效率，降低了交易风险，主要关注点如下。

（一）大股东过桥并购，提高效率，缩减审批流程

海外收购涉及的境内外审批环节复杂，交易对手方要求的决策窗口期较短，因此境内上市公司在短时间内无法实现以股份支付的方式直接收购标的资产。梅泰诺为了尽早锁定海外交易标的、提升交易效率、充分发挥境内资本市场发行股份募集资金较多的优势，与大股东协商后确定本次海外收购采取大股东先行收购后再立即转售给上市公司的做法，减少了交易环境复杂导致交易失败的风险。

（二）通过平行对赌降低风险，减轻资金压力，保护中小投资者

本次方案设计的一大特色在于“平行对赌”，在上海诺牧与梅泰诺对赌的同时，上海诺牧也与美国交易对手方 Starbuster 进行对赌。这一设计有三个好处：第一，“平行对赌”可将上海诺牧承担的 BBHI 未来业绩风险转移到 Starbuster（也就是 BBHI 原股东兼 CEO 设立的公司）身上；第二，上海诺牧与 Starbuster 的对赌采取了分期付款的设计，减轻了上海诺牧资金压力；第三，即使上海诺牧不介入 BBHI 的经营，上海诺牧也可以通过 BBHI 做出的业绩承诺，保护梅泰诺中小投资者利益。

案例八　中科创达收购 Rightware 案例

一、交易背景

（一）交易主体

中科创达是移动智能终端操作系统产品和技术提供商，主营业务为移动智能终端操作系统产品的研发、销售及提供相关技术服务。该公司自成立以来，始终专注于移动智能终端操作系统领域，集中资源对操作系统相关技术进行持续开发和投入，形成了覆盖应用程序框架、底层架构技术、中间件技术、软硬件结合技术、元器件认证及图形处理等操作系统各个层级的综合技术优势，所提供的服务主要应用于平板电脑、智能手机等智能终端。

Rightware 设立于 2009 年末，是全球领先的汽车用户界面设计工具和嵌入式图形引擎软件产品供应商。Rightware 设立之初，与著名的 PC（personal computer，个人计算机）系统性能评测工具 PCMark、3DMark 等软件的供应商 Futuremark Oy 签署商业购买协议并买下其旗下嵌入式产品及服务业务，该业务为 Kanzi 用户界面解决方案的雏形。随着 Rightware 的不断发展，其下属 Kanzi 已逐步发展为可兼容先进、实时的 2D 和 3D 图像，为汽车及其嵌入式环境提供快速用户界面设计及应用实施的高品质解决方案的平台。Rightware 的总部设在芬兰的赫尔辛基，在美国、德国、中国、日本等地均设有子公司。

（二）交易目的

自 2015 年以来，中科创达逐步发展智能车载业务，与亚洲及国内知名一级零部件供应商逐渐建立起合作关系。此次收购 Rightware，中科创达在车载行业的知名度将有所提升，也将进一步拓展客户资源，以帮助公司继续发展车载领域的相关业务，完善公司产业结构，提高公司的综合服务能力。

中科创达通过在智能操作系统产品方面多年的研发、设计经验，以及较为充足的人员资源，为 Rightware 继续创新和发展 Kanzi 系列产品提供了广阔的平台和丰富的技术支持；而 Rightware 作为全球领先的汽车用户界面设计工具和嵌入式图形引擎软件产品供应商，拥有该领域不可或缺的技术优势，可以拉近中科创达与汽车制造商的关系，帮助中科创达由原先的车载设计服务商逐渐转向车载软件产品供应商，进而帮助中科创达与更多汽车制造商形成稳定持续的合作关系。中科创达与 Rightware 的融合，将有助于发挥双方之间的协同效应，促进产业有效整合。

自 2012 年 Kanzi 在 Audi 数字仪表盘产品中的量产开始，Rightware 及其 Kanzi 产品迅速得到汽车产业客户的追捧，这不仅为 Rightware 打开了市场，也为 Rightware 带来了越来越多的客户资源，包括顶级汽车制造商和一级零部件供应商。目前，Rightware 与全球约 20 家著名汽车制造商均保持着良好的项目合作关系，并且有超过 30 家的合作伙伴选择采用 Kanzi 产品并最终服务于汽车制造商客户，因此 Rightware 在行业内具有丰富的客户资源。中科创达收购 Rightware 之后，将有助于其拓展亚太地区的业务机会，从而获得更多稳定的汽车制造商和一级零部件供应商客户资源，促进车载领域业务的发展，并增强其盈利能力。

二、交易方案及进程

（一）交易方案

2016 年 9 月 16 日，中科创达与 Rightware 全体股东签署了意向性协议。2016 年 12 月 17 日，中科创达下属公司 Thundersoft Automotive Technology Luxembourg SARL 与 Rightware 全体股东签署了股份购买协议。

中科创达全资子公司香港天集有限公司（AchieveSky Co.，Limited）在卢森堡设立全资子公司 AchieveSky Europe SARL（下称卢森堡 1），卢森堡 1 在卢森堡再设立全资子公司 Thundersoft Automotive Technology Luxembourg SARL（下称卢森堡 2），由卢森堡 2 作为本次交易的直接买方，受让标的公司的全部权益。

在交割之前，标的公司发行的可转股贷款、权证和员工期权将转换为标的公司的普通股股份；为了使员工期权的权益持有人能够行权，将员工期权转换为股份，卢森堡 2 将向有需要的员工期权的权益持有人提供一定金额的无息借款，该项借款金额不超过 3 173 406 欧元。该项借款将在交割之时从支付的交易对价中抵扣。

在交割的同时，持有标的公司权益的自然人交易对手方作为 Rightware 的员工，需根据约定以其转让标的公司权益而获得的部分对价款受让卢森堡

1 所持卢森堡 2 的部分股权，以成为卢森堡 2 的股东，具体要素包括受让卢森堡 2 股权的员工名单、金额、每位员工受让后的持股比例在交割时应签署的股东协议中另行约定。交易完成后，卢森堡 1 所持卢森堡 2 的股权比例应不低于 88%。

本次交易的交易对价以现金方式支付。于交割日买方向转让方支付初始购买价格，以 5050 万欧元为基础，根据交割日 Rightware 经审计的负债净额、营运资本净额予以调整。延期交易对价最高为 1350 万欧元，根据 2016 年度至 2018 年度 Rightware 实现的经审计的营业收入、营业利润确定每年具体支付金额。本次交易的资金来源为中科创达向香港天集有限公司增资的资金、香港天集有限公司的自有资金及通过法律法规允许的其他方式筹集的资金。

（二）交易进程

中科创达收购 Rightware 交易进程如表 2-18 所示。

表 2-18　中科创达收购 Rightware 交易进程

公告日期	事项
2016年12月20日	中科创达发布董事会预案：司拟通过支付现金的方式购买Rightware的全部权益
2017年1月24日	股东大会通过
2017年3月4日	交易完成

三、案例点评

为规避海外审批风险，公司设计了多层交易结构。首先由公司全资子公司香港天集有限公司在卢森堡设立全资子公司卢森堡 1，卢森堡 1 在卢森堡再设立全资子公司卢森堡 2，由卢森堡 2 作为本次交易的直接买方，受让标的公司的全部权益。通过在标的公司国家设置子公司而进行收购，本次交易使并购的主体和目标公司处于同一法律环境下，避免了多层的审批流程及相关的法律及政策风险，提高了这次跨境并购的效率。

案例九　乐普医疗收购新帅克案例

一、交易背景

（一）交易主体

乐普（北京）医疗器械股份有限公司（简称乐普医疗）是一家覆盖心血管疾病预防、药物治疗、手术治疗、术后康复及慢病管理全生命周期的心血管大健康生态型国际化平台企业，目标是将公司建设成为心血管领域医疗器械、医药、保健品、医疗服务、新型医疗业态全产业链产品与服务的最强供应商。乐普医疗是科学技术部授予的国家唯一的国家心脏病植介入诊疗器械及装备工程技术研究中心，是国内高端医疗器械领域能够与国外产品形成强有力竞争的少数企业，是国内领先的心血管病植介入诊疗器械与设备的高端医疗产品产业集团，拥有国内独具特色、多种类、多品种的抗凝、降血脂、降血压、抗心衰、降血糖等心血管药品生产平台和营销平台。

河南新帅克制药股份有限公司（简称新帅克）[后更名为乐普药业股份有限公司（简称乐普药业）]是一家集新药研发、原料药生产、制剂生产和营销为一体的综合性大型制药企业。新帅克拥有国内一流的粉针、片剂、胶囊及原料药生产线，拥有硫酸氢氯吡格雷片、复方甘草酸苷片和头孢哌酮钠他唑巴坦钠等 63 个批准文号。公司的核心产品硫酸氢氯吡格雷片是抗血栓基础药物，是 2013 年国内除赛诺菲（原研）、深圳信立泰药业股份有限公司（首仿）之外唯一获得硫酸氢氯吡格雷片剂生产批准文号的制药企业，作为曾经全球销量排名第二的抗血栓类重磅药物，2013 年全球销售额已突破 120 亿美元，预计市场规模仍将持续上升。

（二）交易目的

乐普医疗上市后，制定了围绕心血管领域拓展产品的多元化发展战略。几年来，公司一直致力于心血管植介入治疗领域产品线的横向扩张和完善，以及产业链的纵向延伸，先后完成了封堵器、心脏瓣膜、起搏器等高端心脏植介入产品及心血管领域大型医疗器械企业的并购。近年来，高端心血管植介入医疗器械细分行业面临越来越激烈的市场竞争，乐普医疗主要依靠心血管支架单一产品盈利的模式已不能保证公司未来的持续发展。从乐普医疗多元化发展战略角度看，收购心血管领域的制药企业，不断获得心血管领域的核心药品批准文号、丰富且完善的产品线与研发平台将是乐普医疗未来发展的重要方向之一。

新帅克在化学药尤其是心血管药物领域也具有一定的知名度和美誉度。乐普医疗通过并购新帅克，将进一步发挥乐普医疗和新帅克现有平台与品牌价值，使公司进一步增强在药物板块的扩张和整合的效率，获得心血管药物领域中的核心产品，抢占市场先发优势，大大提升乐普医疗整体品牌的影响力，是乐普医疗战略发展的必然选择。

二、交易方案及进程

（一）交易方案

乐普医疗拟分两个阶段收购新帅克 100%股份。

第一阶段：根据评估公司对新帅克的整体评估结果，乐普医疗建议以新帅克 6.5 亿元估值为依据实施第一阶段并购，计划安排 3.9 亿元并购新帅克 60%的股份。

第二阶段：从新帅克 60%股份变更至乐普医疗名下的工商变更登记完成之日起计算，未来 3 个会计年内拉萨恒宁创业投资合伙企业（有限合伙）（简称拉萨恒宁）及自然人股东将所持有的新帅克剩余 40%股份出售给乐普医疗，对价为以提出股权出售意愿时前一会计年度经审计的扣除非经常性损益后的净利润总额的 15 倍 × 40%。

（二）交易进程

（1）2013 年 6 月 21 日乐普医疗召开的第二届董事会第十七次会议和第二届监事会第十六次会议均审议通过了《关于使用募集资金和自有资金收购河南新帅克制药股份有限公司股份》的议案。

（2）2013 年 6 月 22 日，乐普医疗与拉萨恒宁就收购事宜在北京签署股份转让协议。

（3）2016 年 2 月 23 日，乐普医疗第三届董事会第二十三次会议、第三届监事会第二十二次会议审议通过了《关于公司进一步收购乐普药业股份有限公司 40%股权》的议案，安排收购资金 71 863.23 万元。

（4）乐普药业于 2016 年 3 月 8 日在周口市工商行政管理局办理了相关工商变更登记手续。乐普药业现已成为乐普医疗的全资子公司。

三、案例点评

硫酸氢氯吡格雷片是经皮冠状动脉介入治疗（percutaneous coronary intervention，PCI）术前及术后使用的核心药品，与乐普医疗的核心产品冠脉支架都服务于相同的患者。因此，销售将面对相同的终端医院和科室，乐普医疗并购乐普药业后，双方将对销售网络进行优化重组，从而使乐普医疗整个营销网络实现收益最大化，硫酸氢氯吡格雷片与支架产品的销售形成协同与互补，从而降低公司整体运营成本，提升资源整合效率。并购乐普药业后，硫酸氢氯吡格雷片为上市公司业绩增长做出了巨大贡献。同时，随着国家药品监督管理局全力推进化学仿制药质量一致性评价，大力加强药品注册品种临床数据的核查，在国家药品监督管理局申请的硫酸氢氯吡格雷品种显著减少，使该药品品种更加稀缺，将来会进一步促进上市公司业绩增长。

案例十　万达电影收购慕威时尚案例

一、交易背景

（一）交易主体

万达电影（2017 年由万达院线更名为万达电影）成立于 2005 年，是一家自主投资建设及运营管理影院的电影院线公司。公司主营业务为影院投资建设、院线电影发行、影院电影放映及相关衍生业务。公司于 2015 年 1 月 22 日在深交所中小板挂牌上市，成为 A 股“院线第一股”。截至 2017 年底，公司在全国约 180 个城市及澳大利亚、新西兰拥有 516 家影城、4571 块银幕，连续 9 年票房收入、观影人次、市场占有率位居全国第一。

慕威时尚文化传播（北京）有限公司（简称慕威时尚）成立于 2008 年，是集电影媒体广告业务、电影实时大数据应用决策、电影制作投资和影片宣传推广于一体的数据化电影公司。在电影产业链中，慕威时尚从贴片广告切入到电影的宣发，再到投资好莱坞电影，逐步参与到电影产业链的重要环节。慕威时尚积累了中外近 200 部电影的 300 余个整合营销案例的行业经验，成为国内最大的电影贴片广告供应商。

（二）交易目的

自 2002 年电影院线制改革以来，中国电影市场获得了快速发展，银幕数量呈现加速增长态势，成为拉动票房增长的重要因素。伴随着资本的介入，影院终端的市场竞争变得更加激烈，引发业界担心在未来随着银幕数接近天花板，由影院渗透率提升带来的票房收入增长将放缓。

参考国外成熟电影市场的经验，北美 Regal Cinemas、AMC Theatres 和 Cinemark Theatres 三大院线的非票房收入占比达 35%左右。在非票房收入构成中，爆米花、饮料、衍生品、映前广告收入所占比重最高，毛利率比票房收入高出很多。这也成为国内影投公司希望能够通过提高非票房收入占比，进而提升整体毛利率水平的动力。除了传统非票房收入业务构成，国内的影投公司也在积极探索其他非票房收入的途径。

自 2005 年成立以来，万达电影以统一、高品质的标准加大影院建设，通过多年内生式发展，成为国内票房收入排名第一的电影院线。万达电影一直专注于影院放映业务，在映前广告领域，万达电影上市前没有专职做广告营销的公司，主要通过招标方式以固定价格签约给第三方广告代理公司。这种模式的好处是管理成本低，收益固定且有保障。但随着大银幕的广告价值越来越得到广告主的青睐，影院数量的增加及观影会员的指数级增长，这种外包的固定价格模式的缺点也非常明显。第一，万达电影未享受到大银幕广告带来的价值溢价；第二，观影会员与广告主的需求无法做到精准的匹配，银幕广告不能最大化宣传价值；第三，映前广告外包而阵地等资源由公司自己负责，导致影院内部的媒体资源不能进行有效整合。

本次交易中，万达电影希望通过收购慕威时尚，改变原有的映前广告经营模式，由慕威时尚负责全面整合电影媒体资源，整合大客户资源，搭建万达电影与广告客户之间的商务合作通道，形成品牌价值联合，进一步挖掘万达电影的商业价值，增强盈利能力。万达电影以丰富的线下终端资源占优，慕威时尚以拥有大量广告客户资源及丰富策划服务经验见长，双方具有高度的资源互补性及广阔的整合空间。慕威时尚在产业资源和营销服务方面的优势可以为万达电影的快速发展注入新的动力，有助于打造公司电影生活生态圈，提高公司非票房收入。

二、交易方案及进程

（一）交易方案

2015 年 6 月 26 日，万达电影拟向张龙、王宇新、马大鹏和逄宇峰发行股份及支付现金购买其持有的慕威时尚 100%的股权，对价为 12 亿元，其中股份支付部分占交易总金额的比例为 70%，现金支付部分金额对价为 3.6 亿元，占交易总金额的 30%。考虑到慕威时尚的经营业务与万达电影现有业务存在一定的差异，为了保持未来万达电影经营业绩及核心业务团队的稳定，在交易中采取了一些制度设计。

1. 较长的股份锁定期

本次向张龙、王宇新和马大鹏发行的股份自发行结束之日起 12 个月内不得转让，自发行结束之日起 12 个月届满之日解锁 1/3 股份，自发行结束之日起 24 个月届满之日解锁 1/3 股份，剩余 1/3 股份于发行结束之日起 36 个月届满之日全部解锁。逄宇峰以资产认购而取得的万达电影股份自上市之日起 36 个月内不得转让。

2. 业绩补偿承诺

根据公司与张龙、王宇新、马大鹏、逄宇峰及慕威时尚签署的发行股份及支付现金购买资产协议，张龙、王宇新、马大鹏、逄宇峰承诺慕威时尚在 2015 年度和 2016 年度内实现的实际净利润数分别为不低于人民币 6000 万元和人民币 2800 万元，否则张龙、王宇新、马大鹏、逄宇峰应按照协议约定对万达电影予以补偿。

3. 管理层股东任职期限承诺

为保证慕威时尚及其子公司持续发展和保持持续竞争优势，慕威时尚管理层股东承诺，在管理层股东因本次交易获得的万达电影股份全部解锁前，管理层股东不主动向慕威时尚及其子公司提出离职。

4. 不竞争承诺

慕威时尚管理层股东承诺自其从慕威时尚或其子公司离职后两年内不得在万达电影及其子公司、慕威时尚及其子公司以外的任何企业或组织任职或担任任何形式的顾问，或从事电影发行、电影票房营销服务、电影媒体广告、电影行业相关大数据服务、进口大片投资业务或通过直接或间接控制的其他经营主体从事该等业务。

本次交易完成之后，慕威时尚将成为万达电影全资子公司，相关资产和业务全部进入万达电影。

（二）交易进程

本次交易涉及发行股份，需经过证监会审批，详细的交易进程如表 2-19 所示。

表 2-19　万达电影–慕威时尚交易进程

公告日期	事项
2015年5月13日	拟筹划重大事项，万达电影停牌
2015年6月10日	在停牌期间，万达电影披露开展国内并购工作
2015年6月25日	慕威时尚召开股东会，同意本次交易
2015年6月26日	万达电影与慕威时尚签署发行股份及支付现金购买资产协议
2015年6月26日	万达电影董事会审议通过重组预案
2015年6月27日	万达电影披露重组预案
2015年7月16日	万达电影董事会审议通过重组报告书（草案）

续表

公告日期	事项
2015年8月3日	万达电影股东大会审议通过重组报告书（草案）
2015年8月11日	万达电影重组申请材料获得证监会受理
2015年9月17日	万达电影就证监会的反馈意见进行回复
2015年10月8日	并购重组委审核重组方案
2015年11月4日	证监会批准本交易
2015年12月17日	股权过户，慕威时尚成为万达电影子公司
2015年12月31日	新增股份上市，交易完毕

三、案例点评

（一）通过重组打造电影生活生态圈，为万达电影非票房业务奠定了基础

通过本次重组，万达电影改变了原先依靠外包映前广告业务的经营模式，激活了其日益庞大的影院线下媒体资源，实现了与慕威时尚的资源整合和优势互补，加速了万达电影的整体业务升级和转型。重组后，慕威时尚获得独家经营万达电影银幕广告及万达影城内全媒体广告的资源，在短时间内迅速成长为银幕映前广告的前三甲，万达电影银幕映前广告也成为公司非票房收入增长的重要力量。慕威时尚 2016 年即实现收入同比增长 232%，净利润同比增长 52%，全年新增客户 194 个，相当于其过去 7 年累计客户的 70%。

（二）充分利用电影院场景，首创电影融合营销理念

随着中国电影市场的高速发展，电影整合营销成为大势所趋。真正意义上的电影整合营销需要具备多方面的条件，包括具备足够强的线上和线下渠道、足够丰富的电影内容和足够庞大的观众基数。本次交易后，慕威时尚可以通过万达电影完善的线上渠道资源和庞大的线下渠道资源，结合优质的电影内容与电影观众，进行全方位的娱乐资源整合营销，实现电影与品牌之间宣传和消费转换的最大化效果。

（三）业务、文化方面实现了较好的融合

万达电影通过管理输出，实现业务整合；通过企业文化导向，实现价值观的认同。万达电影收购慕威时尚后，在业务管理方面保持其日常经营管理的独立性，授权其管理层制订经营计划及负责日常经营业务管理，保持其业

务的持续和稳定。万达电影通过预算管控为慕威时尚制定年度收入、利润、费用等各项指标，通过相关部门建立的日常业务联席机制，利用每周工作例会、月度经营会等方式听取其日常业务汇报，共同协调各项内外部工作。同时，万达电影将慕威时尚纳入公司财务系统统一管理，定期监测其经营情况和可能存在的财务风险。

为配合业务的开展，慕威时尚在组织架构上按照万达电影的架构进行了调整，并在员工的行为规范中，强化万达文化重制度、重执行力的文化基因，降低企业文化隔阂带来的整合难度。

案例十一　众信旅游收购竹园国旅案例

一、交易背景

（一）交易主体

众信旅游集团股份有限公司（简称众信旅游）是国内领先的出境旅游运营商，是国内 A 股市场上首家民营旅行社上市公司，主要从事出境游批发、出境游零售、整合营销服务（原商务会奖旅游）业务。众信旅游实施“批发零售一体，线上线下结合”的发展战略，也在出境游业务基础上拓展游学、出境金融等出境服务业务。众信旅游出境游产品以批发（面向旅行社代理商）、零售（面向终端消费者）方式销售给客户，最终由公司为旅游者提供有组织、有计划的组团、发团、机票、签证、境内外行程安排、安全保障等全方位旅游服务。公司在欧澳美非等长线及亚洲等短线目的地上均有较强的竞争优势。众信旅游是北京市旅行社等级评定委员会评定的 5A 级旅行社，连续多年在国家旅游局（现已整合组建文化和旅游部）公布的全国百强旅行社和利税十强旅行社中名列前茅。

竹园国际旅行社有限公司（简称竹园国旅）是国内主要的出境旅游批发商之一，特别是在欧洲、东南亚等目的地具有较强的竞争优势。在 2014 年 7 月国家旅游局公布的《国家旅游局关于 2013 年度全国旅行社百强名单的公告》中，竹园国旅在 2013 年度全国百强旅行社排名中位列第 12 名。2014 年 8 月，竹园国旅被北京市旅行社等级评定委员会评为 5A 级旅行社。竹园国旅凭借自己在出境游批发业务方面的专业、优质服务在业内取得了充分认可并建立了良好的口碑。

（二）交易目的

近年来，随着我国经济的发展和人民可支配收入的增加，我国出境人次和旅行社出境游业务实现了较快增长，行业的关注度明显提高，旅游行业特别是出境旅游领域成为个人创业和产业投资的热点，市场竞争日趋激烈。众信旅游及以往与众信旅游在业务类型、规模等方面类似的出境游批发商纷纷探索自身发展路径。众信旅游上市后，其他旅行社也在纷纷谋求独立上市或选择并购重组，以应对日趋激烈的市场竞争。

在出境游批发领域，众信旅游和竹园国旅均是业内大型出境游批发商，与竹园国旅进行重组整合，是众信旅游提升出境游批发业务的重要举措。①众信旅游与竹园国旅通过本次交易强强联合，部分改变了国内出境游批发商格局，使该领域集中度进一步提升。②在目的地、出发地和产品类型三个维度上，两家旅行社的联合极大地丰富了现有产品，提高了出团密度。③两家旅行社的联合，在资源端实行集中采购，大大提高了众信旅游在资源端的控制力和抗风险能力，资源整合与成本优势逐步彰显，进而进一步巩固众信旅游出境游批发业务的领先地位。④竹园国旅具有良好的盈利能力，众信旅游的出境游批发业务将得到大幅提升，对公司营业规模、盈利状况及现金流状况均形成良好补充。市场竞争力及盈利能力得到显著增强。

二、交易方案及进程

（一）交易方案

本次交易中，众信旅游以发行股份的方式购买郭洪斌等 8 名交易对手方合计持有的竹园国旅 70%的股权，并募集配套资金。

（1）采用收益法评估，评估后竹园国旅股东全部权益价值为 90 070.34 万元，经交易各方友好协商，竹园国旅 70%股权的交易作价为 63 000 万元。众信旅游以发行股份方式购买郭洪斌等 8 名交易对手方合计持有的竹园国旅 70%股权，交易作价为 63 000 万元，发股价格为 81.56 元/股，发股数量为 7 724 374 股。

（2）为提高本次交易完成后的整合绩效，众信旅游向九泰基金管理有限公司（简称九泰基金）（通过设立资产管理计划认购）、深圳前海瑞联一号投资中心（有限合伙）（简称瑞联投资）、冯滨和白斌发行股份募集配套资金，配套资金总额不超过 21 000 万元。发股价格为 81.56 元/股，发股数量为 2 574 791 股（其中公司第一大股东、实际控制人冯滨认购 539 481 股）。

本次交易前后众信旅游的股权结构变化如表 2-20 所示。

表 2-20　众信旅游股权结构变化

股东名称	本次交易之前		本次交易完成后	
	持股数量/股	持股比例	持股数量/股	持股比例
冯滨	21 584 003	37.03%	22 123 484	32.26%

续表

股东名称	本次交易之前		本次交易完成后	
	持股数量/股	持股比例	持股数量/股	持股比例
北京嘉俪九鼎投资中心（有限合伙）	3 825 063	6.56%	3 825 063	5.58%
竹园国旅原股东——郭洪斌等8名交易对手方	—	—	7 724 374	11.26%
除冯滨以外的3名配套资金认购方——九泰基金（通过设立资产管理计划认购）、瑞联投资、白斌	—	—	2 035 310	2.97%
其他股东	32 880 934	56.41%	32 880 934	47.94%
股份总计	58 290 000	100.00%	68 589 165	100.00%

注：本表数据因进行了约分，可能存在偏差

（二）交易进程

众信旅游收购竹园国旅交易进程如表 2-21 所示。

表 2-21　众信旅游收购竹园国旅交易进程

公告日期	事项
2014年9月24日	董事会通过收购竹园国旅70%股权及配套融资事项，与郭洪斌等8名交易对手方、配套融资认购方签订协议
2014年9月26日	众信旅游对外披露重组报告书（草案）并复牌
2014年10月14日	众信旅游召开股东大会通过本次交易
2015年1月9日	众信旅游发布公告本次交易获得商务部反垄断局的审查批准
2015年3月12日	众信旅游发布公告本次交易获得证监会的核准
2015年3月21日	众信旅游发布公告竹园国旅70%股权资产过户完毕
2015年4月2日	众信旅游发布公告本次配套融资认购方出资完成，公司向竹园国旅原股东和配套融资认购方发行股份的登记上市工作完成

三、案例点评

本次交易设置了业绩补偿条款，竹园国旅原自然人股东承诺 2014 年度、2015 年度、2016 年度扣除非经常性损益后归属母公司所有者的净利润分别为 5650 万元、7062 万元、8828 万元。交易完成后，两家公司在资源端实行集中采购，不断提升资源整合和成本优势，在业务端互相学习借鉴，竹园国旅继续保持了良好的业绩增速，目前已经实现了业绩承诺。通过本次重组，做大了众信旅游的规模，2016 年众信旅游营业收入首次突破百亿元，众信旅游整体在出境游批发领域的竞争优势和市场份额均得到显著提高。

案例十二　吉艾科技收购并回售安埔胜利案例

一、交易背景

（一）交易主体

吉艾科技，全称为吉艾科技（北京）股份有限公司，是国内知名的石油测井设备专业制造商。主营业务是石油测井仪器的研发、生产、销售和现场技术服务，以及利用测井仪器为油田客户提供测井工程服务，主要产品为GILEE系列成像测井系统，包括下井仪器和地面系统。吉艾科技的产品性能与核心技术均处于国际先进水平，在国内同行业中具有显著的竞争优势，打破了少数国际领先的技术服务公司对测井仪器制造技术的垄断。IPO后，吉艾科技通过兼并收购等方式进一步拓展定向井服务、射孔服务等业务，逐渐完善油服产业链，并尝试开展部分贸易业务。

安埔胜利，全称为天津安埔胜利石油工程技术有限公司，主要从事钻井工程服务业务，并提供少量钻井设备销售及钻井专项技术服务业务（如设备贸易、泥浆服务、定向井服务等）。其钻井工程服务项目主要位于哈萨克斯坦的曼吉斯套州和阿克托别州等地区。2014年，随着安埔胜利在哈萨克斯坦业务开展的逐步深入，逐渐积累了一定的品牌效应及市场认可度，包括西部钻探（阿克套）有限责任公司在内的客户当期向标的公司（安埔胜利）分包或采购的钻井工程服务金额显著增长。安埔胜利的打井数量从2013年的6口提升至2014年的34口，收入规模快速增长。安埔胜利2013年度和2014年度营业收入分别为5848.27万元、36 574.91万元，其中超过90%来自钻井工程服务，净利润分别为50.64万元、8364.52万元。

（二）交易目的

通过本次交易，吉艾科技预期自己将进一步延伸在油服领域的产业链，丰富自身的产品结构，契合公司发展成为油服一体化的专业性国际企业的发展战略。

二、交易方案及进程

（一）交易方案

1. 购买

吉艾科技以支付现金方式向郭仁祥、宋新军、郭红梅（交易对手方）购买安埔胜利（标的公司）100%股权，交易价格为 80 000 万元，其中，在协议签署完的 5 个工作日内，通过上市公司 IPO 募集资金约 24 936 万元（含截止支付当日实际孳息和银行手续费净额）支付部分交易对价，以自有资金及并购贷款等方式，在协议签署后的 12 个月内，支付其余约 55 064 万元对价。

根据交易各方签署的股权转让协议，标的公司在 2015 年、2016 年和 2017 年各会计年度实现的净利润分别不低于 9443.55 万元、10 860.09 万元和 11 946.09 万元。本次交易中，补偿义务人（交易对手方）承诺对业绩承诺期内标的公司实现净利润未达到承诺净利润时以现金方式进行补偿，同时承诺在业绩承诺期届满时若发生标的公司期末减值额大于利润补偿期内已补偿现金数的差额则以现金方式进行补偿。

2. 回售

由于安埔胜利 2016 年净利润未达目标，吉艾科技对收购安埔胜利时产生的商誉计提大额减值，严重影响经营业绩。2016 年安埔胜利实现净利润经审计为 2875.5 万元，不足承诺净利润的 30%。根据资产减值的要求，吉艾科技于 2016 年度对因 2015 年收购安埔胜利时所产生的商誉计提减值为 32 950.6 万元。吉艾科技 2016 年亏损主要系对收购安埔胜利产生的商誉计提减值所致。经交易双方协商确定，本次交易价格合计为 800 000 000 元，其中，185 575 109.03 元用于支付向吉艾科技补偿 2016 年度业绩承诺未按照原股权转让协议的约定达标而应支付的补偿款，另外 614 424 890.97 元用于向吉艾科技购买标的资产。前述补偿款和转让对价之和相当于吉艾科技当初的购买原价，即 800 000 000 元。

拟出售重大资产交易价款由郭仁祥直接向吉艾科技支付，在协议生效之日起两个月内支付首期转让款 50 000 万元，第二笔转让款 114 424 890.97 元及补偿款 185 575 109.03 元（合计 30 000 万元）于 2019 年 12 月 30 日前付清。

吉艾科技回售安埔胜利将有效改善公司 2017 年合并财务报表损益状况，有利于公司从账面上扭转亏损状况，改善盈利指标，提升公司经营业绩的稳定性。同时，本次出售资产获得现金对价将用于业务转型、优化公司资产质量。

（二）交易进程

吉艾科技和安埔胜利交易进程如表 2-22 所示。

表 2-22　吉艾科技-安埔胜利交易进程

公告日期	事项
2015年5月13日	吉艾科技发布董事会预案：拟以支付现金方式购买安埔胜利100%股权
2015年5月29日	股东大会通过
2015年6月16日	资产过户，交易完成
2017年4月20日	吉艾科技发布董事会预案：拟以现金方式向其原股东回售安埔胜利100%股权
2017年6月22日	股东大会通过

三、案例点评

（1）标的公司所处行业在走下坡路。近几年世界原油价格持续低迷，尤其 2015 年原油价格大幅下挫，导致整个油服行业普遍存在业务量与开工率下降、营收下降的情况，国际几大油服巨头在 2016 年均出现了大额亏损，并大幅度裁员。未来几年，预计国际油价没有明显的上升趋势，因此未来该行业的盈利能力也不会出现太大改善。

（2）标的公司严重依赖单一客户。标的公司的经营情况与哈萨克斯坦政治经济情况、石油产业的发展关系密切，标的公司主要经营地的政策、经济、市场等因素变化很容易给标的公司与主要客户的合作关系带来重大不利影响，本次交易出现了承诺期内标的资产实际净利润远低于承诺净利润的风险。标的公司的营业收入近 80%集中在一家公司，不够分散化，因此若该客户出现问题，则会大幅影响标的公司未来的财务与盈利状况。

（3）交易结构存在缺陷。本次交易设计的交易方式为现金交付，共 80 000 万元，其中约 24 936 万元必须于协议签署后的 5 个工作日内交付，而剩余的约 55 064 万元要于协议签署后的 12 个月内交付。这种交易模式不够严谨，容易损害投资者利益：12 个月内即完成全部的现金交付，而业绩承诺的期限共涉及 3 个会计年度，因此若后面业绩不达标，尽管双方签署了补偿协议，但是如果交易对手方在已收取全部金额后跑路，上市公司无法追回这笔损失，这将会给投资者造成巨大损失。

尽管此次标的公司的原股东同意回购，本次交易中所涉及的漏洞仍然不能忽视，较为合理的方式应为：首期款项按规定支付，而剩余款项于每个会计年度后支付，如果当期业绩未达标，则现金支付相应减少或者不予支付，从而减少收购方股东所面临的风险及潜在损失。

案例十三　中水渔业收购新阳洲案例

一、交易背景

2014 年 12 月 9 日，中水渔业公告以 2.2 亿元收购新阳洲 55%股权的重大资产购买草案。

（一）交易主体

交易资产购买方为中水渔业。中水渔业是一家由中国水产（集团）总公司（现已更名为中国农业发展集团有限公司，简称中农发集团）、中国水产舟山海洋渔业公司、中国水产烟台海洋渔业公司采取募集方式设立的股份有限公司。目前是我国远洋渔业的代表性企业，主营业务为远洋水产品的捕捞、储运、销售和进出口等。该交易的标的资产为新阳洲 55%的股权。

交易对手方为张福赐，是新阳洲的法定代表人、控股股东及实际控制人。

（二）交易目的

第一，拓展关联业务、优化产业结构。中水渔业常年进行大洋性远洋捕捞生产和经营，公司的主要产品有鳕鱼、鱿鱼、虾、金枪鱼等海产品及加工制品。新阳洲专注于紫菜、海苔、海带细分领域，重视技术投入、产品开发、市场开拓，产品销量多年来稳居行业前列，具备行业龙头企业优势。新阳洲在藻类产业研究、加工专业技术、销售渠道和行业把控力等各个经营要素方面也具有较大优势。中水渔业希望以收购新阳洲为新起点，力求在优化产业结构、延伸产业链，发展水产品加工、贸易，拓展远洋渔业关联业务等几个方面有所突破，提升企业竞争力。第二，实现优势互补，提高综合实力。中水渔业希望通过并购具有一定客户基础、业务渠道、技术优势和竞争实力并与公司长期发展战略相合的新阳洲，提高公司的综合实力，从而实现优势互补。主要表现在以下三个方面：一是产业平台互补。中水渔业一直专注于捕捞环节，生产平台主要在境外，而新阳洲在国内拥有陆上产业平台，中水渔业收购新阳洲后中水渔业可以进入水产休闲食品市场，抢占市场份额。二是营销渠道互补。中水渔业欠缺专门的销售队伍和营销渠道，市场开发和品牌管理力度较弱，收购新阳洲有利于中水渔业下一步迅速进入国内市场，降低市场开拓成本。三是地理布局互补。在中水渔业国内子公司分布上，新阳洲将成为其在南方设置的第一个实体企业，且位于与台湾地区贸易关系密切的厦门，使中水渔业国内业务区域分布进一步南延，布局更加合理。第三，提升业务规模和盈利水平。受远洋渔业资源波动、油价高位运行、行业产能过剩、人工费用持续上涨、世界经济衰退等因素影响，中水渔业的生产经营情况自成立以来持续下滑，公司总体形势和股票市场表现不容乐观。而根据新阳洲经审计的 2012 年、2013 年的财务数据，其营业收入分别相当于同期中水渔业营业收入的 57.42%和 105.11%，净利润分别相当于同期中水渔业净利润的 67.56%和 70.09%（表 2-23）。在交易完成后，通过控股新阳洲，中水渔业的业务规模、盈利水平预期得到大幅提升。

表 2-23　中水渔业和新阳洲 2012～2013 年营业收入与净利润对比

项目	2013年营业收入	2013年净利润	2012年营业收入	2012年净利润
中水渔业①/元	296 131 021.96	52 297 452.58	503 836 480.32	59 052 556.88
新阳洲②/元	311 267 933.18	36 653 173.19	289 321 471.45	39 895 256.49
②/①	105.11%	70.09%	57.42%	67.56%

二、交易方案及进程

（一）交易方案

2014 年 12 月 9 日，中水渔业公告以 2.2 亿元收购新阳洲 55%股权的重大资产购买草案。本次并购属于横向整合，以协议收购方式进行，张福赐将其持有的新阳洲 55%股权转让给中水渔业，中水渔业以现金方式（资金主要来源为自有资金）分期支付股权转让价款。转让价款以资产评估报告书中估算的新阳洲股东全部权益评估值约 4 亿元（增值 86.99%）作为参考依据，经协商确定最终交易价格为 2.2 亿元。该次交易完成后，中水渔业持有新阳洲 55%股权，成为新阳洲的控股股东。

在《张福赐、张福庆与中水集团远洋股份有限公司关于厦门新阳洲水产品工贸有限公司之股权转让协议》生效后 3 日内，中水渔业向张福赐支付交易价款的 10%，金额为 2200 万元；张福赐将所持新阳洲 55%股权过户给中水渔业的工商登记变更手续完成后 5 日内，中水渔业向张福赐支付交易价款的 70%，金额为 1.54 亿元；新阳洲达到 2015 年度所约定的承诺利润数的，中水渔业于新阳洲专项审计报告出具后 5 日内向张福赐支付交易价款的 10%，金额为 2200 万元；新阳洲达到 2016 年度所约定的承诺利润数的，中水渔业于新阳洲专项审计报告出具后 5 日内向张福赐支付交易价款的 10%，金额为 2200 万元。该次交易完成后，中水渔业持有新阳洲 55%的股权，成为新阳洲的控股股东。

本次并购签订了《张福赐与中水集团远洋股份有限公司关于厦门新阳洲水产品工贸有限公司股权转让后实际盈利数不足盈利预测数的业绩补偿协议》，即张福赐承诺，新阳洲 2014 年、2015 年、2016 年三年的盈利（净利润）至少分别为 3937 万元、4324 万元和 4555 万元。如果实际盈利数不足该数额，张福赐应向中水渔业进行补偿，若未及时补偿，则中水渔业有权追究张福赐的违约责任。在新阳洲 2014 年、2015 年、2016 年实际净利润未达到所约定的当年承诺净利润的情况下，该差额应从中水渔业当年向张福赐支付的交易价款中抵扣；当年交易价款已全额支付或不足以抵扣的，张福赐应在每年 6 月 30 日前，将不足部分以现金方式或以现持有目标公司的股权按照补偿日的评估值折价来补偿未予抵扣部分。

但是，中水渔业 2.2 亿元收购新阳洲并未如其预料的提升公司盈利水平，反而成为其业绩亏损的主因。新阳洲被收购后一直未能完成业绩承诺，其中只有 2014 年张福赐将其持有的新阳洲 2%股权无偿转让给中水渔业作为弥补，2015 年、2016 年实际亏损分别为 25 664.42 万元和 1439.92 万元，总业绩承诺差额约达 3.6 亿元。2015～2016 年新阳洲业绩实现情况及 2012～2016 年中水渔业经营情况如表 2-24 和表 2-25 所示。

表 2-24　2015～2016 年新阳洲业绩实现情况（单位：万元）

项目	业绩承诺数	业绩实现数	差额
2015年净利润	4 324	−25 664.42	29 988.42
2016年净利润	4 555	−1 439.92	5 994.92

表 2-25　2012～2016 年中水渔业经营情况（单位：万元）

项目	2016年	2015年	2014年	2013年	2012年
营业收入	53 445.97	52 152.33	37 875.64	29 613.10	50 383.65
净利润	6 351.38	5 229.75	1 949.43	−38 361.96	2 814.94

因涉嫌信息披露违法违规，中水渔业于 2016 年 6 月被中国证券监督管理委员会北京监管局（简称北京证监局）立案调查。厦门市公安局也对张福

赐涉嫌挪用资金案立案侦查。

2017 年 11 月 15 日，北京证监局公布对中水渔业及其 16 名董事、监事、高管和张福赐等人的行政处罚决定。经查明，中水渔业不晚于 2015 年 7 月 31 日知悉截至 2014 年 12 月 31 日新阳洲对张福赐的其他应收款金额约为 2.2 亿元，同时中水渔业 2015 年半年度报告未披露张福赐作为“期末余额前五名的其他应收款情况”，也未披露新阳洲当时已陷入困境的财务状况、生产经营状况等不利情形。中水渔业 2015 年半年度报告存在虚假记载、重大遗漏的行为，违反《中华人民共和国证券法》第六十三条、第六十八条的规定，构成《中华人民共和国证券法》第一百九十三条第一款所述“发行人、上市公司或者其他信息披露义务人未按照规定披露信息，或者所披露的信息有虚假记载、误导性陈述或者重大遗漏”的行为。张福赐的相关行为与中水渔业信息披露违法行为具有直接因果关系，为其他直接责任人员。责令中水渔业改正，给予警告，并处以罚款 45 万元；对上市公司 16 名责任人分别给予警告，处以罚款 3 万元至 15 万元；对张福赐给予警告，并处以罚款 15 万元。

（二）交易进程

中水渔业和新阳洲交易进程如表 2-26 所示。

表 2-26　中水渔业-新阳洲交易进程

公告日期	事项
2014年11月2日	中水渔业实际控制人中农发集团第一届董事会第五十九次会议审议通过了《关于中水渔业收购厦门新阳洲水产品工贸有限公司股权项目议案》
2014年11月26日	中水渔业董事会就该次交易向深交所申请自2014年11月27日起连续停牌
2014年12月8日	中水渔业第六届董事会第六次会议审议通过了《中水集团远洋股份有限公司重大资产购买报告书（草案）》及与该次交易相关的各项议案
2014年12月29日	中水渔业召开2014年第一次临时股东大会，审议通过了《关于公司符合进行重大资产重组条件的议案》《关于公司进行重大资产重组方案的议案》等相关议案。同日，中水渔业将交易价款的10%即22 000 000元汇入新阳洲的指定账户
2014年12月30日	厦门市翔安区工商行政管理局出具了《准予变更登记通知书》[（厦翔）登记内变字〔2014〕第2032014123030019号]，准予上述股权变更登记
2014年12月31日	新阳洲就其股东张福赐将所持新阳洲55%股权转让给中水渔业及其他相关事项在厦门市翔安区工商行政管理局办理了工商变更登记手续，并取得厦门市翔安区工商行政管理局换发的注册号为350213200000605的营业执照
2015 年1月5日	中水渔业分两笔将交易价款的70%即154 000 000元汇入新阳洲的指定账户

资料来源：Wind 资讯

三、案例点评

受新阳洲严重资金流短缺、企业停产及盈利承诺无法实现等问题影响，中水渔业 2015 年业绩被严重拖累。中水渔业未在收购过程中关注到新阳洲财务报表存在预付账款、应收账款金额占资产比重过大的问题，张福赐在收购过渡期间占用了新阳洲资金，导致新阳洲现金流量严重不足，生产经营基本停滞以致完全停产，无法持续经营。法院于 2017 年 12 月受理了债权人的破产申请，新阳洲被破产管理人接管。

在本次并购中，中水渔业在尽职调查和风险控制方面存在一定缺陷，且发现问题后止损不及时。主要问题如下。

（1）信息不对称。中水渔业缺乏对新阳洲生产经营和财务状况的了解和认识，对其资产价值和盈利能力发生误判，完成股权过户后才发现新阳洲财务报表存在预付账款、应收账款金额占资产比重过大的问题，无法准确评估风险。

（2）缺乏完善的内控机制。在并购过渡期中，交易对手方张福赐占用了新阳洲 1.68 亿元资金，而中水渔业及其高管均未有所察觉，未能对标的公司形成有效管控，公司在内控机制及风险控制体系方面存在漏洞。

（3）未及时有效止损。中水渔业于 2015 年初曾计划将持有的新阳洲股权转让给中国水产有限公司，但因为发现张福赐以新阳洲名义借款或以新阳洲担保个人账外借款情况，转让股权事项被迫终止。在并购造成的损失发生后，中水渔业没有采取有效的方法及时止损，业绩被严重拖累，直至新阳洲被破产清算，本次并购彻底失败。

上市公司在并购过程中应建立风险评估体系，而不是完全依赖中介机构，同时需要管理层或内控部门严格监管。另外，上市公司应及时准确地掌握标的公司全方位信息，避免重大信息的遗漏；一旦上市公司利益被损害，管理层需要及时采取有效办法进行止损。

附表 北京辖区上市公司并购重组项目一览（2015～2017年）

序号	股票代码	股票名称	公司性质	最新披露日期	并购重组进度	并购重组事件	并购重组形式	并购重组目的	交易总价值/万元
1	000609.SZ	中迪投资	民营企业	2015年4月30日	失败	绵世股份定增收购青岛康平60%股权	发行股份购买资产	多元化战略	12 000.00
2	300384.SZ	三联虹普	民营企业	2017年12月16日	董事会预案	三联虹普收购Polymetrix Holding AG 80%股权	协议收购	横向整合	14 574.57
3	000798.SZ	中水渔业	中央国有企业	2015年1月13日	过户	中水渔业2.2亿元收购新阳洲55%股权	协议收购	横向整合	22 000.00
4	600258.SH	首旅酒店	地方国有企业	2015年7月11日	完成	首旅酒店收购南苑股份70%股权	协议收购	横向整合	27 310.00
5	300370.SZ	安控科技	民营企业	2015年11月6日	完成	安控科技定增收购泽天盛海100%股权	发行股份购买资产	多元化战略	31 000.00
6	300365.SZ	恒华科技	民营企业	2016年1月27日	失败	恒华科技定增收购镭航世纪100%股权	发行股份购买资产	横向整合	34 000.00
7	300289.SZ	利德曼	地方国有企业	2015年8月1日	完成	利德曼3.4亿元收购德赛系统及德赛产品部分股权	发行股份购买资产	横向整合	34 059.00
8	002148.SZ	北纬科技	民营企业	2015年1月16日	失败	北纬通信发行股份及现金收购杭州掌盟82.97%股权	发行股份购买资产	横向整合	36 180.00
9	300166.SZ	东方国信	民营企业	2017年2月28日	失败	东方国信定增收购锐软科技100%股权	发行股份购买资产	横向整合	36 410.00
10	603598.SH	引力传媒	民营企业	2017年10月23日	完成	引力传媒收购珠海视通100%股权	协议收购	横向整合	38 500.00
11	002771.SZ	真视通	民营企业	2017年4月11日	失败	真视通定增收购网润杰科100%股权	发行股份购买资产	横向整合	40 000.00
12	300073.SZ	当升科技	中央国有企业	2015年9月11日	完成	当升科技定增收购中鼎高科100%股权	发行股份购买资产	多元化战略	41 300.00
13	300465.SZ	高伟达	民营企业	2017年6月9日	完成	高伟达收购快读科技100%股权	协议收购	横向整合	41 400.00
14	300379.SZ	东方通	民营企业	2015年1月28日	完成	东方通4.2亿元收购惠捷朗100%股权	发行股份购买资产	横向整合	42 000.00
15	300344.SZ	太空板业	民营企业	2016年8月26日	完成	太空板业收购东经天元80%股权和互联立方80%股权	协议收购	业务转型	42 584.00
16	002599.SZ	盛通股份	民营企业	2017年2月17日	完成	盛通股份定增收购乐博教育100%股权	发行股份购买资产	多元化战略	43 000.00
17	300071.SZ	华谊嘉信	民营企业	2015年2月11日	完成	华谊嘉信4.6亿元收购迪思传媒100%股权	发行股份购买资产	横向整合	46 000.00
18	300036.SZ	超图软件	民营企业	2016年7月11日	完成	超图软件定增收购南京国图100%股权	发行股份购买资产	横向整合	46 800.00

续表

序号	股票代码	股票名称	公司性质	最新披露日期	并购重组进度	并购重组事件	并购重组形式	并购重组目的	交易总价值/万元
19	300496.SZ	中科创达	民营企业	2017年3月4日	完成	中科创达收购Rightware的100%股权	协议收购	横向整合	47 559.04
20	002279.SZ	久其软件	民营企业	2015年2月5日	完成	久其软件定增4.8亿元收购亿起联科技100%股权	发行股份购买资产	横向整合	48 000.00
21	300369.SZ	绿盟科技	民营企业	2015年3月26日	完成	绿盟科技4.98亿元收购亿赛通100%股权	发行股份购买资产	横向整合	49 800.00
22	600860.SH	京城股份	地方国有企业	2016年7月1日	失败	京城股份定增收购京城国际100%股权	发行股份购买资产	横向整合	49 838.48
23	002721.SZ	金一文化	地方国有企业	2016年1月5日	完成	金一文化收购卡尼小贷60%股权	增资	多元化战略	51 270.00
24	002306.SZ	*ST云网	民营企业	2015年12月5日	董事会预案	ST云网重大资产出售	协议收购	横向整合	53 251.36
25	300324.SZ	旋极信息	民营企业	2015年11月24日	完成	旋极信息5.46亿元收购西谷微电子100%股权	发行股份购买资产	横向整合	54 600.00
26	300065.SZ	海兰信	民营企业	2016年1月5日	完成	海兰信5.5亿元收购海兰劳雷100%股权	发行股份购买资产	横向整合	55 060.00
27	300038.SZ	梅泰诺	民营企业	2015年11月10日	完成	梅泰诺定增收购日月同行100%股权	发行股份购买资产	多元化战略	56 000.00
28	300379.SZ	东方通	民营企业	2016年5月17日	完成	东方通收购微智信业100%股权	协议收购	横向整合	58 100.00
29	300071.SZ	华谊嘉信	民营企业	2017年4月15日	失败	华谊嘉信增资收购凯铭风尚69.76%股权	增资	横向整合	58 100.16
30	300071.SZ	华谊嘉信	民营企业	2016年2月5日	完成	华谊嘉信收购暨增资获浩耶上海100%股权	增资	横向整合	58 700.00
31	300449.SZ	汉邦高科	民营企业	2017年9月26日	完成	汉邦高科定增收购金石威视100%股权	发行股份购买资产	横向整合	59 450.00
32	002279.SZ	久其软件	民营企业	2015年12月10日	完成	久其软件发行股份及支付现金购买华夏电通100%股权	发行股份购买资产	横向整合	60 000.00
33	002383.SZ	合众思壮	民营企业	2017年3月8日	董事会预案	合众思壮定增收购天派电子100%股权	发行股份购买资产	横向整合	60 000.00
34	002707.SZ	众信旅游	民营企业	2015年4月1日	完成	众信旅游6.3亿元收购竹园国旅70%股权	发行股份购买资产	横向整合	63 000.00
35	300430.SZ	诚益通	民营企业	2017年4月6日	完成	诚益通定增收购龙之杰100%股份和博日鸿100%股权	发行股份购买资产	横向整合	64 200.00
36	300353.SZ	东土科技	民营企业	2015年11月12日	完成	东土科技定增收购拓明科技100%股权	发行股份购买资产	横向整合	64 400.00

续表

序号	股票代码	股票名称	公司性质	最新披露日期	并购重组进度	并购重组事件	并购重组形式	并购重组目的	交易总价值/万元
37	300318.SZ	博晖创新	民营企业	2015年7月3日	完成	博晖创新6.62亿元发行股份购买大安制药48%股权	发行股份购买资产	横向整合	66 240.00
38	300065.SZ	海兰信	民营企业	2017年12月7日	董事会预案	海兰信发行股份购买海兰劳雷45.62%股权	发行股份购买资产	横向整合	66 315.37
39	300353.SZ	东土科技	民营企业	2016年6月7日	完成	东土科技定增收购和兴宏图100%股权东土军悦49%股权和远景数字49%股权	发行股份购买资产	横向整合	68 200.00
40	300477.SZ	合纵科技	民营企业	2017年7月25日	证监会批准	合纵科技定增收购湖南雅城100%股权和江苏鹏创100%股权	发行股份购买资产	多元化战略	72 000.00
41	300419.SZ	浩丰科技	民营企业	2016年1月30日	完成	浩丰科技定增收购路安世纪100%股权	发行股份购买资产	横向整合	74 500.00
42	300456.SZ	耐威科技	民营企业	2016年9月12日	完成	耐威科技发行股份购买瑞通芯源100%股权	发行股份购买资产	横向整合	74 987.50
43	300472.SZ	新元科技	民营企业	2017年11月20日	证监会批准	新元科技定增收购清投智能97.01%的股权	发行股份购买资产	横向整合	77 126.32
44	300309.SZ	吉艾科技	民营企业	2015年6月16日	完成	吉艾科技收购安埔胜利100%股权	协议收购	横向整合	80 000.00
45	300309.SZ	吉艾科技	民营企业	2017年6月22日	股东大会通过	吉艾科技出售安埔胜利100%股权	协议收购	资产调整	80 000.00
46	300282.SZ	汇冠股份	民营企业	2017年3月2日	完成	汇冠股份定增收购恒峰信息100%股权	发行股份购买资产	垂直整合	80 600.00
47	300287.SZ	飞利信	民营企业	2015年1月7日	完成	飞利信8.4亿元收购东蓝数码及天云科技	发行股份购买资产	横向整合	84 000.00
48	002462.SZ	嘉事堂	中央国有企业	2017年6月19日	失败	嘉事堂定增收购下属12家器械子公司的部分少数股权	发行股份购买资产	横向整合	84 813.27
49	300296.SZ	利亚德	民营企业	2015年9月18日	完成	利亚德8.87亿元收购励丰文化100%股权 金立翔99%股权	发行股份购买资产	横向整合	88 739.83
50	002721.SZ	金一文化	民营企业	2015年3月19日	完成	金一文化9亿元收购越王珠宝100%股权	发行股份购买资产	横向整合	90 000.00
51	300200.SZ	高盟新材	民营企业	2017年6月29日	完成	高盟新材定增收购华森塑胶100%股权	发行股份购买资产	横向整合	91 000.00
52	300367.SZ	东方网力	民营企业	2015年12月3日	完成	东方网力定增收购华启智能和嘉崎智能各100%股权	发行股份购买资产	垂直整合	91 300.00

续表

序号	股票代码	股票名称	公司性质	最新披露日期	并购重组进度	并购重组事件	并购重组形式	并购重组目的	交易总价值/万元
53	002371.SZ	北方华创	地方国有企业	2016年8月18日	完成	七星电子定增收购北方微电子100%股权	发行股份购买资产	横向整合	92 367.22
54	300282.SZ	汇冠股份	民营企业	2017年12月5日	股东大会通过	汇冠股份出售旺鑫精密92%股权	协议收购	资产调整	94 000.00
55	300332.SZ	天壕环境	民营企业	2015年4月17日	失败	天壕节能10亿元并购北京华盛100%股权	发行股份购买资产	横向整合	100 000.00
56	300332.SZ	天壕环境	民营企业	2015年8月29日	完成	天壕节能发行股份及支付现金购买北京华盛100%股权	发行股份购买资产	横向整合	100 000.00
57	300296.SZ	利亚德	民营企业	2015年11月30日	完成	利亚德收购PLANAR公司100%股权	协议收购	横向整合	100 374.67
58	600764.SH	中国海防	中央国有企业	2017年10月24日	完成	中电广通定增收购长城电子100%股权	发行股份购买资产	买壳上市	106 457.31
59	002383.SZ	合众思壮	民营企业	2016年9月23日	完成	合众思壮定增收购5家标的公司股权	发行股份购买资产	横向整合	108 468.00
60	002151.SZ	北斗星通	民营企业	2015年7月29日	完成	北斗星通13亿元收购华信天线和佳利电子	发行股份购买资产	垂直整合	130 000.00
61	600429.SH	三元股份	地方国有企业	2016年10月18日	完成	三元股份收购艾莱发喜90%股权	协议收购	横向整合	130 526.93
62	002310.SZ	东方园林	民营企业	2016年1月4日	完成	东方园林收购申能环保60%股权	协议收购	横向整合	146 400.00
63	300364.SZ	中文在线	民营企业	2017年10月27日	证监会反馈意见	中文在线定增及支付现金收购晨之科80%股权	发行股份购买资产	横向整合	147 260.00
64	300271.SZ	华宇软件	民营企业	2017年9月6日	完成	华宇软件收购联奕科技100%的股权	发行股份购买资产	多元化战略	148 800.00
65	000065.SZ	北方国际	中央国有企业	2016年12月17日	完成	北方国际定增收购5家公司标的股权	发行股份购买资产	横向整合	164 557.09
66	000603.SZ	盛达矿业	民营企业	2016年7月15日	完成	盛达矿业定增收购光大矿业100%股权及赤峰金都100%股权	发行股份购买资产	多元化战略	165 880.73
67	300513.SZ	恒泰实达	民营企业	2017年9月1日	发审委通过	恒泰实达收购辽宁邮电99.854%股权	发行股份购买资产	横向整合	178 826.53
68	000008.SZ	神州高铁	中央国有企业	2015年2月5日	完成	宝利来18亿元收购新联铁100%股权	发行股份购买资产	横向整合	180 000.00
69	300324.SZ	旋极信息	民营企业	2016年12月1日	完成	旋极信息定增收购泰豪智能100%股权	发行股份购买资产	横向整合	180 000.00
70	002306.SZ	*ST云网	民营企业	2016年8月16日	失败	*ST云网定增收购四川鼎成100%股权	发行股份购买资产	多元化战略	180 000.00

续表

序号	股票代码	股票名称	公司性质	最新披露日期	并购重组进度	并购重组事件	并购重组形式	并购重组目的	交易总价值/万元
71	600161.SH	天坛生物	中央国有企业	2017年5月20日	完成	天坛生物出售北生研100%股权和长春祈健51%股权	协议收购	资产调整	180 590.00
72	300156.SZ	神雾环保	民营企业	2015年7月18日	完成	神雾环保定增收购神雾工业炉100%股权	发行股份购买资产	垂直整合	187 000.00
73	300104.SZ	乐视网	民营企业	2016年1月15日	股东大会通过	乐视网收购TCL多媒体3.4885亿元新股	取得公众公司发行的新股	横向整合	188 295.28
74	600962.SH	国投中鲁	中央国有企业	2015年4月3日	失败	国投中鲁20.50亿元收购江苏环亚100%股权	发行股份购买资产	买壳上市	205 369.65
75	300182.SZ	捷成股份	民营企业	2015年7月27日	完成	捷成股份20.81亿元收购中视精彩和瑞吉祥各100%股权	发行股份购买资产	多元化战略	208 080.00
76	600240.SH	ST华业	民营企业	2015年6月24日	完成	华业地产21.5亿元收购捷尔医疗100%股权	协议收购	多元化战略	215 000.00
77	300010.SZ	立思辰	民营企业	2016年3月16日	完成	立思辰发行股份及支付现金收购康邦科技100%股权和江南信安100%股权	发行股份购买资产	横向整合	216 400.00
78	002739.SZ	万达电影	民营企业	2015年12月31日	完成	万达院线22亿元收购慕威时尚等15家公司	发行股份购买资产	横向整合	220 000.00
79	000008.SZ	神州高铁	中央国有企业	2016年3月18日	完成	神州高铁22亿元收购交大微联90%股权和武汉利德100%股权	发行股份购买资产	多元化战略	220 495.49
80	300287.SZ	飞利信	民营企业	2016年1月7日	完成	飞利信定增收购精图信息100%股权杰东控制100%股权和欧飞凌通讯100%股权	发行股份购买资产	横向整合	224 500.00
81	002739.SZ	万达电影	民营企业	2015年11月3日	完成	万达院线22.4亿元收购HG Holdco100%股权及债权	协议收购	横向整合	224 620.25
82	000798.SZ	中水渔业	中央国有企业	2016年3月25日	失败	中水渔业定增及现金收购中渔环球100%股权	发行股份购买资产	整体上市	231 480.50
83	002721.SZ	金一文化	地方国有企业	2017年10月23日	完成	金一文化定增收购多家标的公司	发行股份购买资产	横向整合	251 478.89
84	002707.SZ	众信旅游	民营企业	2017年2月3日	失败	众信旅游发行股份及支付现金收购华远国旅100%股权	发行股份购买资产	横向整合	260 000.00
85	300612.SZ	宣亚国际	民营企业	2017年12月16日	失败	宣亚国际收购蜜莱坞48.2478%股权	协议收购	横向整合	289 486.80

续表

序号	股票代码	股票名称	公司性质	最新披露日期	并购重组进度	并购重组事件	并购重组形式	并购重组目的	交易总价值/万元
86	300383.SZ	光环新网	民营企业	2016年5月4日	完成	光环新网发行股份及支付现金收购中金云网100%股权和无双科技100%股权	发行股份购买资产	横向整合	290 902.16
87	300315.SZ	掌趣科技	公众企业	2015年12月24日	完成	掌趣科技收购天马时空80%股权、上游信息30%股权	发行股份购买资产	横向整合	304 124.00
88	300431.SZ	暴风集团	民营企业	2016年7月18日	失败	暴风科技定增收购甘普科技100%股权、稻草熊影业60%股权和立动科技100%股权	发行股份购买资产	多元化战略	310 500.00
89	300182.SZ	捷成股份	民营企业	2016年3月23日	完成	捷成股份定增收购华视网聚80%股权	发行股份购买资产	横向整合	320 000.00
90	600161.SH	天坛生物	中央国有企业	2017年12月2日	董事会预案	天坛生物收购4家公司股权	资产置换	横向整合	335 980.00
91	600062.SH	华润双鹤	中央国有企业	2015年12月5日	完成	华润双鹤发股收购华润赛科100%股权	发行股份购买资产	横向整合	353 898.06
92	002405.SZ	四维图新	中央国有企业	2017年3月22日	完成	四维图新定增收购杰发科技100%股权	发行股份购买资产	横向整合	387 510.00
93	000786.SZ	北新建材	中央国有企业	2016年11月14日	完成	北新建材定增收购泰山石膏35%股权	发行股份购买资产	横向整合	419 549.90
94	600859.SH	王府井	地方国有企业	2017年12月1日	发审委通过	王府井吸收合并王府井国际100%股权	吸收合并	整体上市	429 120.18
95	002373.SZ	千方科技	民营企业	2017年12月7日	证监会受理	千方科技定增收购交智科技96.7233%股权控制宇视科技	发行股份购买资产	横向整合	454 599.51
96	600859.SH	王府井	地方国有企业	2017年1月21日	失败	王府井53.73亿元人民币购买贝尔蒙特100%股权	协议收购	横向整合	537 260.05
97	000996.SZ	中国中期	民营企业	2015年10月19日	失败	中国中期收购国际期货80.24%股权	发行股份购买资产	横向整合	574 415.21
98	600582.SH	天地科技	中央国有企业	2015年1月8日	完成	天地科技获得大股东54亿元优质资产注入	发行股份购买资产	多元化战略	587 310.84
99	600511.SH	国药股份	中央国有企业	2017年6月8日	完成	国药股份定增收购多家标的公司股权	发行股份购买资产	横向整合	614 452.94
100	300038.SZ	梅泰诺	民营企业	2017年3月22日	完成	梅泰诺定增收购宁波诺信100%股权	发行股份购买资产	多元化战略	630 000.00
101	603986.SH	兆易创新	民营企业	2017年8月9日	失败	兆易创新定增收购北京矽成100%股权	发行股份购买资产	横向整合	650 000.00

续表

序号	股票代码	股票名称	公司性质	最新披露日期	并购重组进度	并购重组事件	并购重组形式	并购重组目的	交易总价值/万元
102	600657.SH	信达地产	中央国有企业	2017年7月20日	董事会预案	信达地产发股收购淮矿地产100%股权	发行股份购买资产	横向整合	783 331.50
103	300104.SZ	乐视网	民营企业	2016年5月7日	董事会预案	乐视网定增收购乐视影业100%股权	发行股份购买资产	横向整合	980 000.00
104	000959.SZ	首钢股份	地方国有企业	2016年1月19日	完成	首钢股份收购京唐钢铁51%股权	资产置换	横向整合	1 025 475.12
105	600299.SH	安迪苏	中央国有企业	2015年10月30日	完成	蓝星新材106亿元收购安迪苏集团85%股权	发行股份购买资产	买壳上市	1 064 880.00
106	600258.SH	首旅酒店	地方国有企业	2017年1月10日	完成	首旅酒店定增及现金收购如家酒店集团84.73%股权，以及Poly Victory 100%股权	发行股份购买资产	横向整合	1 105 100.00
107	300223.SZ	北京君正	民营企业	2017年4月1日	失败	北京君正定增收购三家公司股权	发行股份购买资产	横向整合	1 262 228.57
108	601669.SH	中国电建	中央国有企业	2015年6月24日	完成	中国电建171.66亿元收购8家公司100%股权	发行股份购买资产	横向整合	1 716 585.62
109	000938.SZ	紫光股份	中央国有企业	2016年2月24日	失败	紫光股份认购WDC 15%股权	增资	多元化战略	2 397 359.43
110	600871.SH	石化油服	中央国有企业	2015年1月1日	完成	石油工程公司240亿元借壳*ST仪化	发行股份购买资产	买壳上市	2 407 549.52
111	600890.SH	中房股份	民营企业	2016年9月7日	股东大会通过	中房股份重大资产置换及发行股份收购忠旺集团100%股权	发行股份购买资产	买壳上市	2 820 000.00
112	002739.SZ	万达电影	民营企业	2016年8月2日	失败	万达院线定增收购万达影视100%股权	发行股份购买资产	横向整合	3 720 400.00
113	601088.SH	中国神华	中央国有企业	2017年8月29日	董事会预案	国电电力与中国神华各以资产出资组建合资公司	其他	横向整合	6 664 671.59
114	601766.SH	中国中车	中央国有企业	2015年6月1日	完成	中国南车吸收合并中国北车	吸收合并	战略合作	7 623 029.24
115	600900.SH	长江电力	中央国有企业	2016年4月15日	完成	长江电力定增收购川云公司100%股权	发行股份购买资产	横向整合	7 973 515.89
116	000916.SZ	华北高速（退市）	中央国有企业	2017年11月25日	证监会批准	招商公路吸收合并华北高速	吸收合并	其他	

资料来源：Wind 资讯

注：因并购重组项目持续时间较长，期间上市公司股票名称可能发生过变化，作者根据 Wind 中显示的 2019 年 4 月 30 日股票简称和公司性质对股票名称和公司性质两列进行了更新，并购重组事件一列中的股票名称仍用当时名称。本表中后六列信息涵盖期间为 2015 年 1 月 1 日至 2017 年 12 月 31 日，作者整理于 2018 年 8 月

第三篇　上市公司并购重组法律法规汇编

一、法律

中华人民共和国公司法（2018年修正）

（1993年12月29日第八届全国人民代表大会常务委员会第五次会议通过　根据1999年12月25日第九届全国人民代表大会常务委员会第十三次会议《关于修改〈中华人民共和国公司法〉的决定》第一次修正　根据2004年8月28日第十届全国人民代表大会常务委员会第十一次会议《关于修改〈中华人民共和国公司法〉的决定》第二次修正　2005年10月27日第十届全国人民代表大会常务委员会第十八次会议修订　根据2013年12月28日第十二届全国人民代表大会常务委员会第六次会议《关于修改〈中华人民共和国海洋环境保护法〉等七部法律的决定》第三次修正　根据2018年10月26日第十三届全国人民代表大会常务委员会第六次会议《关于修改〈中华人民共和国公司法〉的决定》第四次修正）

第一章　总则

第一条　为了规范公司的组织和行为，保护公司、股东和债权人的合法权益，维护社会经济秩序，促进社会主义市场经济的发展，制定本法。

第二条　本法所称公司是指依照本法在中国境内设立的有限责任公司和股份有限公司。

第三条　公司是企业法人，有独立的法人财产，享有法人财产权。公司以其全部财产对公司的债务承担责任。

有限责任公司的股东以其认缴的出资额为限对公司承担责任；股份有限公司的股东以其认购的股份为限对公司承担责任。

第四条　公司股东依法享有资产收益、参与重大决策和选择管理者等权利。

第五条　公司从事经营活动，必须遵守法律、行政法规，遵守社会公德、商业道德，诚实守信，接受政府和社会公众的监督，承担社会责任。

公司的合法权益受法律保护，不受侵犯。

第六条　设立公司，应当依法向公司登记机关申请设立登记。符合本法规定的设立条件的，由公司登记机关分别登记为有限责任公司或者股份有限公司；不符合本法规定的设立条件的，不得登记为有限责任公司或者股份有限公司。

法律、行政法规规定设立公司必须报经批准的，应当在公司登记前依法办理批准手续。

公众可以向公司登记机关申请查询公司登记事项，公司登记机关应当提供查询服务。

第七条　依法设立的公司，由公司登记机关发给公司营业执照。公司营业执照签发日期为公司成立日期。

公司营业执照应当载明公司的名称、住所、注册资本、经营范围、法定代表人姓名等事项。

公司营业执照记载的事项发生变更的，公司应当依法办理变更登记，由公司登记机关换发营业执照。

第八条　依照本法设立的有限责任公司，必须在公司名称中标明有限责任公司或者有限公司字样。

依照本法设立的股份有限公司，必须在公司名称中标明股份有限公司或者股份公司字样。

第九条　有限责任公司变更为股份有限公司，应当符合本法规定的股份有限公司的条件。股份有限公司变更为有限责任公司，应当符合本法规定的有限责任公司的条件。

有限责任公司变更为股份有限公司的，或者股份有限公司变更为有限责任公司的，公司变更前的债权、债务由变更后的公司承继。

第十条　公司以其主要办事机构所在地为住所。

第十一条　设立公司必须依法制定公司章程。公司章程对公司、股东、董事、监事、高级管理人员具有约束力。

第十二条　公司的经营范围由公司章程规定，并依法登记。公司可以修改公司章程，改变经营范围，但是应当办理变更登记。

公司的经营范围中属于法律、行政法规规定须经批准的项目，应当依法经过批准。

第十三条　公司法定代表人依照公司章程的规定，由董事长、执行董事或者经理担任，并依法登记。公司法定代表人变更，应当办理变更登记。

第十四条　公司可以设立分公司。设立分公司，应当向公司登记机关申请登记，领取营业执照。分公司不具有法人资格，其民事责任由公司承担。

公司可以设立子公司，子公司具有法人资格，依法独立承担民事责任。

第十五条　公司可以向其他企业投资；但是，除法律另有规定外，不得成为对所投资企业的债务承担连带责任的出资人。

第十六条　公司向其他企业投资或者为他人提供担保，依照公司章程的规定，由董事会或者股东会、股东大会决议；公司章程对投资或者担保的总额及单项投资或者担保的数额有限额规定的，不得超过规定的限额。

公司为公司股东或者实际控制人提供担保的，必须经股东会或者股东大会决议。

前款规定的股东或者受前款规定的实际控制人支配的股东，不得参加前款规定事项的表决。该项表决由出席会议的其他股东所持表决权的过半数通过。

第十七条　公司必须保护职工的合法权益，依法与职工签订劳动合同，参加社会保险，加强劳动保护，实现安全生产。

公司应当采用多种形式，加强公司职工的职业教育和岗位培训，提高职工素质。

第十八条　公司职工依照《中华人民共和国工会法》组织工会，开展工会活动，维护职工合法权益。公司应当为本公司工会提供必要的活动条件。公司工会代表职工就职工的劳动报酬、工作时间、福利、保险和劳动安全卫生等事项依法与公司签订集体合同。

公司依照宪法和有关法律的规定，通过职工代表大会或者其他形式，实行民主管理。

公司研究决定改制以及经营方面的重大问题、制定重要的规章制度时，应当听取公司工会的意见，并通过职工代表大会或者其他形式听取职工的意见和建议。

第十九条　在公司中，根据中国共产党章程的规定，设立中国共产党的组织，开展党的活动。公司应当为党组织的活动提供必要条件。

第二十条　公司股东应当遵守法律、行政法规和公司章程，依法行使股东权利，不得滥用股东权利损害公司或者其他股东的利益；不得滥用公司法人独立地位和股东有限责任损害公司债权人的利益。

公司股东滥用股东权利给公司或者其他股东造成损失的，应当依法承担赔偿责任。

公司股东滥用公司法人独立地位和股东有限责任，逃避债务，严重损害公司债权人利益的，应当对公司债务承担连带责任。

第二十一条　公司的控股股东、实际控制人、董事、监事、高级管理人员不得利用其关联关系损害公司利益。

违反前款规定，给公司造成损失的，应当承担赔偿责任。

第二十二条　公司股东会或者股东大会、董事会的决议内容违反法律、行政法规的无效。

股东会或者股东大会、董事会的会议召集程序、表决方式违反法律、行政法规或者公司章程，或者决议内容违反公司章程的，股东可以自决议作出之日起六十日内，请求人民法院撤销。

股东依照前款规定提起诉讼的，人民法院可以应公司的请求，要求股东提供相应担保。

公司根据股东会或者股东大会、董事会决议已办理变更登记的，人民法院宣告该决议无效或者撤销该决议后，公司应当向公司登记机关申请撤销变更登记。

第二章　有限责任公司的设立和组织机构

第一节　设立

第二十三条　设立有限责任公司，应当具备下列条件：

（一）股东符合法定人数；

（二）有符合公司章程规定的全体股东认缴的出资额；

（三）股东共同制定公司章程；

（四）有公司名称，建立符合有限责任公司要求的组织机构；

（五）有公司住所。

第二十四条　有限责任公司由五十个以下股东出资设立。

第二十五条　有限责任公司章程应当载明下列事项：

（一）公司名称和住所；

（二）公司经营范围；

（三）公司注册资本；

（四）股东的姓名或者名称；

（五）股东的出资方式、出资额和出资时间；

（六）公司的机构及其产生办法、职权、议事规则；

（七）公司法定代表人；

（八）股东会会议认为需要规定的其他事项。

股东应当在公司章程上签名、盖章。

第二十六条　有限责任公司的注册资本为在公司登记机关登记的全体股东认缴的出资额。

法律、行政法规以及国务院决定对有限责任公司注册资本实缴、注册资本最低限额另有规定的，从其规定。

第二十七条　股东可以用货币出资，也可以用实物、知识产权、土地使用权等可以用货币估价并可以依法转让的非货币财产作价出资；但是，法律、行政法规规定不得作为出资的财产除外。

对作为出资的非货币财产应当评估作价，核实财产，不得高估或者低估作价。法律、行政法规对评估作价有规定的，从其规定。

第二十八条　股东应当按期足额缴纳公司章程中规定的各自所认缴的出资额。股东以货币出资的，应当将货币出资足额存入有限责任公司在银行开设的账户；以非货币财产出资的，应当依法办理其财产权的转移手续。

股东不按照前款规定缴纳出资的，除应当向公司足额缴纳外，还应当向已按期足额缴纳出资的股东承担违约责任。

第二十九条　股东认足公司章程规定的出资后，由全体股东指定的代表或者共同委托的代理人向公司登记机关报送公司登记申请书、公司章程等文件，申请设立登记。

第三十条　有限责任公司成立后，发现作为设立公司出资的非货币财产的实际价额显著低于公司章程所定价额的，应当由交付该出资的股东补足其差额；公司设立时的其他股东承担连带责任。

第三十一条　有限责任公司成立后，应当向股东签发出资证明书。

出资证明书应当载明下列事项：

（一）公司名称；

（二）公司成立日期；

（三）公司注册资本；

（四）股东的姓名或者名称、缴纳的出资额和出资日期；

（五）出资证明书的编号和核发日期。

出资证明书由公司盖章。

第三十二条　有限责任公司应当置备股东名册，记载下列事项：

（一）股东的姓名或者名称及住所；

（二）股东的出资额；

（三）出资证明书编号。

记载于股东名册的股东，可以依股东名册主张行使股东权利。

公司应当将股东的姓名或者名称向公司登记机关登记；登记事项发生变更的，应当办理变更登记。未经登记或者变更登记的，不得对抗第三人。

第三十三条　股东有权查阅、复制公司章程、股东会会议记录、董事会会议决议、监事会会议决议和财务会计报告。

股东可以要求查阅公司会计账簿。股东要求查阅公司会计账簿的，应当向公司提出书面请求，说明目的。公司有合理根据认为股东查阅会计账簿有不正当目的，可能损害公司合法利益的，可以拒绝提供查阅，并应当自股东提出书面请求之日起十五日内书面答复股东并说明理由。公司拒绝提供查阅的，股东可以请求人民法院要求公司提供查阅。

第三十四条　股东按照实缴的出资比例分取红利；公司新增资本时，股东有权优先按照实缴的出资比例认缴出资。但是，全体股东约定不按照出资比例分取红利或者不按照出资比例优先认缴出资的除外。

第三十五条　公司成立后，股东不得抽逃出资。

第二节　组织机构

第三十六条　有限责任公司股东会由全体股东组成。股东会是公司的权力机构，依照本法行使职权。

第三十七条　股东会行使下列职权：

（一）决定公司的经营方针和投资计划；

（二）选举和更换非由职工代表担任的董事、监事，决定有关董事、监事的报酬事项；

（三）审议批准董事会的报告；

（四）审议批准监事会或者监事的报告；

（五）审议批准公司的年度财务预算方案、决算方案；

（六）审议批准公司的利润分配方案和弥补亏损方案；

（七）对公司增加或者减少注册资本作出决议；

（八）对发行公司债券作出决议；

（九）对公司合并、分立、解散、清算或者变更公司形式作出决议；

（十）修改公司章程；

（十一）公司章程规定的其他职权。

对前款所列事项股东以书面形式一致表示同意的，可以不召开股东会会议，直接作出决定，并由全体股东在决定文件上签名、盖章。

第三十八条　首次股东会会议由出资最多的股东召集和主持，依照本法规定行使职权。

第三十九条　股东会会议分为定期会议和临时会议。

定期会议应当依照公司章程的规定按时召开。代表十分之一以上表决权的股东，三分之一以上的董事，监事会或者不设监事会的公司的监事提议召开临时会议的，应当召开临时会议。

第四十条　有限责任公司设立董事会的，股东会会议由董事会召集，董事长主持；董事长不能履行职务或者不履行职务的，由副董事长主持；副董事长不能履行职务或者不履行职务的，由半数以上董事共同推举一名董事主持。

有限责任公司不设董事会的，股东会会议由执行董事召集和主持。

董事会或者执行董事不能履行或者不履行召集股东会会议职责的，由监事会或者不设监事会的公司的监事召集和主持；监事会或者监事不召集和主持的，代表十分之一以上表决权的股东可以自行召集和主持。

第四十一条　召开股东会会议，应当于会议召开十五日前通知全体股东；但是，公司章程另有规定或者全体股东另有约定的除外。

股东会应当对所议事项的决定作成会议记录，出席会议的股东应当在会议记录上签名。

第四十二条　股东会会议由股东按照出资比例行使表决权；但是，公司章程另有规定的除外。

第四十三条　股东会的议事方式和表决程序，除本法有规定的外，由公司章程规定。

股东会会议作出修改公司章程、增加或者减少注册资本的决议，以及公司合并、分立、解散或者变更公司形式的决议，必须经代表三分之二以上表决权的股东通过。

第四十四条　有限责任公司设董事会，其成员为三人至十三人；但是，本法第五十条另有规定的除外。

两个以上的国有企业或者两个以上的其他国有投资主体投资设立的有限责任公司，其董事会成员中应当有公司职工代表；其他有限责任公司董事会成员中可以有公司职工代表。董事会中的职工代表由公司职工通过职工代表大会、职工大会或者其他形式民主选举产生。

董事会设董事长一人，可以设副董事长。董事长、副董事长的产生办法由公司章程规定。

第四十五条　董事任期由公司章程规定，但每届任期不得超过三年。董事任期届满，连选可以连任。

董事任期届满未及时改选，或者董事在任期内辞职导致董事会成员低于法定人数的，在改选出的董事就任前，原董事仍应当依照法律、行政法规和公司章程的规定，履行董事职务。

第四十六条　董事会对股东会负责，行使下列职权：

（一）召集股东会会议，并向股东会报告工作；

（二）执行股东会的决议；

（三）决定公司的经营计划和投资方案；

（四）制订公司的年度财务预算方案、决算方案；

（五）制订公司的利润分配方案和弥补亏损方案；

（六）制订公司增加或者减少注册资本以及发行公司债券的方案；

（七）制订公司合并、分立、解散或者变更公司形式的方案；

（八）决定公司内部管理机构的设置；

（九）决定聘任或者解聘公司经理及其报酬事项，并根据经理的提名决定聘任或者解聘公司副经理、财务负责人及其报酬事项；

（十）制定公司的基本管理制度；

（十一）公司章程规定的其他职权。

第四十七条　董事会会议由董事长召集和主持；董事长不能履行职务或者不履行职务的，由副董事长召集和主持；副董事长不能履行职务或者不履行职务的，由半数以上董事共同推举一名董事召集和主持。

第四十八条　董事会的议事方式和表决程序，除本法有规定的外，由公司章程规定。

董事会应当对所议事项的决定作成会议记录，出席会议的董事应当在会议记录上签名。

董事会决议的表决，实行一人一票。

第四十九条　有限责任公司可以设经理，由董事会决定聘任或者解聘。经理对董事会负责，行使下列职权：

（一）主持公司的生产经营管理工作，组织实施董事会决议；

（二）组织实施公司年度经营计划和投资方案；

（三）拟订公司内部管理机构设置方案；

（四）拟订公司的基本管理制度；

（五）制定公司的具体规章；

（六）提请聘任或者解聘公司副经理、财务负责人；

（七）决定聘任或者解聘除应由董事会决定聘任或者解聘以外的负责管理人员；

（八）董事会授予的其他职权。

公司章程对经理职权另有规定的，从其规定。

经理列席董事会会议。

第五十条　股东人数较少或者规模较小的有限责任公司，可以设一名执行董事，不设董事会。执行董事可以兼任公司经理。

执行董事的职权由公司章程规定。

第五十一条　有限责任公司设监事会，其成员不得少于三人。股东人数较少或者规模较小的有限责任公司，可以设一至二名监事，不设监事会。

监事会应当包括股东代表和适当比例的公司职工代表，其中职工代表的比例不得低于三分之一，具体比例由公司章程规定。监事会中的职工代表由公司职工通过职工代表大会、职工大会或者其他形式民主选举产生。

监事会设主席一人，由全体监事过半数选举产生。监事会主席召集和主持监事会会议；监事会主席不能履行职务或者不履行职务的，由半数以上监事共同推举一名监事召集和主持监事会会议。

董事、高级管理人员不得兼任监事。

第五十二条　监事的任期每届为三年。监事任期届满，连选可以连任。

监事任期届满未及时改选，或者监事在任期内辞职导致监事会成员低于法定人数的，在改选出的监事就任前，原监事仍应当依照法律、行政法规和公司章程的规定，履行监事职务。

第五十三条　监事会、不设监事会的公司的监事行使下列职权：

（一）检查公司财务；

（二）对董事、高级管理人员执行公司职务的行为进行监督，对违反法律、行政法规、公司章程或者股东会决议的董事、高级管理人员提出罢免的建议；

（三）当董事、高级管理人员的行为损害公司的利益时，要求董事、高级管理人员予以纠正；

（四）提议召开临时股东会会议，在董事会不履行本法规定的召集和主持股东会会议职责时召集和主持股东会会议；

（五）向股东会会议提出提案；

（六）依照本法第一百五十一条的规定，对董事、高级管理人员提起诉讼；

（七）公司章程规定的其他职权。

第五十四条　监事可以列席董事会会议，并对董事会决议事项提出质询或者建议。

监事会、不设监事会的公司的监事发现公司经营情况异常，可以进行调查；必要时，可以聘请会计师事务所等协助其工作，费用由公司承担。

第五十五条　监事会每年度至少召开一次会议，监事可以提议召开临时监事会会议。

监事会的议事方式和表决程序，除本法有规定的外，由公司章程规定。

监事会决议应当经半数以上监事通过。

监事会应当对所议事项的决定作成会议记录，出席会议的监事应当在会议记录上签名。

第五十六条　监事会、不设监事会的公司的监事行使职权所必需的费用，由公司承担。

第三节　一人有限责任公司的特别规定

第五十七条　一人有限责任公司的设立和组织机构，适用本节规定；本节没有规定的，适用本章第一节、第二节的规定。

本法所称一人有限责任公司，是指只有一个自然人股东或者一个法人股东的有限责任公司。

第五十八条　一个自然人只能投资设立一个一人有限责任公司。该一人有限责任公司不能投资设立新的一人有限责任公司。

第五十九条　一人有限责任公司应当在公司登记中注明自然人独资或者法人独资，并在公司营业执照中载明。

第六十条　一人有限责任公司章程由股东制定。

第六十一条　一人有限责任公司不设股东会。股东作出本法第三十七条第一款所列决定时，应当采用书面形式，并由股东签名后置备于公司。

第六十二条　一人有限责任公司应当在每一会计年度终了时编制财务会计报告，并经会计师事务所审计。

第六十三条　一人有限责任公司的股东不能证明公司财产独立于股东自己的财产的，应当对公司债务承担连带责任。

第四节　国有独资公司的特别规定

第六十四条　国有独资公司的设立和组织机构，适用本节规定；本节没有规定的，适用本章第一节、第二节的规定。

本法所称国有独资公司，是指国家单独出资、由国务院或者地方人民政府授权本级人民政府国有资产监督管理机构履行出资人职责的有限责任公司。

第六十五条　国有独资公司章程由国有资产监督管理机构制定，或者由董事会制订报国有资产监督管理机构批准。

第六十六条　国有独资公司不设股东会，由国有资产监督管理机构行使股东会职权。国有资产监督管理机构可以授权公司董事会行使股东会的部分职权，决定公司的重大事项，但公司的合并、分立、解散、增加或者减少注册资本和发行公司债券，必须由国有资产监督管理机构决定；其中，重要的国有独资公司合并、分立、解散、申请破产的，应当由国有资产监督管理机构审核后，报本级人民政府批准。

前款所称重要的国有独资公司，按照国务院的规定确定。

第六十七条　国有独资公司设董事会，依照本法第四十六条、第六十六条的规定行使职权。董事每届任期不得超过三年。董事会成员中应当有公司职工代表。

董事会成员由国有资产监督管理机构委派；但是，董事会成员中的职工代表由公司职工代表大会选举产生。

董事会设董事长一人，可以设副董事长。董事长、副董事长由国有资产监督管理机构从董事会成员中指定。

第六十八条　国有独资公司设经理，由董事会聘任或者解聘。经理依照本法第四十九条规定行使职权。

经国有资产监督管理机构同意，董事会成员可以兼任经理。

第六十九条　国有独资公司的董事长、副董事长、董事、高级管理人员，未经国有资产监督管理机构同意，不得在其他有限责任公司、股份有限公司或者其他经济组织兼职。

第七十条　国有独资公司监事会成员不得少于五人，其中职工代表的比例不得低于三分之一，具体比例由公司章程规定。

监事会成员由国有资产监督管理机构委派；但是，监事会成员中的职工代表由公司职工代表大会选举产生。监事会主席由国有资产监督管理机构从监事会成员中指定。

监事会行使本法第五十三条第（一）项至第（三）项规定的职权和国务院规定的其他职权。

第三章　有限责任公司的股权转让

第七十一条　有限责任公司的股东之间可以相互转让其全部或者部分股权。

股东向股东以外的人转让股权，应当经其他股东过半数同意。股东应就其股权转让事项书面通知其他股东征求同意，其他股东自接到书面通知之日起满三十日未答复的，视为同意转让。其他股东半数以上不同意转让的，不同意的股东应当购买该转让的股权；不购买的，视为同意转让。

经股东同意转让的股权，在同等条件下，其他股东有优先购买权。两个以上股东主张行使优先购买权的，协商确定各自的购买比例；协商不成的，按照转让时各自的出资比例行使优先购买权。

公司章程对股权转让另有规定的，从其规定。

第七十二条　人民法院依照法律规定的强制执行程序转让股东的股权时，应当通知公司及全体股东，其他股东在同等条件下有优先购买权。其他股东自人民法院通知之日起满二十日不行使优先购买权的，视为放弃优先购买权。

第七十三条　依照本法第七十一条、第七十二条转让股权后，公司应当注销原股东的出资证明书，向新股东签发出资证明书，并相应修改公司章程和股东名册中有关股东及其出资额的记载。对公司章程的该项修改不需再由股东会表决。

第七十四条　有下列情形之一的，对股东会该项决议投反对票的股东可以请求公司按照合理的价格收购其股权：

（一）公司连续五年不向股东分配利润，而公司该五年连续盈利，并且符合本法规定的分配利润条件的；

（二）公司合并、分立、转让主要财产的；

（三）公司章程规定的营业期限届满或者章程规定的其他解散事由出现，股东会会议通过决议修改章程使公司存续的。

自股东会会议决议通过之日起六十日内，股东与公司不能达成股权收购协议的，股东可以自股东会会议决议通过之日起九十日内向人民法院提起诉讼。

第七十五条　自然人股东死亡后，其合法继承人可以继承股东资格；但是，公司章程另有规定的除外。

第四章　股份有限公司的设立和组织机构

第一节　设立

第七十六条　设立股份有限公司，应当具备下列条件：

（一）发起人符合法定人数；

（二）有符合公司章程规定的全体发起人认购的股本总额或者募集的实收股本总额；

（三）股份发行、筹办事项符合法律规定；

（四）发起人制订公司章程，采用募集方式设立的经创立大会通过；

（五）有公司名称，建立符合股份有限公司要求的组织机构；

（六）有公司住所。

第七十七条　股份有限公司的设立，可以采取发起设立或者募集设立的方式。

发起设立，是指由发起人认购公司应发行的全部股份而设立公司。

募集设立，是指由发起人认购公司应发行股份的一部分，其余股份向社会公开募集或者向特定对象募集而设立公司。

第七十八条　设立股份有限公司，应当有二人以上二百人以下为发起人，其中须有半数以上的发起人在中国境内有住所。

第七十九条　股份有限公司发起人承担公司筹办事务。

发起人应当签订发起人协议，明确各自在公司设立过程中的权利和义务。

第八十条　股份有限公司采取发起设立方式设立的，注册资本为在公司登记机关登记的全体发起人认购的股本总额。在发起人认购的股份缴足前，不得向他人募集股份。

股份有限公司采取募集方式设立的，注册资本为在公司登记机关登记的实收股本总额。

法律、行政法规以及国务院决定对股份有限公司注册资本实缴、注册资本最低限额另有规定的，从其规定。

第八十一条　股份有限公司章程应当载明下列事项：

（一）公司名称和住所；

（二）公司经营范围；

（三）公司设立方式；

（四）公司股份总数、每股金额和注册资本；

（五）发起人的姓名或者名称、认购的股份数、出资方式和出资时间；

（六）董事会的组成、职权和议事规则；

（七）公司法定代表人；

（八）监事会的组成、职权和议事规则；

（九）公司利润分配办法；

（十）公司的解散事由与清算办法；

（十一）公司的通知和公告办法；

（十二）股东大会会议认为需要规定的其他事项。

第八十二条　发起人的出资方式，适用本法第二十七条的规定。

第八十三条　以发起设立方式设立股份有限公司的，发起人应当书面认足公司章程规定其认购的股份，并按照公司章程规定缴纳出资。以非货币财产出资的，应当依法办理其财产权的转移手续。

发起人不依照前款规定缴纳出资的，应当按照发起人协议承担违约责任。

发起人认足公司章程规定的出资后，应当选举董事会和监事会，由董事会向公司登记机关报送公司章程以及法律、行政法规规定的其他文件，申请设立登记。

第八十四条　以募集设立方式设立股份有限公司的，发起人认购的股份不得少于公司股份总数的百分之三十五；但是，法律、行政法规另有规定的，从其规定。

第八十五条　发起人向社会公开募集股份，必须公告招股说明书，并制作认股书。认股书应当载明本法第八十六条所列事项，由认股人填写认购股数、金额、住所，并签名、盖章。认股人按照所认购股数缴纳股款。

第八十六条　招股说明书应当附有发起人制订的公司章程，并载明下列事项：

（一）发起人认购的股份数；

（二）每股的票面金额和发行价格；

（三）无记名股票的发行总数；

（四）募集资金的用途；

（五）认股人的权利、义务；

（六）本次募股的起止期限及逾期未募足时认股人可以撤回所认股份的说明。

第八十七条　发起人向社会公开募集股份，应当由依法设立的证券公司承销，签订承销协议。

第八十八条　发起人向社会公开募集股份，应当同银行签订代收股款协议。

代收股款的银行应当按照协议代收和保存股款，向缴纳股款的认股人出具收款单据，并负有向有关部门出具收款证明的义务。

第八十九条　发行股份的股款缴足后，必须经依法设立的验资机构验资并出具证明。发起人应当自股款缴足之日起三十日内主持召开公司创立大会。创立大会由发起人、认股人组成。

发行的股份超过招股说明书规定的截止期限尚未募足的，或者发行股份的股款缴足后，发起人在三十日内未召开创立大会的，认股人可以按照所缴股款并加算银行同期存款利息，要求发起人返还。

第九十条　发起人应当在创立大会召开十五日前将会议日期通知各认

股人或者予以公告。创立大会应有代表股份总数过半数的发起人、认股人出席，方可举行。

创立大会行使下列职权：

（一）审议发起人关于公司筹办情况的报告；

（二）通过公司章程；

（三）选举董事会成员；

（四）选举监事会成员；

（五）对公司的设立费用进行审核；

（六）对发起人用于抵作股款的财产的作价进行审核；

（七）发生不可抗力或者经营条件发生重大变化直接影响公司设立的，可以作出不设立公司的决议。

创立大会对前款所列事项作出决议，必须经出席会议的认股人所持表决权过半数通过。

第九十一条 发起人、认股人缴纳股款或者交付抵作股款的出资后，除未按期募足股份、发起人未按期召开创立大会或者创立大会决议不设立公司的情形外，不得抽回其股本。

第九十二条 董事会应于创立大会结束后三十日内，向公司登记机关报送下列文件，申请设立登记：

（一）公司登记申请书；

（二）创立大会的会议记录；

（三）公司章程；

（四）验资证明；

（五）法定代表人、董事、监事的任职文件及其身份证明；

（六）发起人的法人资格证明或者自然人身份证明；

（七）公司住所证明。

以募集方式设立股份有限公司公开发行股票的，还应当向公司登记机关报送国务院证券监督管理机构的核准文件。

第九十三条 股份有限公司成立后，发起人未按照公司章程的规定缴足出资的，应当补缴；其他发起人承担连带责任。

股份有限公司成立后，发现作为设立公司出资的非货币财产的实际价额显著低于公司章程所定价额的，应当由交付该出资的发起人补足其差额；其他发起人承担连带责任。

第九十四条 股份有限公司的发起人应当承担下列责任：

（一）公司不能成立时，对设立行为所产生的债务和费用负连带责任；

（二）公司不能成立时，对认股人已缴纳的股款，负返还股款并加算银行同期存款利息的连带责任；

（三）在公司设立过程中，由于发起人的过失致使公司利益受到损害的，应当对公司承担赔偿责任。

第九十五条　有限责任公司变更为股份有限公司时，折合的实收股本总额不得高于公司净资产额。有限责任公司变更为股份有限公司，为增加资本公开发行股份时，应当依法办理。

第九十六条　股份有限公司应当将公司章程、股东名册、公司债券存根、股东大会会议记录、董事会会议记录、监事会会议记录、财务会计报告置备于本公司。

第九十七条　股东有权查阅公司章程、股东名册、公司债券存根、股东大会会议记录、董事会会议决议、监事会会议决议、财务会计报告，对公司的经营提出建议或者质询。

第二节　股东大会

第九十八条　股份有限公司股东大会由全体股东组成。股东大会是公司的权力机构，依照本法行使职权。

第九十九条　本法第三十七条第一款关于有限责任公司股东会职权的规定，适用于股份有限公司股东大会。

第一百条　股东大会应当每年召开一次年会。有下列情形之一的，应当在两个月内召开临时股东大会：

（一）董事人数不足本法规定人数或者公司章程所定人数的三分之二时；

（二）公司未弥补的亏损达实收股本总额三分之一时；

（三）单独或者合计持有公司百分之十以上股份的股东请求时；

（四）董事会认为必要时；

（五）监事会提议召开时；

（六）公司章程规定的其他情形。

第一百零一条　股东大会会议由董事会召集，董事长主持；董事长不能履行职务或者不履行职务的，由副董事长主持；副董事长不能履行职务或者不履行职务的，由半数以上董事共同推举一名董事主持。

董事会不能履行或者不履行召集股东大会会议职责的，监事会应当及时召集和主持；监事会不召集和主持的，连续九十日以上单独或者合计持有公司百分之十以上股份的股东可以自行召集和主持。

第一百零二条　召开股东大会会议，应当将会议召开的时间、地点和审议的事项于会议召开二十日前通知各股东；临时股东大会应当于会议召开十五日前通知各股东；发行无记名股票的，应当于会议召开三十日前公告会议召开的时间、地点和审议事项。

单独或者合计持有公司百分之三以上股份的股东，可以在股东大会召开十日前提出临时提案并书面提交董事会；董事会应当在收到提案后二日内通知其他股东，并将该临时提案提交股东大会审议。临时提案的内容应当属于股东大会职权范围，并有明确议题和具体决议事项。

股东大会不得对前两款通知中未列明的事项作出决议。

无记名股票持有人出席股东大会会议的，应当于会议召开五日前至股东大会闭会时将股票交存于公司。

第一百零三条　股东出席股东大会会议，所持每一股份有一表决权。但是，公司持有的本公司股份没有表决权。

股东大会作出决议，必须经出席会议的股东所持表决权过半数通过。但是，股东大会作出修改公司章程、增加或者减少注册资本的决议，以及公司合并、分立、解散或者变更公司形式的决议，必须经出席会议的股东所持表决权的三分之二以上通过。

第一百零四条　本法和公司章程规定公司转让、受让重大资产或者对外提供担保等事项必须经股东大会作出决议的，董事会应当及时召集股东大会会议，由股东大会就上述事项进行表决。

第一百零五条　股东大会选举董事、监事，可以依照公司章程的规定或者股东大会的决议，实行累积投票制。

本法所称累积投票制，是指股东大会选举董事或者监事时，每一股份拥有与应选董事或者监事人数相同的表决权，股东拥有的表决权可以集中使用。

第一百零六条　股东可以委托代理人出席股东大会会议，代理人应当向公司提交股东授权委托书，并在授权范围内行使表决权。

第一百零七条　股东大会应当对所议事项的决定作成会议记录，主持人、出席会议的董事应当在会议记录上签名。会议记录应当与出席股东的签名册及代理出席的委托书一并保存。

第三节　董事会、经理

第一百零八条　股份有限公司设董事会，其成员为五人至十九人。

董事会成员中可以有公司职工代表。董事会中的职工代表由公司职工通过职工代表大会、职工大会或者其他形式民主选举产生。

本法第四十五条关于有限责任公司董事任期的规定，适用于股份有限公司董事。

本法第四十六条关于有限责任公司董事会职权的规定，适用于股份有限公司董事会。

第一百零九条　董事会设董事长一人，可以设副董事长。董事长和副董事长由董事会以全体董事的过半数选举产生。

董事长召集和主持董事会会议，检查董事会决议的实施情况。副董事长协助董事长工作，董事长不能履行职务或者不履行职务的，由副董事长履行职务；副董事长不能履行职务或者不履行职务的，由半数以上董事共同推举一名董事履行职务。

第一百一十条　董事会每年度至少召开两次会议，每次会议应当于会议召开十日前通知全体董事和监事。

代表十分之一以上表决权的股东、三分之一以上董事或者监事会，可以提议召开董事会临时会议。董事长应当自接到提议后十日内，召集和主持董事会会议。

董事会召开临时会议，可以另定召集董事会的通知方式和通知时限。

第一百一十一条　董事会会议应有过半数的董事出席方可举行。董事会作出决议，必须经全体董事的过半数通过。

董事会决议的表决，实行一人一票。

第一百一十二条　董事会会议，应由董事本人出席；董事因故不能出席，可以书面委托其他董事代为出席，委托书中应载明授权范围。

董事会应当对会议所议事项的决定作成会议记录，出席会议的董事应当在会议记录上签名。

董事应当对董事会的决议承担责任。董事会的决议违反法律、行政法规或者公司章程、股东大会决议，致使公司遭受严重损失的，参与决议的董事对公司负赔偿责任。但经证明在表决时曾表明异议并记载于会议记录的，该董事可以免除责任。

第一百一十三条　股份有限公司设经理，由董事会决定聘任或者解聘。

本法第四十九条关于有限责任公司经理职权的规定，适用于股份有限公司经理。

第一百一十四条　公司董事会可以决定由董事会成员兼任经理。

第一百一十五条　公司不得直接或者通过子公司向董事、监事、高级管理人员提供借款。

第一百一十六条　公司应当定期向股东披露董事、监事、高级管理人员从公司获得报酬的情况。

第四节　监事会

第一百一十七条　股份有限公司设监事会，其成员不得少于三人。

监事会应当包括股东代表和适当比例的公司职工代表，其中职工代表的比例不得低于三分之一，具体比例由公司章程规定。监事会中的职工代表由公司职工通过职工代表大会、职工大会或者其他形式民主选举产生。

监事会设主席一人，可以设副主席。监事会主席和副主席由全体监事过半数选举产生。监事会主席召集和主持监事会会议；监事会主席不能履行职务或者不履行职务的，由监事会副主席召集和主持监事会会议；监事会副主席不能履行职务或者不履行职务的，由半数以上监事共同推举一名监事召集和主持监事会会议。

董事、高级管理人员不得兼任监事。

本法第五十二条关于有限责任公司监事任期的规定，适用于股份有限公司监事。

第一百一十八条　本法第五十三条、第五十四条关于有限责任公司监事会职权的规定，适用于股份有限公司监事会。

监事会行使职权所必需的费用，由公司承担。

第一百一十九条　监事会每六个月至少召开一次会议。监事可以提议召开临时监事会会议。

监事会的议事方式和表决程序，除本法有规定的外，由公司章程规定。

监事会决议应当经半数以上监事通过。

监事会应当对所议事项的决定作成会议记录，出席会议的监事应当在会议记录上签名。

第五节　上市公司组织机构的特别规定

第一百二十条　本法所称上市公司，是指其股票在证券交易所上市交易的股份有限公司。

第一百二十一条　上市公司在一年内购买、出售重大资产或者担保金额超过公司资产总额百分之三十的，应当由股东大会作出决议，并经出席会议的股东所持表决权的三分之二以上通过。

第一百二十二条　上市公司设独立董事，具体办法由国务院规定。

第一百二十三条　上市公司设董事会秘书，负责公司股东大会和董事会会议的筹备、文件保管以及公司股东资料的管理，办理信息披露事务等事宜。

第一百二十四条　上市公司董事与董事会会议决议事项所涉及的企业有关联关系的，不得对该项决议行使表决权，也不得代理其他董事行使表决权。该董事会会议由过半数的无关联关系董事出席即可举行，董事会会议所作决议须经无关联关系董事过半数通过。出席董事会的无关联关系董事人数不足三人的，应将该事项提交上市公司股东大会审议。

第五章　股份有限公司的股份发行和转让

第一节　股份发行

第一百二十五条　股份有限公司的资本划分为股份，每一股的金额相等。

公司的股份采取股票的形式。股票是公司签发的证明股东所持股份的凭证。

第一百二十六条　股份的发行，实行公平、公正的原则，同种类的每一股份应当具有同等权利。

同次发行的同种类股票，每股的发行条件和价格应当相同；任何单位或者个人所认购的股份，每股应当支付相同价额。

第一百二十七条　股票发行价格可以按票面金额，也可以超过票面金额，但不得低于票面金额。

第一百二十八条　股票采用纸面形式或者国务院证券监督管理机构规定的其他形式。

股票应当载明下列主要事项：

（一）公司名称；

（二）公司成立日期；

（三）股票种类、票面金额及代表的股份数；

（四）股票的编号。

股票由法定代表人签名，公司盖章。

发起人的股票，应当标明发起人股票字样。

第一百二十九条　公司发行的股票，可以为记名股票，也可以为无记名股票。

公司向发起人、法人发行的股票，应当为记名股票，并应当记载该发起人、法人的名称或者姓名，不得另立户名或者以代表人姓名记名。

第一百三十条　公司发行记名股票的，应当置备股东名册，记载下列事项：

（一）股东的姓名或者名称及住所；

（二）各股东所持股份数；

（三）各股东所持股票的编号；

（四）各股东取得股份的日期。

发行无记名股票的，公司应当记载其股票数量、编号及发行日期。

第一百三十一条　国务院可以对公司发行本法规定以外的其他种类的股份，另行作出规定。

第一百三十二条　股份有限公司成立后，即向股东正式交付股票。公司成立前不得向股东交付股票。

第一百三十三条　公司发行新股，股东大会应当对下列事项作出决议：

（一）新股种类及数额；

（二）新股发行价格；

（三）新股发行的起止日期；

（四）向原有股东发行新股的种类及数额。

第一百三十四条　公司经国务院证券监督管理机构核准公开发行新股时，必须公告新股招股说明书和财务会计报告，并制作认股书。

本法第八十七条、第八十八条的规定适用于公司公开发行新股。

第一百三十五条　公司发行新股，可以根据公司经营情况和财务状况，确定其作价方案。

第一百三十六条　公司发行新股募足股款后，必须向公司登记机关办理变更登记，并公告。

第二节　股份转让

第一百三十七条　股东持有的股份可以依法转让。

第一百三十八条　股东转让其股份，应当在依法设立的证券交易场所进行或者按照国务院规定的其他方式进行。

第一百三十九条　记名股票，由股东以背书方式或者法律、行政法规规定的其他方式转让；转让后由公司将受让人的姓名或者名称及住所记载于股东名册。

股东大会召开前二十日内或者公司决定分配股利的基准日前五日内，不得进行前款规定的股东名册的变更登记。但是，法律对上市公司股东名册变更登记另有规定的，从其规定。

第一百四十条　无记名股票的转让，由股东将该股票交付给受让人后即发生转让的效力。

第一百四十一条　发起人持有的本公司股份，自公司成立之日起一年内不得转让。公司公开发行股份前已发行的股份，自公司股票在证券交易所上市交易之日起一年内不得转让。

公司董事、监事、高级管理人员应当向公司申报所持有的本公司的股份及其变动情况，在任职期间每年转让的股份不得超过其所持有本公司股份总数的百分之二十五；所持本公司股份自公司股票上市交易之日起一年内不得转让。上述人员离职后半年内，不得转让其所持有的本公司股份。公司章程可以对公司董事、监事、高级管理人员转让其所持有的本公司股份作出其他限制性规定。

第一百四十二条　公司不得收购本公司股份。但是，有下列情形之一的除外：

（一）减少公司注册资本；

（二）与持有本公司股份的其他公司合并；

（三）将股份用于员工持股计划或者股权激励；

（四）股东因对股东大会作出的公司合并、分立决议持异议，要求公司收购其股份；

（五）将股份用于转换上市公司发行的可转换为股票的公司债券；

（六）上市公司为维护公司价值及股东权益所必需。

公司因前款第（一）项、第（二）项规定的情形收购本公司股份的，应当经股东大会决议；公司因前款第（三）项、第（五）项、第（六）项规定的情形收购本公司股份的，可以依照公司章程的规定或者股东大会的授权，经三分之二以上董事出席的董事会会议决议。

公司依照本条第一款规定收购本公司股份后，属于第（一）项情形的，应当自收购之日起十日内注销；属于第（二）项、第（四）项情形的，应当在六个月内转让或者注销；属于第（三）项、第（五）项、第（六）项情形的，公司合计持有的本公司股份数不得超过本公司已发行股份总额的百分之十，并应当在三年内转让或者注销。

上市公司收购本公司股份的，应当依照《中华人民共和国证券法》的规定履行信息披露义务。上市公司因本条第一款第（三）项、第（五）项、第（六）项规定的情形收购本公司股份的，应当通过公开的集中交易方式进行。

公司不得接受本公司的股票作为质押权的标的。

第一百四十三条　记名股票被盗、遗失或者灭失，股东可以依照《中华人民共和国民事诉讼法》规定的公示催告程序，请求人民法院宣告该股票失效。人民法院宣告该股票失效后，股东可以向公司申请补发股票。

第一百四十四条　上市公司的股票，依照有关法律、行政法规及证券交易所交易规则上市交易。

第一百四十五条　上市公司必须依照法律、行政法规的规定，公开其财务状况、经营情况及重大诉讼，在每会计年度内半年公布一次财务会计报告。

第六章　公司董事、监事、高级管理人员的资格和义务

第一百四十六条　有下列情形之一的，不得担任公司的董事、监事、高级管理人员：

（一）无民事行为能力或者限制民事行为能力；

（二）因贪污、贿赂、侵占财产、挪用财产或者破坏社会主义市场经济秩序，被判处刑罚，执行期满未逾五年，或者因犯罪被剥夺政治权利，执行期满未逾五年；

（三）担任破产清算的公司、企业的董事或者厂长、经理，对该公司、企业的破产负有个人责任的，自该公司、企业破产清算完结之日起未逾三年；

（四）担任因违法被吊销营业执照、责令关闭的公司、企业的法定代表人，并负有个人责任的，自该公司、企业被吊销营业执照之日起未逾三年；

（五）个人所负数额较大的债务到期未清偿。

公司违反前款规定选举、委派董事、监事或者聘任高级管理人员的，该选举、委派或者聘任无效。

董事、监事、高级管理人员在任职期间出现本条第一款所列情形的，公司应当解除其职务。

第一百四十七条　董事、监事、高级管理人员应当遵守法律、行政法规和公司章程，对公司负有忠实义务和勤勉义务。

董事、监事、高级管理人员不得利用职权收受贿赂或者其他非法收入，不得侵占公司的财产。

第一百四十八条　董事、高级管理人员不得有下列行为：

（一）挪用公司资金；

（二）将公司资金以其个人名义或者以其他个人名义开立账户存储；

（三）违反公司章程的规定，未经股东会、股东大会或者董事会同意，将公司资金借贷给他人或者以公司财产为他人提供担保；

（四）违反公司章程的规定或者未经股东会、股东大会同意，与本公司订立合同或者进行交易；

（五）未经股东会或者股东大会同意，利用职务便利为自己或者他人谋取属于公司的商业机会，自营或者为他人经营与所任职公司同类的业务；

（六）接受他人与公司交易的佣金归为己有；

（七）擅自披露公司秘密；

（八）违反对公司忠实义务的其他行为。

董事、高级管理人员违反前款规定所得的收入应当归公司所有。

第一百四十九条　董事、监事、高级管理人员执行公司职务时违反法律、行政法规或者公司章程的规定，给公司造成损失的，应当承担赔偿责任。

第一百五十条　股东会或者股东大会要求董事、监事、高级管理人员列席会议的，董事、监事、高级管理人员应当列席并接受股东的质询。

董事、高级管理人员应当如实向监事会或者不设监事会的有限责任公司的监事提供有关情况和资料，不得妨碍监事会或者监事行使职权。

第一百五十一条　董事、高级管理人员有本法第一百四十九条规定的情形的，有限责任公司的股东、股份有限公司连续一百八十日以上单独或者合计持有公司百分之一以上股份的股东，可以书面请求监事会或者不设监事会的有限责任公司的监事向人民法院提起诉讼；监事有本法第一百四十九条规定的情形的，前述股东可以书面请求董事会或者不设董事会的有限责任公司的执行董事向人民法院提起诉讼。

监事会、不设监事会的有限责任公司的监事，或者董事会、执行董事收到前款规定的股东书面请求后拒绝提起诉讼，或者自收到请求之日起三十日内未提起诉讼，或者情况紧急、不立即提起诉讼将会使公司利益受到难以弥补的损害的，前款规定的股东有权为了公司的利益以自己的名义直接向人民法院提起诉讼。

他人侵犯公司合法权益，给公司造成损失的，本条第一款规定的股东可以依照前两款的规定向人民法院提起诉讼。

第一百五十二条　董事、高级管理人员违反法律、行政法规或者公司章程的规定，损害股东利益的，股东可以向人民法院提起诉讼。

第七章　公司债券

第一百五十三条　本法所称公司债券，是指公司依照法定程序发行、约定在一定期限还本付息的有价证券。

公司发行公司债券应当符合《中华人民共和国证券法》规定的发行条件。

第一百五十四条　发行公司债券的申请经国务院授权的部门核准后，应当公告公司债券募集办法。

公司债券募集办法中应当载明下列主要事项：

（一）公司名称；

（二）债券募集资金的用途；

（三）债券总额和债券的票面金额；

（四）债券利率的确定方式；

（五）还本付息的期限和方式；

（六）债券担保情况；

（七）债券的发行价格、发行的起止日期；

（八）公司净资产额；

（九）已发行的尚未到期的公司债券总额；

（十）公司债券的承销机构。

第一百五十五条　公司以实物券方式发行公司债券的，必须在债券上载明公司名称、债券票面金额、利率、偿还期限等事项，并由法定代表人签名，公司盖章。

第一百五十六条　公司债券，可以为记名债券，也可以为无记名债券。

第一百五十七条　公司发行公司债券应当置备公司债券存根簿。

发行记名公司债券的，应当在公司债券存根簿上载明下列事项：

（一）债券持有人的姓名或者名称及住所；

（二）债券持有人取得债券的日期及债券的编号；

（三）债券总额，债券的票面金额、利率、还本付息的期限和方式；

（四）债券的发行日期。

发行无记名公司债券的，应当在公司债券存根簿上载明债券总额、利率、偿还期限和方式、发行日期及债券的编号。

第一百五十八条　记名公司债券的登记结算机构应当建立债券登记、存管、付息、兑付等相关制度。

第一百五十九条　公司债券可以转让，转让价格由转让人与受让人约定。

公司债券在证券交易所上市交易的，按照证券交易所的交易规则转让。

第一百六十条　记名公司债券，由债券持有人以背书方式或者法律、行政法规规定的其他方式转让；转让后由公司将受让人的姓名或者名称及住所记载于公司债券存根簿。

无记名公司债券的转让，由债券持有人将该债券交付给受让人后即发生转让的效力。

第一百六十一条　上市公司经股东大会决议可以发行可转换为股票的公司债券，并在公司债券募集办法中规定具体的转换办法。上市公司发行可转换为股票的公司债券，应当报国务院证券监督管理机构核准。

发行可转换为股票的公司债券，应当在债券上标明可转换公司债券字样，并在公司债券存根簿上载明可转换公司债券的数额。

第一百六十二条　发行可转换为股票的公司债券的，公司应当按照其转换办法向债券持有人换发股票，但债券持有人对转换股票或者不转换股票有选择权。

第八章　公司财务、会计

第一百六十三条　公司应当依照法律、行政法规和国务院财政部门的规定建立本公司的财务、会计制度。

第一百六十四条　公司应当在每一会计年度终了时编制财务会计报告，并依法经会计师事务所审计。

财务会计报告应当依照法律、行政法规和国务院财政部门的规定制作。

第一百六十五条　有限责任公司应当依照公司章程规定的期限将财务会计报告送交各股东。

股份有限公司的财务会计报告应当在召开股东大会年会的二十日前置备于本公司，供股东查阅；公开发行股票的股份有限公司必须公告其财务会计报告。

第一百六十六条　公司分配当年税后利润时，应当提取利润的百分之十列入公司法定公积金。公司法定公积金累计额为公司注册资本的百分之五十以上的，可以不再提取。

公司的法定公积金不足以弥补以前年度亏损的，在依照前款规定提取法定公积金之前，应当先用当年利润弥补亏损。

公司从税后利润中提取法定公积金后，经股东会或者股东大会决议，还可以从税后利润中提取任意公积金。

公司弥补亏损和提取公积金后所余税后利润，有限责任公司依照本法第三十四条的规定分配；股份有限公司按照股东持有的股份比例分配，但股份有限公司章程规定不按持股比例分配的除外。

股东会、股东大会或者董事会违反前款规定，在公司弥补亏损和提取法定公积金之前向股东分配利润的，股东必须将违反规定分配的利润退还公司。

公司持有的本公司股份不得分配利润。

第一百六十七条　股份有限公司以超过股票票面金额的发行价格发行股份所得的溢价款以及国务院财政部门规定列入资本公积金的其他收入，应当列为公司资本公积金。

第一百六十八条　公司的公积金用于弥补公司的亏损、扩大公司生产经营或者转为增加公司资本。但是，资本公积金不得用于弥补公司的亏损。

法定公积金转为资本时，所留存的该项公积金不得少于转增前公司注册资本的百分之二十五。

第一百六十九条　公司聘用、解聘承办公司审计业务的会计师事务所，依照公司章程的规定，由股东会、股东大会或者董事会决定。

公司股东会、股东大会或者董事会就解聘会计师事务所进行表决时，应当允许会计师事务所陈述意见。

第一百七十条　公司应当向聘用的会计师事务所提供真实、完整的会计凭证、会计账簿、财务会计报告及其他会计资料，不得拒绝、隐匿、谎报。

第一百七十一条　公司除法定的会计账簿外，不得另立会计账簿。

对公司资产，不得以任何个人名义开立账户存储。

第九章　公司合并、分立、增资、减资

第一百七十二条　公司合并可以采取吸收合并或者新设合并。

一个公司吸收其他公司为吸收合并，被吸收的公司解散。两个以上公司合并设立一个新的公司为新设合并，合并各方解散。

第一百七十三条　公司合并，应当由合并各方签订合并协议，并编制资产负债表及财产清单。公司应当自作出合并决议之日起十日内通知债权人，并于三十日内在报纸上公告。债权人自接到通知书之日起三十日内，未接到通知书的自公告之日起四十五日内，可以要求公司清偿债务或者提供相应的担保。

第一百七十四条　公司合并时，合并各方的债权、债务，应当由合并后存续的公司或者新设的公司承继。

第一百七十五条　公司分立，其财产作相应的分割。

公司分立，应当编制资产负债表及财产清单。公司应当自作出分立决议之日起十日内通知债权人，并于三十日内在报纸上公告。

第一百七十六条　公司分立前的债务由分立后的公司承担连带责任。但是，公司在分立前与债权人就债务清偿达成的书面协议另有约定的除外。

第一百七十七条　公司需要减少注册资本时，必须编制资产负债表及财产清单。

公司应当自作出减少注册资本决议之日起十日内通知债权人，并于三十日内在报纸上公告。债权人自接到通知书之日起三十日内，未接到通知书的自公告之日起四十五日内，有权要求公司清偿债务或者提供相应的担保。

第一百七十八条　有限责任公司增加注册资本时，股东认缴新增资本的出资，依照本法设立有限责任公司缴纳出资的有关规定执行。

股份有限公司为增加注册资本发行新股时，股东认购新股，依照本法设立股份有限公司缴纳股款的有关规定执行。

第一百七十九条　公司合并或者分立，登记事项发生变更的，应当依法向公司登记机关办理变更登记；公司解散的，应当依法办理公司注销登记；设立新公司的，应当依法办理公司设立登记。

公司增加或者减少注册资本，应当依法向公司登记机关办理变更登记。

第十章　公司解散和清算

第一百八十条　公司因下列原因解散：

（一）公司章程规定的营业期限届满或者公司章程规定的其他解散事由出现；

（二）股东会或者股东大会决议解散；

（三）因公司合并或者分立需要解散；

（四）依法被吊销营业执照、责令关闭或者被撤销；

（五）人民法院依照本法第一百八十二条的规定予以解散。

第一百八十一条　公司有本法第一百八十条第（一）项情形的，可以通过修改公司章程而存续。

依照前款规定修改公司章程，有限责任公司须经持有三分之二以上表决权的股东通过，股份有限公司须经出席股东大会会议的股东所持表决权的三分之二以上通过。

第一百八十二条　公司经营管理发生严重困难，继续存续会使股东利益受到重大损失，通过其他途径不能解决的，持有公司全部股东表决权百分之十以上的股东，可以请求人民法院解散公司。

第一百八十三条　公司因本法第一百八十条第（一）项、第（二）项、第（四）项、第（五）项规定而解散的，应当在解散事由出现之日起十五日内成立清算组，开始清算。有限责任公司的清算组由股东组成，股份有限公司的清算组由董事或者股东大会确定的人员组成。逾期不成立清算组进行清算的，债权人可以申请人民法院指定有关人员组成清算组进行清算。人民法院应当受理该申请，并及时组织清算组进行清算。

第一百八十四条　清算组在清算期间行使下列职权：

（一）清理公司财产，分别编制资产负债表和财产清单；

（二）通知、公告债权人；

（三）处理与清算有关的公司未了结的业务；

（四）清缴所欠税款以及清算过程中产生的税款；

（五）清理债权、债务；

（六）处理公司清偿债务后的剩余财产；

（七）代表公司参与民事诉讼活动。

第一百八十五条　清算组应当自成立之日起十日内通知债权人，并于六十日内在报纸上公告。债权人应当自接到通知书之日起三十日内，未接到通知书的自公告之日起四十五日内，向清算组申报其债权。

债权人申报债权，应当说明债权的有关事项，并提供证明材料。清算组应当对债权进行登记。

在申报债权期间，清算组不得对债权人进行清偿。

第一百八十六条　清算组在清理公司财产、编制资产负债表和财产清单后，应当制定清算方案，并报股东会、股东大会或者人民法院确认。

公司财产在分别支付清算费用、职工的工资、社会保险费用和法定补偿金，缴纳所欠税款，清偿公司债务后的剩余财产，有限责任公司按照股东的出资比例分配，股份有限公司按照股东持有的股份比例分配。

清算期间，公司存续，但不得开展与清算无关的经营活动。公司财产在未依照前款规定清偿前，不得分配给股东。

第一百八十七条　清算组在清理公司财产、编制资产负债表和财产清单后，发现公司财产不足清偿债务的，应当依法向人民法院申请宣告破产。

公司经人民法院裁定宣告破产后，清算组应当将清算事务移交给人民法院。

第一百八十八条　公司清算结束后，清算组应当制作清算报告，报股东会、股东大会或者人民法院确认，并报送公司登记机关，申请注销公司登记，公告公司终止。

第一百八十九条　清算组成员应当忠于职守，依法履行清算义务。

清算组成员不得利用职权收受贿赂或者其他非法收入，不得侵占公司财产。

清算组成员因故意或者重大过失给公司或者债权人造成损失的，应当承担赔偿责任。

第一百九十条　公司被依法宣告破产的，依照有关企业破产的法律实施破产清算。

第十一章　外国公司的分支机构

第一百九十一条　本法所称外国公司是指依照外国法律在中国境外设立的公司。

第一百九十二条　外国公司在中国境内设立分支机构，必须向中国主管机关提出申请，并提交其公司章程、所属国的公司登记证书等有关文件，经批准后，向公司登记机关依法办理登记，领取营业执照。

外国公司分支机构的审批办法由国务院另行规定。

第一百九十三条　外国公司在中国境内设立分支机构，必须在中国境内指定负责该分支机构的代表人或者代理人，并向该分支机构拨付与其所从事的经营活动相适应的资金。

对外国公司分支机构的经营资金需要规定最低限额的，由国务院另行规定。

第一百九十四条　外国公司的分支机构应当在其名称中标明该外国公司的国籍及责任形式。

外国公司的分支机构应当在本机构中置备该外国公司章程。

第一百九十五条　外国公司在中国境内设立的分支机构不具有中国法人资格。

外国公司对其分支机构在中国境内进行经营活动承担民事责任。

第一百九十六条　经批准设立的外国公司分支机构，在中国境内从事业务活动，必须遵守中国的法律，不得损害中国的社会公共利益，其合法权益受中国法律保护。

第一百九十七条　外国公司撤销其在中国境内的分支机构时，必须依法清偿债务，依照本法有关公司清算程序的规定进行清算。未清偿债务之前，不得将其分支机构的财产移至中国境外。

第十二章　法律责任

第一百九十八条　违反本法规定，虚报注册资本、提交虚假材料或者采取其他欺诈手段隐瞒重要事实取得公司登记的，由公司登记机关责令改正，对虚报注册资本的公司，处以虚报注册资本金额百分之五以上百分之十五以下的罚款；对提交虚假材料或者采取其他欺诈手段隐瞒重要事实的公司，处以五万元以上五十万元以下的罚款；情节严重的，撤销公司登记或者吊销营业执照。

第一百九十九条　公司的发起人、股东虚假出资，未交付或者未按期交付作为出资的货币或者非货币财产的，由公司登记机关责令改正，处以虚假出资金额百分之五以上百分之十五以下的罚款。

第二百条　公司的发起人、股东在公司成立后，抽逃其出资的，由公司登记机关责令改正，处以所抽逃出资金额百分之五以上百分之十五以下的罚款。

第二百零一条　公司违反本法规定，在法定的会计账簿以外另立会计账簿的，由县级以上人民政府财政部门责令改正，处以五万元以上五十万元以下的罚款。

第二百零二条　公司在依法向有关主管部门提供的财务会计报告等材料上作虚假记载或者隐瞒重要事实的，由有关主管部门对直接负责的主管人员和其他直接责任人员处以三万元以上三十万元以下的罚款。

第二百零三条　公司不依照本法规定提取法定公积金的，由县级以上人民政府财政部门责令如数补足应当提取的金额，可以对公司处以二十万元以下的罚款。

第二百零四条　公司在合并、分立、减少注册资本或者进行清算时，不依照本法规定通知或者公告债权人的，由公司登记机关责令改正，对公司处以一万元以上十万元以下的罚款。

公司在进行清算时，隐匿财产，对资产负债表或者财产清单作虚假记载或者在未清偿债务前分配公司财产的，由公司登记机关责令改正，对公司处以隐匿财产或者未清偿债务前分配公司财产金额百分之五以上百分之十以下的罚款；对直接负责的主管人员和其他直接责任人员处以一万元以上十万元以下的罚款。

第二百零五条　公司在清算期间开展与清算无关的经营活动的，由公司登记机关予以警告，没收违法所得。

第二百零六条　清算组不依照本法规定向公司登记机关报送清算报告，或者报送清算报告隐瞒重要事实或者有重大遗漏的，由公司登记机关责令改正。

清算组成员利用职权徇私舞弊、谋取非法收入或者侵占公司财产的，由公司登记机关责令退还公司财产，没收违法所得，并可以处以违法所得一倍以上五倍以下的罚款。

第二百零七条　承担资产评估、验资或者验证的机构提供虚假材料的，由公司登记机关没收违法所得，处以违法所得一倍以上五倍以下的罚款，并可以由有关主管部门依法责令该机构停业、吊销直接责任人员的资格证书，吊销营业执照。

承担资产评估、验资或者验证的机构因过失提供有重大遗漏的报告的，由公司登记机关责令改正，情节较重的，处以所得收入一倍以上五倍以下的罚款，并可以由有关主管部门依法责令该机构停业、吊销直接责任人员的资格证书，吊销营业执照。

承担资产评估、验资或者验证的机构因其出具的评估结果、验资或者验证证明不实，给公司债权人造成损失的，除能够证明自己没有过错的外，在其评估或者证明不实的金额范围内承担赔偿责任。

第二百零八条　公司登记机关对不符合本法规定条件的登记申请予以登记，或者对符合本法规定条件的登记申请不予登记的，对直接负责的主管人员和其他直接责任人员，依法给予行政处分。

第二百零九条　公司登记机关的上级部门强令公司登记机关对不符合本法规定条件的登记申请予以登记，或者对符合本法规定条件的登记申请不予登记的，或者对违法登记进行包庇的，对直接负责的主管人员和其他直接责任人员依法给予行政处分。

第二百一十条　未依法登记为有限责任公司或者股份有限公司，而冒用有限责任公司或者股份有限公司名义的，或者未依法登记为有限责任公司或者股份有限公司的分公司，而冒用有限责任公司或者股份有限公司的分公司名义的，由公司登记机关责令改正或者予以取缔，可以并处十万元以下的罚款。

第二百一十一条　公司成立后无正当理由超过六个月未开业的，或者开业后自行停业连续六个月以上的，可以由公司登记机关吊销营业执照。

公司登记事项发生变更时，未依照本法规定办理有关变更登记的，由公司登记机关责令限期登记；逾期不登记的，处以一万元以上十万元以下的罚款。

第二百一十二条　外国公司违反本法规定，擅自在中国境内设立分支机构的，由公司登记机关责令改正或者关闭，可以并处五万元以上二十万元以下的罚款。

第二百一十三条　利用公司名义从事危害国家安全、社会公共利益的严重违法行为的，吊销营业执照。

第二百一十四条　公司违反本法规定，应当承担民事赔偿责任和缴纳罚款、罚金的，其财产不足以支付时，先承担民事赔偿责任。

第二百一十五条　违反本法规定，构成犯罪的，依法追究刑事责任。

第十三章　附则

第二百一十六条　本法下列用语的含义：

（一）高级管理人员，是指公司的经理、副经理、财务负责人，上市公司董事会秘书和公司章程规定的其他人员。

（二）控股股东，是指其出资额占有限责任公司资本总额百分之五十以上或者其持有的股份占股份有限公司股本总额百分之五十以上的股东；出资额或者持有股份的比例虽然不足百分之五十，但依其出资额或者持有的股份所享有的表决权已足以对股东会、股东大会的决议产生重大影响的股东。

（三）实际控制人，是指虽不是公司的股东，但通过投资关系、协议或者其他安排，能够实际支配公司行为的人。

（四）关联关系，是指公司控股股东、实际控制人、董事、监事、高级管理人员与其直接或者间接控制的企业之间的关系，以及可能导致公司利益转移的其他关系。但是，国家控股的企业之间不仅因为同受国家控股而具有关联关系。

第二百一十七条　外商投资的有限责任公司和股份有限公司适用本法；有关外商投资的法律另有规定的，适用其规定。

第二百一十八条　本法自 2006 年 1 月 1 日起施行。

中华人民共和国证券法（2014 年修正）

（1998 年 12 月 29 日第九届全国人民代表大会常务委员会第六次会议通过　根据 2004 年 8 月 28 日第十届全国人民代表大会常务委员会第十一次会议《关于修改〈中华人民共和国证券法〉的决定》第一次修正　2005 年 10 月 27 日第十届全国人民代表大会常务委员会第十八次会议修订　根据 2013 年 6 月 29 日第十二届全国人民代表大会常务委员会第三次会议《关于修改〈中华人民共和国文物保护法〉等十二部法律的决定》第二次修正　根据 2014 年 8 月 31 日第十二届全国人民代表大会常务委员会第十次会议《关于修改〈中华人民共和国保险法〉等五部法律的决定》第三次修正）

第一章　总则

第一条　为了规范证券发行和交易行为，保护投资者的合法权益，维护社会经济秩序和社会公共利益，促进社会主义市场经济的发展，制定本法。

第二条　在中华人民共和国境内，股票、公司债券和国务院依法认定的其他证券的发行和交易，适用本法；本法未规定的，适用《中华人民共和国公司法》和其他法律、行政法规的规定。

政府债券、证券投资基金份额的上市交易，适用本法；其他法律、行政法规另有规定的，适用其规定。

证券衍生品种发行、交易的管理办法，由国务院依照本法的原则规定。

第三条　证券的发行、交易活动，必须实行公开、公平、公正的原则。

第四条　证券发行、交易活动的当事人具有平等的法律地位，应当遵守自愿、有偿、诚实信用的原则。

第五条　证券的发行、交易活动，必须遵守法律、行政法规；禁止欺诈、内幕交易和操纵证券市场的行为。

第六条　证券业和银行业、信托业、保险业实行分业经营、分业管理，证券公司与银行、信托、保险业务机构分别设立。国家另有规定的除外。

第七条　国务院证券监督管理机构依法对全国证券市场实行集中统一监督管理。

国务院证券监督管理机构根据需要可以设立派出机构，按照授权履行监督管理职责。

第八条　在国家对证券发行、交易活动实行集中统一监督管理的前提下，依法设立证券业协会，实行自律性管理。

第九条　国家审计机关依法对证券交易所、证券公司、证券登记结算机构、证券监督管理机构进行审计监督。

第二章　证券发行

第十条　公开发行证券，必须符合法律、行政法规规定的条件，并依法报经国务院证券监督管理机构或者国务院授权的部门核准；未经依法核准，任何单位和个人不得公开发行证券。

有下列情形之一的，为公开发行：

（一）向不特定对象发行证券的；

（二）向特定对象发行证券累计超过二百人的；

（三）法律、行政法规规定的其他发行行为。

非公开发行证券，不得采用广告、公开劝诱和变相公开方式。

第十一条　发行人申请公开发行股票、可转换为股票的公司债券，依法采取承销方式的，或者公开发行法律、行政法规规定实行保荐制度的其他证券的，应当聘请具有保荐资格的机构担任保荐人。

保荐人应当遵守业务规则和行业规范，诚实守信，勤勉尽责，对发行人的申请文件和信息披露资料进行审慎核查，督导发行人规范运作。

保荐人的资格及其管理办法由国务院证券监督管理机构规定。

第十二条　设立股份有限公司公开发行股票，应当符合《中华人民共和国公司法》规定的条件和经国务院批准的国务院证券监督管理机构规定的其他条件，向国务院证券监督管理机构报送募股申请和下列文件：

（一）公司章程；

（二）发起人协议；

（三）发起人姓名或者名称，发起人认购的股份数、出资种类及验资证明；

（四）招股说明书；

（五）代收股款银行的名称及地址；

（六）承销机构名称及有关的协议。

依照本法规定聘请保荐人的，还应当报送保荐人出具的发行保荐书。

法律、行政法规规定设立公司必须报经批准的，还应当提交相应的批准文件。

第十三条　公司公开发行新股，应当符合下列条件：

（一）具备健全且运行良好的组织机构；

（二）具有持续盈利能力，财务状况良好；

（三）最近三年财务会计文件无虚假记载，无其他重大违法行为；

（四）经国务院批准的国务院证券监督管理机构规定的其他条件。

上市公司非公开发行新股，应当符合经国务院批准的国务院证券监督管理机构规定的条件，并报国务院证券监督管理机构核准。

第十四条　公司公开发行新股，应当向国务院证券监督管理机构报送募股申请和下列文件：

（一）公司营业执照；

（二）公司章程；

（三）股东大会决议；

（四）招股说明书；

（五）财务会计报告；

（六）代收股款银行的名称及地址；

（七）承销机构名称及有关的协议。

依照本法规定聘请保荐人的，还应当报送保荐人出具的发行保荐书。

第十五条　公司对公开发行股票所募集资金，必须按照招股说明书所列资金用途使用。改变招股说明书所列资金用途，必须经股东大会作出决议。擅自改变用途而未作纠正的，或者未经股东大会认可的，不得公开发行新股。

第十六条　公开发行公司债券，应当符合下列条件：

（一）股份有限公司的净资产不低于人民币三千万元，有限责任公司的净资产不低于人民币六千万元；

（二）累计债券余额不超过公司净资产的百分之四十；

（三）最近三年平均可分配利润足以支付公司债券一年的利息；

（四）筹集的资金投向符合国家产业政策；

（五）债券的利率不超过国务院限定的利率水平；

（六）国务院规定的其他条件。

公开发行公司债券筹集的资金，必须用于核准的用途，不得用于弥补亏损和非生产性支出。

上市公司发行可转换为股票的公司债券，除应当符合第一款规定的条件外，还应当符合本法关于公开发行股票的条件，并报国务院证券监督管理机构核准。

第十七条　申请公开发行公司债券，应当向国务院授权的部门或者国务院证券监督管理机构报送下列文件：

（一）公司营业执照；

（二）公司章程；

（三）公司债券募集办法；

（四）资产评估报告和验资报告；

（五）国务院授权的部门或者国务院证券监督管理机构规定的其他文件。

依照本法规定聘请保荐人的，还应当报送保荐人出具的发行保荐书。

第十八条　有下列情形之一的，不得再次公开发行公司债券：

（一）前一次公开发行的公司债券尚未募足；

（二）对已公开发行的公司债券或者其他债务有违约或者延迟支付本息的事实，仍处于继续状态；

（三）违反本法规定，改变公开发行公司债券所募资金的用途。

第十九条　发行人依法申请核准发行证券所报送的申请文件的格式、报送方式，由依法负责核准的机构或者部门规定。

第二十条　发行人向国务院证券监督管理机构或者国务院授权的部门报送的证券发行申请文件，必须真实、准确、完整。

为证券发行出具有关文件的证券服务机构和人员，必须严格履行法定职责，保证其所出具文件的真实性、准确性和完整性。

第二十一条　发行人申请首次公开发行股票的，在提交申请文件后，应当按照国务院证券监督管理机构的规定预先披露有关申请文件。

第二十二条　国务院证券监督管理机构设发行审核委员会，依法审核股票发行申请。

发行审核委员会由国务院证券监督管理机构的专业人员和所聘请的该机构外的有关专家组成，以投票方式对股票发行申请进行表决，提出审核意见。

发行审核委员会的具体组成办法、组成人员任期、工作程序，由国务院证券监督管理机构规定。

第二十三条　国务院证券监督管理机构依照法定条件负责核准股票发行申请。核准程序应当公开，依法接受监督。

参与审核和核准股票发行申请的人员，不得与发行申请人有利害关系，不得直接或者间接接受发行申请人的馈赠，不得持有所核准的发行申请的股票，不得私下与发行申请人进行接触。

国务院授权的部门对公司债券发行申请的核准，参照前两款的规定执行。

第二十四条　国务院证券监督管理机构或者国务院授权的部门应当自受理证券发行申请文件之日起三个月内，依照法定条件和法定程序作出予以核准或者不予核准的决定，发行人根据要求补充、修改发行申请文件的时间不计算在内；不予核准的，应当说明理由。

第二十五条　证券发行申请经核准，发行人应当依照法律、行政法规的规定，在证券公开发行前，公告公开发行募集文件，并将该文件置备于指定场所供公众查阅。

发行证券的信息依法公开前，任何知情人不得公开或者泄露该信息。

发行人不得在公告公开发行募集文件前发行证券。

第二十六条　国务院证券监督管理机构或者国务院授权的部门对已作出的核准证券发行的决定，发现不符合法定条件或者法定程序，尚未发行证券的，应当予以撤销，停止发行。已经发行尚未上市的，撤销发行核准决定，发行人应当按照发行价并加算银行同期存款利息返还证券持有人；保荐人应当与发行人承担连带责任，但是能够证明自己没有过错的除外；发行人的控股股东、实际控制人有过错的，应当与发行人承担连带责任。

第二十七条　股票依法发行后，发行人经营与收益的变化，由发行人自行负责；由此变化引致的投资风险，由投资者自行负责。

第二十八条　发行人向不特定对象发行的证券，法律、行政法规规定应当由证券公司承销的，发行人应当同证券公司签订承销协议。证券承销业务采取代销或者包销方式。

证券代销是指证券公司代发行人发售证券，在承销期结束时，将未售出的证券全部退还给发行人的承销方式。

证券包销是指证券公司将发行人的证券按照协议全部购入或者在承销期结束时将售后剩余证券全部自行购入的承销方式。

第二十九条　公开发行证券的发行人有权依法自主选择承销的证券公司。证券公司不得以不正当竞争手段招揽证券承销业务。

第三十条　证券公司承销证券，应当同发行人签订代销或者包销协议，载明下列事项：

（一）当事人的名称、住所及法定代表人姓名；

（二）代销、包销证券的种类、数量、金额及发行价格；

（三）代销、包销的期限及起止日期；

（四）代销、包销的付款方式及日期；

（五）代销、包销的费用和结算办法；

（六）违约责任；

（七）国务院证券监督管理机构规定的其他事项。

第三十一条　证券公司承销证券，应当对公开发行募集文件的真实性、准确性、完整性进行核查；发现有虚假记载、误导性陈述或者重大遗漏的，不得进行销售活动；已经销售的，必须立即停止销售活动，并采取纠正措施。

第三十二条　向不特定对象发行的证券票面总值超过人民币五千万元的，应当由承销团承销。承销团应当由主承销和参与承销的证券公司组成。

第三十三条　证券的代销、包销期限最长不得超过九十日。

证券公司在代销、包销期内，对所代销、包销的证券应当保证先行出售给认购人，证券公司不得为本公司预留所代销的证券和预先购入并留存所包销的证券。

第三十四条　股票发行采取溢价发行的，其发行价格由发行人与承销的证券公司协商确定。

第三十五条　股票发行采用代销方式，代销期限届满，向投资者出售的股票数量未达到拟公开发行股票数量百分之七十的，为发行失败。发行人应当按照发行价并加算银行同期存款利息返还股票认购人。

第三十六条　公开发行股票，代销、包销期限届满，发行人应当在规定的期限内将股票发行情况报国务院证券监督管理机构备案。

第三章　证券交易

第一节　一般规定

第三十七条　证券交易当事人依法买卖的证券，必须是依法发行并交付的证券。

非依法发行的证券，不得买卖。

第三十八条　依法发行的股票、公司债券及其他证券，法律对其转让期限有限制性规定的，在限定的期限内不得买卖。

第三十九条　依法公开发行的股票、公司债券及其他证券，应当在依法设立的证券交易所上市交易或者在国务院批准的其他证券交易场所转让。

第四十条　证券在证券交易所上市交易，应当采用公开的集中交易方式或者国务院证券监督管理机构批准的其他方式。

第四十一条　证券交易当事人买卖的证券可以采用纸面形式或者国务院证券监督管理机构规定的其他形式。

第四十二条　证券交易以现货和国务院规定的其他方式进行交易。

第四十三条　证券交易所、证券公司和证券登记结算机构的从业人员、证券监督管理机构的工作人员以及法律、行政法规禁止参与股票交易的其他人员，在任期或者法定限期内，不得直接或者以化名、借他人名义持有、买卖股票，也不得收受他人赠送的股票。

任何人在成为前款所列人员时，其原已持有的股票，必须依法转让。

第四十四条　证券交易所、证券公司、证券登记结算机构必须依法为客户开立的账户保密。

第四十五条　为股票发行出具审计报告、资产评估报告或者法律意见书等文件的证券服务机构和人员，在该股票承销期内和期满后六个月内，不得买卖该种股票。

除前款规定外，为上市公司出具审计报告、资产评估报告或者法律意见书等文件的证券服务机构和人员，自接受上市公司委托之日起至上述文件公开后五日内，不得买卖该种股票。

第四十六条　证券交易的收费必须合理，并公开收费项目、收费标准和收费办法。

证券交易的收费项目、收费标准和管理办法由国务院有关主管部门统一规定。

第四十七条　上市公司董事、监事、高级管理人员、持有上市公司股份百分之五以上的股东，将其持有的该公司的股票在买入后六个月内卖出，或者在卖出后六个月内又买入，由此所得收益归该公司所有，公司董事会应当收回其所得收益。但是，证券公司因包销购入售后剩余股票而持有百分之五以上股份的，卖出该股票不受六个月时间限制。

公司董事会不按照前款规定执行的，股东有权要求董事会在三十日内执行。公司董事会未在上述期限内执行的，股东有权为了公司的利益以自己的名义直接向人民法院提起诉讼。

公司董事会不按照第一款的规定执行的，负有责任的董事依法承担连带责任。

第二节　证券上市

第四十八条　申请证券上市交易，应当向证券交易所提出申请，由证券交易所依法审核同意，并由双方签订上市协议。

证券交易所根据国务院授权的部门的决定安排政府债券上市交易。

第四十九条　申请股票、可转换为股票的公司债券或者法律、行政法规规定实行保荐制度的其他证券上市交易，应当聘请具有保荐资格的机构担任保荐人。

本法第十一条第二款、第三款的规定适用于上市保荐人。

第五十条　股份有限公司申请股票上市，应当符合下列条件：

（一）股票经国务院证券监督管理机构核准已公开发行；

（二）公司股本总额不少于人民币三千万元；

（三）公开发行的股份达到公司股份总数的百分之二十五以上；公司股本总额超过人民币四亿元的，公开发行股份的比例为百分之十以上；

（四）公司最近三年无重大违法行为，财务会计报告无虚假记载。

证券交易所可以规定高于前款规定的上市条件，并报国务院证券监督管理机构批准。

第五十一条　国家鼓励符合产业政策并符合上市条件的公司股票上市交易。

第五十二条　申请股票上市交易，应当向证券交易所报送下列文件：

（一）上市报告书；

（二）申请股票上市的股东大会决议；

（三）公司章程；

（四）公司营业执照；

（五）依法经会计师事务所审计的公司最近三年的财务会计报告；

（六）法律意见书和上市保荐书；

（七）最近一次的招股说明书；

（八）证券交易所上市规则规定的其他文件。

第五十三条　股票上市交易申请经证券交易所审核同意后，签订上市协议的公司应当在规定的期限内公告股票上市的有关文件，并将该文件置备于指定场所供公众查阅。

第五十四条　签订上市协议的公司除公告前条规定的文件外，还应当公告下列事项：

（一）股票获准在证券交易所交易的日期；

（二）持有公司股份最多的前十名股东的名单和持股数额；

（三）公司的实际控制人；

（四）董事、监事、高级管理人员的姓名及其持有本公司股票和债券的情况。

第五十五条　上市公司有下列情形之一的，由证券交易所决定暂停其股票上市交易：

（一）公司股本总额、股权分布等发生变化不再具备上市条件；

（二）公司不按照规定公开其财务状况，或者对财务会计报告作虚假记载，可能误导投资者；

（三）公司有重大违法行为；

（四）公司最近三年连续亏损；

（五）证券交易所上市规则规定的其他情形。

第五十六条　上市公司有下列情形之一的，由证券交易所决定终止其股票上市交易：

（一）公司股本总额、股权分布等发生变化不再具备上市条件，在证券交易所规定的期限内仍不能达到上市条件；

（二）公司不按照规定公开其财务状况，或者对财务会计报告作虚假记载，且拒绝纠正；

（三）公司最近三年连续亏损，在其后一个年度内未能恢复盈利；

（四）公司解散或者被宣告破产；

（五）证券交易所上市规则规定的其他情形。

第五十七条　公司申请公司债券上市交易，应当符合下列条件：

（一）公司债券的期限为一年以上；

（二）公司债券实际发行额不少于人民币五千万元；

（三）公司申请债券上市时仍符合法定的公司债券发行条件。

第五十八条　申请公司债券上市交易，应当向证券交易所报送下列文件：

（一）上市报告书；

（二）申请公司债券上市的董事会决议；

（三）公司章程；

（四）公司营业执照；

（五）公司债券募集办法；

（六）公司债券的实际发行数额；

（七）证券交易所上市规则规定的其他文件。

申请可转换为股票的公司债券上市交易，还应当报送保荐人出具的上市保荐书。

第五十九条　公司债券上市交易申请经证券交易所审核同意后，签订上市协议的公司应当在规定的期限内公告公司债券上市文件及有关文件，并将其申请文件置备于指定场所供公众查阅。

第六十条　公司债券上市交易后，公司有下列情形之一的，由证券交易所决定暂停其公司债券上市交易：

（一）公司有重大违法行为；

（二）公司情况发生重大变化不符合公司债券上市条件；

（三）发行公司债券所募集的资金不按照核准的用途使用；

（四）未按照公司债券募集办法履行义务；

（五）公司最近二年连续亏损。

第六十一条　公司有前条第（一）项、第（四）项所列情形之一经查实后果严重的，或者有前条第（二）项、第（三）项、第（五）项所列情形之一，在限期内未能消除的，由证券交易所决定终止其公司债券上市交易。

公司解散或者被宣告破产的，由证券交易所终止其公司债券上市交易。

第六十二条　对证券交易所作出的不予上市、暂停上市、终止上市决定不服的，可以向证券交易所设立的复核机构申请复核。

第三节　持续信息公开

第六十三条　发行人、上市公司依法披露的信息，必须真实、准确、完整，不得有虚假记载、误导性陈述或者重大遗漏。

第六十四条　经国务院证券监督管理机构核准依法公开发行股票，或者经国务院授权的部门核准依法公开发行公司债券，应当公告招股说明书、公司债券募集办法。依法公开发行新股或者公司债券的，还应当公告财务会计报告。

第六十五条　上市公司和公司债券上市交易的公司，应当在每一会计年度的上半年结束之日起二个月内，向国务院证券监督管理机构和证券交易所报送记载以下内容的中期报告，并予公告：

（一）公司财务会计报告和经营情况；

（二）涉及公司的重大诉讼事项；

（三）已发行的股票、公司债券变动情况；

（四）提交股东大会审议的重要事项；

（五）国务院证券监督管理机构规定的其他事项。

第六十六条　上市公司和公司债券上市交易的公司，应当在每一会计年度结束之日起四个月内，向国务院证券监督管理机构和证券交易所报送记载以下内容的年度报告，并予公告：

（一）公司概况；

（二）公司财务会计报告和经营情况；

（三）董事、监事、高级管理人员简介及其持股情况；

（四）已发行的股票、公司债券情况，包括持有公司股份最多的前十名股东的名单和持股数额；

（五）公司的实际控制人；

（六）国务院证券监督管理机构规定的其他事项。

第六十七条　发生可能对上市公司股票交易价格产生较大影响的重大事件，投资者尚未得知时，上市公司应当立即将有关该重大事件的情况向国务院证券监督管理机构和证券交易所报送临时报告，并予公告，说明事件的起因、目前的状态和可能产生的法律后果。

下列情况为前款所称重大事件：

（一）公司的经营方针和经营范围的重大变化；

（二）公司的重大投资行为和重大的购置财产的决定；

（三）公司订立重要合同，可能对公司的资产、负债、权益和经营成果产生重要影响；

（四）公司发生重大债务和未能清偿到期重大债务的违约情况；

（五）公司发生重大亏损或者重大损失；

（六）公司生产经营的外部条件发生的重大变化；

（七）公司的董事、三分之一以上监事或者经理发生变动；

（八）持有公司百分之五以上股份的股东或者实际控制人，其持有股份或者控制公司的情况发生较大变化；

（九）公司减资、合并、分立、解散及申请破产的决定；

（十）涉及公司的重大诉讼，股东大会、董事会决议被依法撤销或者宣告无效；

（十一）公司涉嫌犯罪被司法机关立案调查，公司董事、监事、高级管理人员涉嫌犯罪被司法机关采取强制措施；

（十二）国务院证券监督管理机构规定的其他事项。

第六十八条　上市公司董事、高级管理人员应当对公司定期报告签署书面确认意见。

上市公司监事会应当对董事会编制的公司定期报告进行审核并提出书面审核意见。

上市公司董事、监事、高级管理人员应当保证上市公司所披露的信息真实、准确、完整。

第六十九条　发行人、上市公司公告的招股说明书、公司债券募集办法、财务会计报告、上市报告文件、年度报告、中期报告、临时报告以及其他信息披露资料，有虚假记载、误导性陈述或者重大遗漏，致使投资者在证券交易中遭受损失的，发行人、上市公司应当承担赔偿责任；发行人、上市公司的董事、监事、高级管理人员和其他直接责任人员以及保荐人、承销的证券公司，应当与发行人、上市公司承担连带赔偿责任，但是能够证明自己没有过错的除外；发行人、上市公司的控股股东、实际控制人有过错的，应当与发行人、上市公司承担连带赔偿责任。

第七十条　依法必须披露的信息，应当在国务院证券监督管理机构指定的媒体发布，同时将其置备于公司住所、证券交易所，供社会公众查阅。

第七十一条　国务院证券监督管理机构对上市公司年度报告、中期报告、临时报告以及公告的情况进行监督，对上市公司分派或者配售新股的情况进行监督，对上市公司控股股东和信息披露义务人的行为进行监督。

证券监督管理机构、证券交易所、保荐人、承销的证券公司及有关人员，对公司依照法律、行政法规规定必须作出的公告，在公告前不得泄露其内容。

第七十二条　证券交易所决定暂停或者终止证券上市交易的，应当及时公告，并报国务院证券监督管理机构备案。

第四节　禁止的交易行为

第七十三条　禁止证券交易内幕信息的知情人和非法获取内幕信息的人利用内幕信息从事证券交易活动。

第七十四条　证券交易内幕信息的知情人包括：

（一）发行人的董事、监事、高级管理人员；

（二）持有公司百分之五以上股份的股东及其董事、监事、高级管理人员，公司的实际控制人及其董事、监事、高级管理人员；

（三）发行人控股的公司及其董事、监事、高级管理人员；

（四）由于所任公司职务可以获取公司有关内幕信息的人员；

（五）证券监督管理机构工作人员以及由于法定职责对证券的发行、交易进行管理的其他人员；

（六）保荐人、承销的证券公司、证券交易所、证券登记结算机构、证券服务机构的有关人员；

（七）国务院证券监督管理机构规定的其他人。

第七十五条　证券交易活动中，涉及公司的经营、财务或者对该公司证券的市场价格有重大影响的尚未公开的信息，为内幕信息。

下列信息皆属内幕信息：

（一）本法第六十七条第二款所列重大事件；

（二）公司分配股利或者增资的计划；

（三）公司股权结构的重大变化；

（四）公司债务担保的重大变更；

（五）公司营业用主要资产的抵押、出售或者报废一次超过该资产的百分之三十；

（六）公司的董事、监事、高级管理人员的行为可能依法承担重大损害赔偿责任；

（七）上市公司收购的有关方案；

（八）国务院证券监督管理机构认定的对证券交易价格有显著影响的其他重要信息。

第七十六条　证券交易内幕信息的知情人和非法获取内幕信息的人，在内幕信息公开前，不得买卖该公司的证券，或者泄露该信息，或者建议他人买卖该证券。

持有或者通过协议、其他安排与他人共同持有公司百分之五以上股份的自然人、法人、其他组织收购上市公司的股份，本法另有规定的，适用其规定。

内幕交易行为给投资者造成损失的，行为人应当依法承担赔偿责任。

第七十七条　禁止任何人以下列手段操纵证券市场：

（一）单独或者通过合谋，集中资金优势、持股优势或者利用信息优势联合或者连续买卖，操纵证券交易价格或者证券交易量；

（二）与他人串通，以事先约定的时间、价格和方式相互进行证券交易，影响证券交易价格或者证券交易量；

（三）在自己实际控制的账户之间进行证券交易，影响证券交易价格或者证券交易量；

（四）以其他手段操纵证券市场。

操纵证券市场行为给投资者造成损失的，行为人应当依法承担赔偿责任。

第七十八条　禁止国家工作人员、传播媒介从业人员和有关人员编造、传播虚假信息，扰乱证券市场。

禁止证券交易所、证券公司、证券登记结算机构、证券服务机构及其从业人员，证券业协会、证券监督管理机构及其工作人员，在证券交易活动中作出虚假陈述或者信息误导。

各种传播媒介传播证券市场信息必须真实、客观，禁止误导。

第七十九条　禁止证券公司及其从业人员从事下列损害客户利益的欺诈行为：

（一）违背客户的委托为其买卖证券；

（二）不在规定时间内向客户提供交易的书面确认文件；

（三）挪用客户所委托买卖的证券或者客户账户上的资金；

（四）未经客户的委托，擅自为客户买卖证券，或者假借客户的名义买卖证券；

（五）为牟取佣金收入，诱使客户进行不必要的证券买卖；

（六）利用传播媒介或者通过其他方式提供、传播虚假或者误导投资者的信息；

（七）其他违背客户真实意思表示，损害客户利益的行为。

欺诈客户行为给客户造成损失的，行为人应当依法承担赔偿责任。

第八十条　禁止法人非法利用他人账户从事证券交易；禁止法人出借自己或者他人的证券账户。

第八十一条　依法拓宽资金入市渠道，禁止资金违规流入股市。

第八十二条　禁止任何人挪用公款买卖证券。

第八十三条　国有企业和国有资产控股的企业买卖上市交易的股票，必须遵守国家有关规定。

第八十四条　证券交易所、证券公司、证券登记结算机构、证券服务机构及其从业人员对证券交易中发现的禁止的交易行为，应当及时向证券监督管理机构报告。

第四章　上市公司的收购

第八十五条　投资者可以采取要约收购、协议收购及其他合法方式收购上市公司。

第八十六条　通过证券交易所的证券交易，投资者持有或者通过协议、其他安排与他人共同持有一个上市公司已发行的股份达到百分之五时，应当在该事实发生之日起三日内，向国务院证券监督管理机构、证券交易所作出书面报告，通知该上市公司，并予公告；在上述期限内，不得再行买卖该上市公司的股票。

投资者持有或者通过协议、其他安排与他人共同持有一个上市公司已发行的股份达到百分之五后，其所持该上市公司已发行的股份比例每增加或者减少百分之五，应当依照前款规定进行报告和公告。在报告期限内和作出报告、公告后二日内，不得再行买卖该上市公司的股票。

第八十七条　依照前条规定所作的书面报告和公告，应当包括下列内容：

（一）持股人的名称、住所；

（二）持有的股票的名称、数额；

（三）持股达到法定比例或者持股增减变化达到法定比例的日期。

第八十八条　通过证券交易所的证券交易，投资者持有或者通过协议、其他安排与他人共同持有一个上市公司已发行的股份达到百分之三十时，继续进行收购的，应当依法向该上市公司所有股东发出收购上市公司全部或者部分股份的要约。

收购上市公司部分股份的收购要约应当约定，被收购公司股东承诺出售的股份数额超过预定收购的股份数额的，收购人按比例进行收购。

第八十九条　依照前条规定发出收购要约，收购人必须公告上市公司收购报告书，并载明下列事项：

（一）收购人的名称、住所；

（二）收购人关于收购的决定；

（三）被收购的上市公司名称；

（四）收购目的；

（五）收购股份的详细名称和预定收购的股份数额；

（六）收购期限、收购价格；

（七）收购所需资金额及资金保证；

（八）公告上市公司收购报告书时持有被收购公司股份数占该公司已发行的股份总数的比例。

第九十条　收购要约约定的收购期限不得少于三十日，并不得超过六十日。

第九十一条　在收购要约确定的承诺期限内，收购人不得撤销其收购要约。收购人需要变更收购要约的，必须及时公告，载明具体变更事项。

第九十二条　收购要约提出的各项收购条件，适用于被收购公司的所有股东。

第九十三条　采取要约收购方式的，收购人在收购期限内，不得卖出被收购公司的股票，也不得采取要约规定以外的形式和超出要约的条件买入被收购公司的股票。

第九十四条　采取协议收购方式的，收购人可以依照法律、行政法规的规定同被收购公司的股东以协议方式进行股份转让。

以协议方式收购上市公司时，达成协议后，收购人必须在三日内将该收购协议向国务院证券监督管理机构及证券交易所作出书面报告，并予公告。

在公告前不得履行收购协议。

第九十五条　采取协议收购方式的，协议双方可以临时委托证券登记结算机构保管协议转让的股票，并将资金存放于指定的银行。

第九十六条　采取协议收购方式的，收购人收购或者通过协议、其他安排与他人共同收购一个上市公司已发行的股份达到百分之三十时，继续进行收购的，应当向该上市公司所有股东发出收购上市公司全部或者部分股份的要约。但是，经国务院证券监督管理机构免除发出要约的除外。

收购人依照前款规定以要约方式收购上市公司股份，应当遵守本法第八十九条至第九十三条的规定。

第九十七条　收购期限届满，被收购公司股权分布不符合上市条件的，该上市公司的股票应当由证券交易所依法终止上市交易；其余仍持有被收购公司股票的股东，有权向收购人以收购要约的同等条件出售其股票，收购人应当收购。

收购行为完成后，被收购公司不再具备股份有限公司条件的，应当依法变更企业形式。

第九十八条　在上市公司收购中，收购人持有的被收购的上市公司的股票，在收购行为完成后的十二个月内不得转让。

第九十九条　收购行为完成后，收购人与被收购公司合并，并将该公司解散的，被解散公司的原有股票由收购人依法更换。

第一百条　收购行为完成后，收购人应当在十五日内将收购情况报告国务院证券监督管理机构和证券交易所，并予公告。

第一百零一条　收购上市公司中由国家授权投资的机构持有的股份，应当按照国务院的规定，经有关主管部门批准。

国务院证券监督管理机构应当依照本法的原则制定上市公司收购的具体办法。

第五章　证券交易所

第一百零二条　证券交易所是为证券集中交易提供场所和设施，组织和监督证券交易，实行自律管理的法人。

证券交易所的设立和解散，由国务院决定。

第一百零三条　设立证券交易所必须制定章程。

证券交易所章程的制定和修改，必须经国务院证券监督管理机构批准。

第一百零四条　证券交易所必须在其名称中标明证券交易所字样。其他任何单位或者个人不得使用证券交易所或者近似的名称。

第一百零五条　证券交易所可以自行支配的各项费用收入，应当首先用于保证其证券交易场所和设施的正常运行并逐步改善。

实行会员制的证券交易所的财产积累归会员所有，其权益由会员共同享有，在其存续期间，不得将其财产积累分配给会员。

第一百零六条　证券交易所设理事会。

第一百零七条　证券交易所设总经理一人，由国务院证券监督管理机构任免。

第一百零八条　有《中华人民共和国公司法》第一百四十六条规定的情形或者下列情形之一的，不得担任证券交易所的负责人：

（一）因违法行为或者违纪行为被解除职务的证券交易所、证券登记结算机构的负责人或者证券公司的董事、监事、高级管理人员，自被解除职务之日起未逾五年；

（二）因违法行为或者违纪行为被撤销资格的律师、注册会计师或者投资咨询机构、财务顾问机构、资信评级机构、资产评估机构、验证机构的专业人员，自被撤销资格之日起未逾五年。

第一百零九条　因违法行为或者违纪行为被开除的证券交易所、证券登记结算机构、证券服务机构、证券公司的从业人员和被开除的国家机关工作人员，不得招聘为证券交易所的从业人员。

第一百一十条　进入证券交易所参与集中交易的，必须是证券交易所的会员。

第一百一十一条　投资者应当与证券公司签订证券交易委托协议，并在证券公司开立证券交易账户，以书面、电话以及其他方式，委托该证券公司代其买卖证券。

第一百一十二条　证券公司根据投资者的委托，按照证券交易规则提出交易申报，参与证券交易所场内的集中交易，并根据成交结果承担相应的清算交收责任；证券登记结算机构根据成交结果，按照清算交收规则，与证券公司进行证券和资金的清算交收，并为证券公司客户办理证券的登记过户手续。

第一百一十三条　证券交易所应当为组织公平的集中交易提供保障，公布证券交易即时行情，并按交易日制作证券市场行情表，予以公布。

未经证券交易所许可，任何单位和个人不得发布证券交易即时行情。

第一百一十四条　因突发性事件而影响证券交易的正常进行时，证券交易所可以采取技术性停牌的措施；因不可抗力的突发性事件或者为维护证券交易的正常秩序，证券交易所可以决定临时停市。

证券交易所采取技术性停牌或者决定临时停市，必须及时报告国务院证券监督管理机构。

第一百一十五条　证券交易所对证券交易实行实时监控，并按照国务院证券监督管理机构的要求，对异常的交易情况提出报告。

证券交易所应当对上市公司及相关信息披露义务人披露信息进行监督，督促其依法及时、准确地披露信息。

证券交易所根据需要，可以对出现重大异常交易情况的证券账户限制交易，并报国务院证券监督管理机构备案。

第一百一十六条　证券交易所应当从其收取的交易费用和会员费、席位费中提取一定比例的金额设立风险基金。风险基金由证券交易所理事会管理。

风险基金提取的具体比例和使用办法，由国务院证券监督管理机构会同国务院财政部门规定。

第一百一十七条　证券交易所应当将收存的风险基金存入开户银行专门账户，不得擅自使用。

第一百一十八条　证券交易所依照证券法律、行政法规制定上市规则、交易规则、会员管理规则和其他有关规则，并报国务院证券监督管理机构批准。

第一百一十九条　证券交易所的负责人和其他从业人员在执行与证券交易有关的职务时，与其本人或者其亲属有利害关系的，应当回避。

第一百二十条　按照依法制定的交易规则进行的交易，不得改变其交易结果。对交易中违规交易者应负的民事责任不得免除；在违规交易中所获利益，依照有关规定处理。

第一百二十一条　在证券交易所内从事证券交易的人员，违反证券交易所有关交易规则的，由证券交易所给予纪律处分；对情节严重的，撤销其资格，禁止其入场进行证券交易。

第六章　证券公司

第一百二十二条　设立证券公司，必须经国务院证券监督管理机构审查批准。未经国务院证券监督管理机构批准，任何单位和个人不得经营证券业务。

第一百二十三条　本法所称证券公司是指依照《中华人民共和国公司法》和本法规定设立的经营证券业务的有限责任公司或者股份有限公司。

第一百二十四条　设立证券公司，应当具备下列条件：

（一）有符合法律、行政法规规定的公司章程；

（二）主要股东具有持续盈利能力，信誉良好，最近三年无重大违法违规记录，净资产不低于人民币二亿元；

（三）有符合本法规定的注册资本；

（四）董事、监事、高级管理人员具备任职资格，从业人员具有证券从业资格；

（五）有完善的风险管理与内部控制制度；

（六）有合格的经营场所和业务设施；

（七）法律、行政法规规定的和经国务院批准的国务院证券监督管理机构规定的其他条件。

第一百二十五条　经国务院证券监督管理机构批准，证券公司可以经营下列部分或者全部业务：

（一）证券经纪；

（二）证券投资咨询；

（三）与证券交易、证券投资活动有关的财务顾问；

（四）证券承销与保荐；

（五）证券自营；

（六）证券资产管理；

（七）其他证券业务。

第一百二十六条　证券公司必须在其名称中标明证券有限责任公司或者证券股份有限公司字样。

第一百二十七条　证券公司经营本法第一百二十五条第（一）项至第（三）项业务的，注册资本最低限额为人民币五千万元；经营第（四）项至第（七）项业务之一的，注册资本最低限额为人民币一亿元；经营第（四）项至第（七）项业务中两项以上的，注册资本最低限额为人民币五亿元。证券公司的注册资本应当是实缴资本。

国务院证券监督管理机构根据审慎监管原则和各项业务的风险程度，可以调整注册资本最低限额，但不得少于前款规定的限额。

第一百二十八条　国务院证券监督管理机构应当自受理证券公司设立申请之日起六个月内，依照法定条件和法定程序并根据审慎监管原则进行审查，作出批准或者不予批准的决定，并通知申请人；不予批准的，应当说明理由。

证券公司设立申请获得批准的，申请人应当在规定的期限内向公司登记机关申请设立登记，领取营业执照。

证券公司应当自领取营业执照之日起十五日内，向国务院证券监督管理机构申请经营证券业务许可证。未取得经营证券业务许可证，证券公司不得经营证券业务。

第一百二十九条　证券公司设立、收购或者撤销分支机构，变更业务范围，增加注册资本且股权结构发生重大调整，减少注册资本，变更持有百分之五以上股权的股东、实际控制人，变更公司章程中的重要条款，合并、分立、停业、解散、破产，必须经国务院证券监督管理机构批准。

证券公司在境外设立、收购或者参股证券经营机构，必须经国务院证券监督管理机构批准。

第一百三十条　国务院证券监督管理机构应当对证券公司的净资本，净资本与负债的比例，净资本与净资产的比例，净资本与自营、承销、资产管理等业务规模的比例，负债与净资产的比例，以及流动资产与流动负债的比例等风险控制指标作出规定。

证券公司不得为其股东或者股东的关联人提供融资或者担保。

第一百三十一条　证券公司的董事、监事、高级管理人员，应当正直诚实，品行良好，熟悉证券法律、行政法规，具有履行职责所需的经营管理能力，并在任职前取得国务院证券监督管理机构核准的任职资格。

有《中华人民共和国公司法》第一百四十六条规定的情形或者下列情形之一的，不得担任证券公司的董事、监事、高级管理人员：

（一）因违法行为或者违纪行为被解除职务的证券交易所、证券登记结算机构的负责人或者证券公司的董事、监事、高级管理人员，自被解除职务之日起未逾五年；

（二）因违法行为或者违纪行为被撤销资格的律师、注册会计师或者投资咨询机构、财务顾问机构、资信评级机构、资产评估机构、验证机构的专业人员，自被撤销资格之日起未逾五年。

第一百三十二条　因违法行为或者违纪行为被开除的证券交易所、证券登记结算机构、证券服务机构、证券公司的从业人员和被开除的国家机关工作人员，不得招聘为证券公司的从业人员。

第一百三十三条　国家机关工作人员和法律、行政法规规定的禁止在公司中兼职的其他人员，不得在证券公司中兼任职务。

第一百三十四条　国家设立证券投资者保护基金。证券投资者保护基金由证券公司缴纳的资金及其他依法筹集的资金组成，其筹集、管理和使用的具体办法由国务院规定。

第一百三十五条　证券公司从每年的税后利润中提取交易风险准备金，用于弥补证券交易的损失，其提取的具体比例由国务院证券监督管理机构规定。

第一百三十六条　证券公司应当建立健全内部控制制度，采取有效隔离措施，防范公司与客户之间、不同客户之间的利益冲突。

证券公司必须将其证券经纪业务、证券承销业务、证券自营业务和证券资产管理业务分开办理，不得混合操作。

第一百三十七条　证券公司的自营业务必须以自己的名义进行，不得假借他人名义或者以个人名义进行。

证券公司的自营业务必须使用自有资金和依法筹集的资金。

证券公司不得将其自营账户借给他人使用。

第一百三十八条　证券公司依法享有自主经营的权利，其合法经营不受干涉。

第一百三十九条　证券公司客户的交易结算资金应当存放在商业银行，以每个客户的名义单独立户管理。具体办法和实施步骤由国务院规定。

证券公司不得将客户的交易结算资金和证券归入其自有财产。禁止任何单位或者个人以任何形式挪用客户的交易结算资金和证券。证券公司破产或者清算时，客户的交易结算资金和证券不属于其破产财产或者清算财产。非因客户本身的债务或者法律规定的其他情形，不得查封、冻结、扣划或者强制执行客户的交易结算资金和证券。

第一百四十条　证券公司办理经纪业务，应当置备统一制定的证券买卖委托书，供委托人使用。采取其他委托方式的，必须作出委托记录。

客户的证券买卖委托，不论是否成交，其委托记录应当按照规定的期限，保存于证券公司。

第一百四十一条　证券公司接受证券买卖的委托，应当根据委托书载明的证券名称、买卖数量、出价方式、价格幅度等，按照交易规则代理买卖证券，如实进行交易记录；买卖成交后，应当按照规定制作买卖成交报告单交付客户。

证券交易中确认交易行为及其交易结果的对账单必须真实，并由交易经办人员以外的审核人员逐笔审核，保证账面证券余额与实际持有的证券相一致。

第一百四十二条　证券公司为客户买卖证券提供融资融券服务，应当按照国务院的规定并经国务院证券监督管理机构批准。

第一百四十三条　证券公司办理经纪业务，不得接受客户的全权委托而决定证券买卖、选择证券种类、决定买卖数量或者买卖价格。

第一百四十四条　证券公司不得以任何方式对客户证券买卖的收益或

者赔偿证券买卖的损失作出承诺。

第一百四十五条　证券公司及其从业人员不得未经过其依法设立的营业场所私下接受客户委托买卖证券。

第一百四十六条　证券公司的从业人员在证券交易活动中，执行所属的证券公司的指令或者利用职务违反交易规则的，由所属的证券公司承担全部责任。

第一百四十七条　证券公司应当妥善保存客户开户资料、委托记录、交易记录和与内部管理、业务经营有关的各项资料，任何人不得隐匿、伪造、篡改或者毁损。上述资料的保存期限不得少于二十年。

第一百四十八条　证券公司应当按照规定向国务院证券监督管理机构报送业务、财务等经营管理信息和资料。国务院证券监督管理机构有权要求证券公司及其股东、实际控制人在指定的期限内提供有关信息、资料。

证券公司及其股东、实际控制人向国务院证券监督管理机构报送或者提供的信息、资料，必须真实、准确、完整。

第一百四十九条　国务院证券监督管理机构认为有必要时，可以委托会计师事务所、资产评估机构对证券公司的财务状况、内部控制状况、资产价值进行审计或者评估。具体办法由国务院证券监督管理机构会同有关主管部门制定。

第一百五十条　证券公司的净资本或者其他风险控制指标不符合规定的，国务院证券监督管理机构应当责令其限期改正；逾期未改正，或者其行为严重危及该证券公司的稳健运行、损害客户合法权益的，国务院证券监督管理机构可以区别情形，对其采取下列措施：

（一）限制业务活动，责令暂停部分业务，停止批准新业务；

（二）停止批准增设、收购营业性分支机构；

（三）限制分配红利，限制向董事、监事、高级管理人员支付报酬、提供福利；

（四）限制转让财产或者在财产上设定其他权利；

（五）责令更换董事、监事、高级管理人员或者限制其权利；

（六）责令控股股东转让股权或者限制有关股东行使股东权利；

（七）撤销有关业务许可。

证券公司整改后，应当向国务院证券监督管理机构提交报告。国务院证券监督管理机构经验收，符合有关风险控制指标的，应当自验收完毕之日起三日内解除对其采取的前款规定的有关措施。

第一百五十一条　证券公司的股东有虚假出资、抽逃出资行为的，国务院证券监督管理机构应当责令其限期改正，并可责令其转让所持证券公司的股权。

在前款规定的股东按照要求改正违法行为、转让所持证券公司的股权前，国务院证券监督管理机构可以限制其股东权利。

第一百五十二条　证券公司的董事、监事、高级管理人员未能勤勉尽责，致使证券公司存在重大违法违规行为或者重大风险的，国务院证券监督管理机构可以撤销其任职资格，并责令公司予以更换。

第一百五十三条　证券公司违法经营或者出现重大风险，严重危害证券市场秩序、损害投资者利益的，国务院证券监督管理机构可以对该证券公司采取责令停业整顿、指定其他机构托管、接管或者撤销等监管措施。

第一百五十四条　在证券公司被责令停业整顿、被依法指定托管、接管或者清算期间，或者出现重大风险时，经国务院证券监督管理机构批准，可以对该证券公司直接负责的董事、监事、高级管理人员和其他直接责任人员采取以下措施：

（一）通知出境管理机关依法阻止其出境；

（二）申请司法机关禁止其转移、转让或者以其他方式处分财产，或者在财产上设定其他权利。

第七章　证券登记结算机构

第一百五十五条　证券登记结算机构是为证券交易提供集中登记、存管与结算服务，不以营利为目的的法人。

设立证券登记结算机构必须经国务院证券监督管理机构批准。

第一百五十六条　设立证券登记结算机构，应当具备下列条件：

（一）自有资金不少于人民币二亿元；

（二）具有证券登记、存管和结算服务所必须的场所和设施；

（三）主要管理人员和从业人员必须具有证券从业资格；

（四）国务院证券监督管理机构规定的其他条件。

证券登记结算机构的名称中应当标明证券登记结算字样。

第一百五十七条　证券登记结算机构履行下列职能：

（一）证券账户、结算账户的设立；

（二）证券的存管和过户；

（三）证券持有人名册登记；

（四）证券交易所上市证券交易的清算和交收；

（五）受发行人的委托派发证券权益；

（六）办理与上述业务有关的查询；

（七）国务院证券监督管理机构批准的其他业务。

第一百五十八条　证券登记结算采取全国集中统一的运营方式。

证券登记结算机构章程、业务规则应当依法制定，并经国务院证券监督管理机构批准。

第一百五十九条　证券持有人持有的证券，在上市交易时，应当全部存管在证券登记结算机构。

证券登记结算机构不得挪用客户的证券。

第一百六十条　证券登记结算机构应当向证券发行人提供证券持有人名册及其有关资料。

证券登记结算机构应当根据证券登记结算的结果，确认证券持有人持有证券的事实，提供证券持有人登记资料。

证券登记结算机构应当保证证券持有人名册和登记过户记录真实、准确、完整，不得隐匿、伪造、篡改或者毁损。

第一百六十一条　证券登记结算机构应当采取下列措施保证业务的正常进行：

（一）具有必备的服务设备和完善的数据安全保护措施；

（二）建立完善的业务、财务和安全防范等管理制度；

（三）建立完善的风险管理系统。

第一百六十二条　证券登记结算机构应当妥善保存登记、存管和结算的原始凭证及有关文件和资料。其保存期限不得少于二十年。

第一百六十三条　证券登记结算机构应当设立证券结算风险基金，用于垫付或者弥补因违约交收、技术故障、操作失误、不可抗力造成的证券登记结算机构的损失。

证券结算风险基金从证券登记结算机构的业务收入和收益中提取，并可以由结算参与人按照证券交易业务量的一定比例缴纳。

证券结算风险基金的筹集、管理办法，由国务院证券监督管理机构会同国务院财政部门规定。

第一百六十四条　证券结算风险基金应当存入指定银行的专门账户，实行专项管理。

证券登记结算机构以证券结算风险基金赔偿后，应当向有关责任人追偿。

第一百六十五条　证券登记结算机构申请解散，应当经国务院证券监督管理机构批准。

第一百六十六条　投资者委托证券公司进行证券交易，应当申请开立证券账户。证券登记结算机构应当按照规定以投资者本人的名义为投资者开立证券账户。

投资者申请开立账户，必须持有证明中国公民身份或者中国法人资格的合法证件。国家另有规定的除外。

第一百六十七条　证券登记结算机构为证券交易提供净额结算服务时，应当要求结算参与人按照货银对付的原则，足额交付证券和资金，并提供交收担保。

在交收完成之前，任何人不得动用用于交收的证券、资金和担保物。

结算参与人未按时履行交收义务的，证券登记结算机构有权按照业务规则处理前款所述财产。

第一百六十八条　证券登记结算机构按照业务规则收取的各类结算资金和证券，必须存放于专门的清算交收账户，只能按业务规则用于已成交的证券交易的清算交收，不得被强制执行。

第八章　证券服务机构

第一百六十九条　投资咨询机构、财务顾问机构、资信评级机构、资产评估机构、会计师事务所从事证券服务业务，必须经国务院证券监督管理机构和有关主管部门批准。

投资咨询机构、财务顾问机构、资信评级机构、资产评估机构、会计师事务所从事证券服务业务的审批管理办法，由国务院证券监督管理机构和有关主管部门制定。

第一百七十条　投资咨询机构、财务顾问机构、资信评级机构从事证券服务业务的人员，必须具备证券专业知识和从事证券业务或者证券服务业务二年以上经验。认定其证券从业资格的标准和管理办法，由国务院证券监督管理机构制定。

第一百七十一条　投资咨询机构及其从业人员从事证券服务业务不得有下列行为：

（一）代理委托人从事证券投资；

（二）与委托人约定分享证券投资收益或者分担证券投资损失；

（三）买卖本咨询机构提供服务的上市公司股票；

（四）利用传播媒介或者通过其他方式提供、传播虚假或者误导投资者的信息；

（五）法律、行政法规禁止的其他行为。

有前款所列行为之一，给投资者造成损失的，依法承担赔偿责任。

第一百七十二条　从事证券服务业务的投资咨询机构和资信评级机构，应当按照国务院有关主管部门规定的标准或者收费办法收取服务费用。

第一百七十三条　证券服务机构为证券的发行、上市、交易等证券业务活动制作、出具审计报告、资产评估报告、财务顾问报告、资信评级报告或者法律意见书等文件，应当勤勉尽责，对所依据的文件资料内容的真实性、准确性、完整性进行核查和验证。其制作、出具的文件有虚假记载、误导性陈述或者重大遗漏，给他人造成损失的，应当与发行人、上市公司承担连带赔偿责任，但是能够证明自己没有过错的除外。

第九章　证券业协会

第一百七十四条　证券业协会是证券业的自律性组织，是社会团体法人。

证券公司应当加入证券业协会。

证券业协会的权力机构为全体会员组成的会员大会。

第一百七十五条　证券业协会章程由会员大会制定，并报国务院证券监督管理机构备案。

第一百七十六条　证券业协会履行下列职责：

（一）教育和组织会员遵守证券法律、行政法规；

（二）依法维护会员的合法权益，向证券监督管理机构反映会员的建议和要求；

（三）收集整理证券信息，为会员提供服务；

（四）制定会员应遵守的规则，组织会员单位的从业人员的业务培训，开展会员间的业务交流；

（五）对会员之间、会员与客户之间发生的证券业务纠纷进行调解；

（六）组织会员就证券业的发展、运作及有关内容进行研究；

（七）监督、检查会员行为，对违反法律、行政法规或者协会章程的，按照规定给予纪律处分；

（八）证券业协会章程规定的其他职责。

第一百七十七条　证券业协会设理事会。理事会成员依章程的规定由选举产生。

第十章　证券监督管理机构

第一百七十八条　国务院证券监督管理机构依法对证券市场实行监督管理，维护证券市场秩序，保障其合法运行。

第一百七十九条　国务院证券监督管理机构在对证券市场实施监督管理中履行下列职责：

（一）依法制定有关证券市场监督管理的规章、规则，并依法行使审批或者核准权；

（二）依法对证券的发行、上市、交易、登记、存管、结算，进行监督管理；

（三）依法对证券发行人、上市公司、证券公司、证券投资基金管理公司、证券服务机构、证券交易所、证券登记结算机构的证券业务活动，进行监督管理；

（四）依法制定从事证券业务人员的资格标准和行为准则，并监督实施；

（五）依法监督检查证券发行、上市和交易的信息公开情况；

（六）依法对证券业协会的活动进行指导和监督；

（七）依法对违反证券市场监督管理法律、行政法规的行为进行查处；

（八）法律、行政法规规定的其他职责。

国务院证券监督管理机构可以和其他国家或者地区的证券监督管理机构建立监督管理合作机制，实施跨境监督管理。

第一百八十条　国务院证券监督管理机构依法履行职责，有权采取下列措施：

（一）对证券发行人、上市公司、证券公司、证券投资基金管理公司、证券服务机构、证券交易所、证券登记结算机构进行现场检查；

（二）进入涉嫌违法行为发生场所调查取证；

（三）询问当事人和与被调查事件有关的单位和个人，要求其对与被调查事件有关的事项作出说明；

（四）查阅、复制与被调查事件有关的财产权登记、通讯记录等资料；

（五）查阅、复制当事人和与被调查事件有关的单位和个人的证券交易记录、登记过户记录、财务会计资料及其他相关文件和资料；对可能被转移、隐匿或者毁损的文件和资料，可以予以封存；

（六）查询当事人和与被调查事件有关的单位和个人的资金账户、证券账户和银行账户；对有证据证明已经或者可能转移或者隐匿违法资金、证券等涉案财产或者隐匿、伪造、毁损重要证据的，经国务院证券监督管理机构主要负责人批准，可以冻结或者查封；

（七）在调查操纵证券市场、内幕交易等重大证券违法行为时，经国务院证券监督管理机构主要负责人批准，可以限制被调查事件当事人的证券买卖，但限制的期限不得超过十五个交易日；案情复杂的，可以延长十五个交易日。

第一百八十一条　国务院证券监督管理机构依法履行职责，进行监督检查或者调查，其监督检查、调查的人员不得少于二人，并应当出示合法证件和监督检查、调查通知书。监督检查、调查的人员少于二人或者未出示合法证件和监督检查、调查通知书的，被检查、调查的单位有权拒绝。

第一百八十二条　国务院证券监督管理机构工作人员必须忠于职守，依法办事，公正廉洁，不得利用职务便利牟取不正当利益，不得泄露所知悉的有关单位和个人的商业秘密。

第一百八十三条　国务院证券监督管理机构依法履行职责，被检查、调查的单位和个人应当配合，如实提供有关文件和资料，不得拒绝、阻碍和隐瞒。

第一百八十四条　国务院证券监督管理机构依法制定的规章、规则和监督管理工作制度应当公开。

国务院证券监督管理机构依据调查结果，对证券违法行为作出的处罚决定，应当公开。

第一百八十五条　国务院证券监督管理机构应当与国务院其他金融监督管理机构建立监督管理信息共享机制。

国务院证券监督管理机构依法履行职责，进行监督检查或者调查时，有关部门应当予以配合。

第一百八十六条　国务院证券监督管理机构依法履行职责，发现证券违法行为涉嫌犯罪的，应当将案件移送司法机关处理。

第一百八十七条　国务院证券监督管理机构的人员不得在被监管的机构中任职。

第十一章　法律责任

第一百八十八条　未经法定机关核准，擅自公开或者变相公开发行证券的，责令停止发行，退还所募资金并加算银行同期存款利息，处以非法所募资金金额百分之一以上百分之五以下的罚款；对擅自公开或者变相公开发行证券设立的公司，由依法履行监督管理职责的机构或者部门会同县级以上地方人民政府予以取缔。对直接负责的主管人员和其他直接责任人员给予警告，并处以三万元以上三十万元以下的罚款。

第一百八十九条　发行人不符合发行条件，以欺骗手段骗取发行核准，尚未发行证券的，处以三十万元以上六十万元以下的罚款；已经发行证券的，处以非法所募资金金额百分之一以上百分之五以下的罚款。对直接负责的主管人员和其他直接责任人员处以三万元以上三十万元以下的罚款。

发行人的控股股东、实际控制人指使从事前款违法行为的，依照前款的规定处罚。

第一百九十条　证券公司承销或者代理买卖未经核准擅自公开发行的证券的，责令停止承销或者代理买卖，没收违法所得，并处以违法所得一倍以上五倍以下的罚款；没有违法所得或者违法所得不足三十万元的，处以三十万元以上六十万元以下的罚款。给投资者造成损失的，应当与发行人承担连带赔偿责任。对直接负责的主管人员和其他直接责任人员给予警告，撤销任职资格或者证券从业资格，并处以三万元以上三十万元以下的罚款。

第一百九十一条　证券公司承销证券，有下列行为之一的，责令改正，给予警告，没收违法所得，可以并处三十万元以上六十万元以下的罚款；情节严重的，暂停或者撤销相关业务许可。给其他证券承销机构或者投资者造成损失的，依法承担赔偿责任。对直接负责的主管人员和其他直接责任人员给予警告，可以并处三万元以上三十万元以下的罚款；情节严重的，撤销任职资格或者证券从业资格：

（一）进行虚假的或者误导投资者的广告或者其他宣传推介活动；

（二）以不正当竞争手段招揽承销业务；

（三）其他违反证券承销业务规定的行为。

第一百九十二条　保荐人出具有虚假记载、误导性陈述或者重大遗漏的保荐书，或者不履行其他法定职责的，责令改正，给予警告，没收业务收入，并处以业务收入一倍以上五倍以下的罚款；情节严重的，暂停或者撤销相关业务许可。对直接负责的主管人员和其他直接责任人员给予警告，并处以三万元以上三十万元以下的罚款；情节严重的，撤销任职资格或者证券从业资格。

第一百九十三条　发行人、上市公司或者其他信息披露义务人未按照规定披露信息，或者所披露的信息有虚假记载、误导性陈述或者重大遗漏的，责令改正，给予警告，并处以三十万元以上六十万元以下的罚款。对直接负责的主管人员和其他直接责任人员给予警告，并处以三万元以上三十万元以下的罚款。

发行人、上市公司或者其他信息披露义务人未按照规定报送有关报告，或者报送的报告有虚假记载、误导性陈述或者重大遗漏的，责令改正，给予警告，并处以三十万元以上六十万元以下的罚款。对直接负责的主管人员和其他直接责任人员给予警告，并处以三万元以上三十万元以下的罚款。

发行人、上市公司或者其他信息披露义务人的控股股东、实际控制人指使从事前两款违法行为的，依照前两款的规定处罚。

第一百九十四条　发行人、上市公司擅自改变公开发行证券所募集资金的用途的，责令改正，对直接负责的主管人员和其他直接责任人员给予警告，并处以三万元以上三十万元以下的罚款。

发行人、上市公司的控股股东、实际控制人指使从事前款违法行为的，给予警告，并处以三十万元以上六十万元以下的罚款。对直接负责的主管人员和其他直接责任人员依照前款的规定处罚。

第一百九十五条　上市公司的董事、监事、高级管理人员、持有上市公司股份百分之五以上的股东，违反本法第四十七条的规定买卖本公司股票的，给予警告，可以并处三万元以上十万元以下的罚款。

第一百九十六条　非法开设证券交易场所的，由县级以上人民政府予以取缔，没收违法所得，并处以违法所得一倍以上五倍以下的罚款；没有违法所得或者违法所得不足十万元的，处以十万元以上五十万元以下的罚款。对直接负责的主管人员和其他直接责任人员给予警告，并处以三万元以上三十万元以下的罚款。

第一百九十七条　未经批准，擅自设立证券公司或者非法经营证券业务的，由证券监督管理机构予以取缔，没收违法所得，并处以违法所得一倍以上五倍以下的罚款；没有违法所得或者违法所得不足三十万元的，处以三十万元以上六十万元以下的罚款。对直接负责的主管人员和其他直接责任人员给予警告，并处以三万元以上三十万元以下的罚款。

第一百九十八条　违反本法规定，聘任不具有任职资格、证券从业资格的人员的，由证券监督管理机构责令改正，给予警告，可以并处十万元以上三十万元以下的罚款；对直接负责的主管人员给予警告，可以并处三万元以上十万元以下的罚款。

第一百九十九条　法律、行政法规规定禁止参与股票交易的人员，直接或者以化名、借他人名义持有、买卖股票的，责令依法处理非法持有的股票，没收违法所得，并处以买卖股票等值以下的罚款；属于国家工作人员的，还应当依法给予行政处分。

第二百条　证券交易所、证券公司、证券登记结算机构、证券服务机构的从业人员或者证券业协会的工作人员，故意提供虚假资料，隐匿、伪造、篡改或者毁损交易记录，诱骗投资者买卖证券的，撤销证券从业资格，并处以三万元以上十万元以下的罚款；属于国家工作人员的，还应当依法给予行政处分。

第二百零一条　为股票的发行、上市、交易出具审计报告、资产评估报告或者法律意见书等文件的证券服务机构和人员，违反本法第四十五条的规定买卖股票的，责令依法处理非法持有的股票，没收违法所得，并处以买卖股票等值以下的罚款。

第二百零二条　证券交易内幕信息的知情人或者非法获取内幕信息的人，在涉及证券的发行、交易或者其他对证券的价格有重大影响的信息公开前，买卖该证券，或者泄露该信息，或者建议他人买卖该证券的，责令依法处理非法持有的证券，没收违法所得，并处以违法所得一倍以上五倍以下的罚款；没有违法所得或者违法所得不足三万元的，处以三万元以上六十万元以下的罚款。单位从事内幕交易的，还应当对直接负责的主管人员和其他直接责任人员给予警告，并处以三万元以上三十万元以下的罚款。证券监督管理机构工作人员进行内幕交易的，从重处罚。

第二百零三条　违反本法规定，操纵证券市场的，责令依法处理非法持有的证券，没收违法所得，并处以违法所得一倍以上五倍以下的罚款；没有违法所得或者违法所得不足三十万元的，处以三十万元以上三百万元以下的罚款。单位操纵证券市场的，还应当对直接负责的主管人员和其他直接责任人员给予警告，并处以十万元以上六十万元以下的罚款。

第二百零四条　违反法律规定，在限制转让期限内买卖证券的，责令改正，给予警告，并处以买卖证券等值以下的罚款。对直接负责的主管人员和其他直接责任人员给予警告，并处以三万元以上三十万元以下的罚款。

第二百零五条　证券公司违反本法规定，为客户买卖证券提供融资融券的，没收违法所得，暂停或者撤销相关业务许可，并处以非法融资融券等值以下的罚款。对直接负责的主管人员和其他直接责任人员给予警告，撤销任职资格或者证券从业资格，并处以三万元以上三十万元以下的罚款。

第二百零六条　违反本法第七十八条第一款、第三款的规定，扰乱证券市场的，由证券监督管理机构责令改正，没收违法所得，并处以违法所得一倍以上五倍以下的罚款；没有违法所得或者违法所得不足三万元的，处以三万元以上二十万元以下的罚款。

第二百零七条　违反本法第七十八条第二款的规定，在证券交易活动中作出虚假陈述或者信息误导的，责令改正，处以三万元以上二十万元以下的罚款；属于国家工作人员的，还应当依法给予行政处分。

第二百零八条　违反本法规定，法人以他人名义设立账户或者利用他人账户买卖证券的，责令改正，没收违法所得，并处以违法所得一倍以上五倍以下的罚款；没有违法所得或者违法所得不足三万元的，处以三万元以上三十万元以下的罚款。对直接负责的主管人员和其他直接责任人员给予警告，并处以三万元以上十万元以下的罚款。

证券公司为前款规定的违法行为提供自己或者他人的证券交易账户的，除依照前款的规定处罚外，还应当撤销直接负责的主管人员和其他直接责任人员的任职资格或者证券从业资格。

第二百零九条　证券公司违反本法规定，假借他人名义或者以个人名义从事证券自营业务的，责令改正，没收违法所得，并处以违法所得一倍以上五倍以下的罚款；没有违法所得或者违法所得不足三十万元的，处以三十万元以上六十万元以下的罚款；情节严重的，暂停或者撤销证券自营业务许可。对直接负责的主管人员和其他直接责任人员给予警告，撤销任职资格或者证券从业资格，并处以三万元以上十万元以下的罚款。

第二百一十条　证券公司违背客户的委托买卖证券、办理交易事项，或者违背客户真实意思表示，办理交易以外的其他事项的，责令改正，处以一万元以上十万元以下的罚款。给客户造成损失的，依法承担赔偿责任。

第二百一十一条　证券公司、证券登记结算机构挪用客户的资金或者证券，或者未经客户的委托，擅自为客户买卖证券的，责令改正，没收违法所得，并处以违法所得一倍以上五倍以下的罚款；没有违法所得或者违法所得不足十万元的，处以十万元以上六十万元以下的罚款；情节严重的，责令关闭或者撤销相关业务许可。对直接负责的主管人员和其他直接责任人员给予警告，撤销任职资格或者证券从业资格，并处以三万元以上三十万元以下的罚款。

第二百一十二条　证券公司办理经纪业务，接受客户的全权委托买卖证券的，或者证券公司对客户买卖证券的收益或者赔偿证券买卖的损失作出承诺的，责令改正，没收违法所得，并处以五万元以上二十万元以下的罚款，可以暂停或者撤销相关业务许可。对直接负责的主管人员和其他直接责任人员给予警告，并处以三万元以上十万元以下的罚款，可以撤销任职资格或者证券从业资格。

第二百一十三条　收购人未按照本法规定履行上市公司收购的公告、发出收购要约等义务的，责令改正，给予警告，并处以十万元以上三十万元以下的罚款；在改正前，收购人对其收购或者通过协议、其他安排与他人共同收购的股份不得行使表决权。对直接负责的主管人员和其他直接责任人员给予警告，并处以三万元以上三十万元以下的罚款。

第二百一十四条　收购人或者收购人的控股股东，利用上市公司收购，损害被收购公司及其股东的合法权益的，责令改正，给予警告；情节严重的，并处以十万元以上六十万元以下的罚款。给被收购公司及其股东造成损失的，依法承担赔偿责任。对直接负责的主管人员和其他直接责任人员给予警告，并处以三万元以上三十万元以下的罚款。

第二百一十五条　证券公司及其从业人员违反本法规定，私下接受客户委托买卖证券的，责令改正，给予警告，没收违法所得，并处以违法所得一倍以上五倍以下的罚款；没有违法所得或者违法所得不足十万元的，处以十万元以上三十万元以下的罚款。

第二百一十六条　证券公司违反规定，未经批准经营非上市证券的交易的，责令改正，没收违法所得，并处以违法所得一倍以上五倍以下的罚款。

第二百一十七条　证券公司成立后，无正当理由超过三个月未开始营业的，或者开业后自行停业连续三个月以上的，由公司登记机关吊销其公司营业执照。

第二百一十八条　证券公司违反本法第一百二十九条的规定，擅自设立、收购、撤销分支机构，或者合并、分立、停业、解散、破产，或者在境外设立、收购、参股证券经营机构的，责令改正，没收违法所得，并处以违法所得一倍以上五倍以下的罚款；没有违法所得或者违法所得不足十万元的，处以十万元以上六十万元以下的罚款。对直接负责的主管人员给予警告，并处以三万元以上十万元以下的罚款。

证券公司违反本法第一百二十九条的规定，擅自变更有关事项的，责令改正，并处以十万元以上三十万元以下的罚款。对直接负责的主管人员给予警告，并处以五万元以下的罚款。

第二百一十九条　证券公司违反本法规定，超出业务许可范围经营证券业务的，责令改正，没收违法所得，并处以违法所得一倍以上五倍以下的罚款；没有违法所得或者违法所得不足三十万元的，处以三十万元以上六十万元以下罚款；情节严重的，责令关闭。对直接负责的主管人员和其他直接责任人员给予警告，撤销任职资格或者证券从业资格，并处以三万元以上十万元以下的罚款。

第二百二十条　证券公司对其证券经纪业务、证券承销业务、证券自营业务、证券资产管理业务，不依法分开办理，混合操作的，责令改正，没收违法所得，并处以三十万元以上六十万元以下的罚款；情节严重的，撤销相关业务许可。对直接负责的主管人员和其他直接责任人员给予警告，并处以三万元以上十万元以下的罚款；情节严重的，撤销任职资格或者证券从业资格。

第二百二十一条　提交虚假证明文件或者采取其他欺诈手段隐瞒重要事实骗取证券业务许可的，或者证券公司在证券交易中有严重违法行为，不再具备经营资格的，由证券监督管理机构撤销证券业务许可。

第二百二十二条　证券公司或者其股东、实际控制人违反规定，拒不向证券监督管理机构报送或者提供经营管理信息和资料，或者报送、提供的经营管理信息和资料有虚假记载、误导性陈述或者重大遗漏的，责令改正，给予警告，并处以三万元以上三十万元以下的罚款，可以暂停或者撤销证券公司相关业务许可。对直接负责的主管人员和其他直接责任人员，给予警告，并处以三万元以下的罚款，可以撤销任职资格或者证券从业资格。

证券公司为其股东或者股东的关联人提供融资或者担保的，责令改正，给予警告，并处以十万元以上三十万元以下的罚款。对直接负责的主管人员和其他直接责任人员，处以三万元以上十万元以下的罚款。股东有过错的，在按照要求改正前，国务院证券监督管理机构可以限制其股东权利；拒不改正的，可以责令其转让所持证券公司股权。

第二百二十三条　证券服务机构未勤勉尽责，所制作、出具的文件有虚假记载、误导性陈述或者重大遗漏的，责令改正，没收业务收入，暂停或者撤销证券服务业务许可，并处以业务收入一倍以上五倍以下的罚款。对直接负责的主管人员和其他直接责任人员给予警告，撤销证券从业资格，并处以三万元以上十万元以下的罚款。

第二百二十四条　违反本法规定，发行、承销公司债券的，由国务院授权的部门依照本法有关规定予以处罚。

第二百二十五条　上市公司、证券公司、证券交易所、证券登记结算机构、证券服务机构，未按照有关规定保存有关文件和资料的，责令改正，给予警告，并处以三万元以上三十万元以下的罚款；隐匿、伪造、篡改或者毁损有关文件和资料的，给予警告，并处以三十万元以上六十万元以下的罚款。

第二百二十六条　未经国务院证券监督管理机构批准，擅自设立证券登记结算机构的，由证券监督管理机构予以取缔，没收违法所得，并处以违法所得一倍以上五倍以下的罚款。

投资咨询机构、财务顾问机构、资信评级机构、资产评估机构、会计师事务所未经批准，擅自从事证券服务业务的，责令改正，没收违法所得，并处以违法所得一倍以上五倍以下的罚款。

证券登记结算机构、证券服务机构违反本法规定或者依法制定的业务规则的，由证券监督管理机构责令改正，没收违法所得，并处以违法所得一倍以上五倍以下的罚款；没有违法所得或者违法所得不足十万元的，处以十万元以上三十万元以下的罚款；情节严重的，责令关闭或者撤销证券服务业务许可。

第二百二十七条　国务院证券监督管理机构或者国务院授权的部门有下列情形之一的，对直接负责的主管人员和其他直接责任人员，依法给予行政处分：

（一）对不符合本法规定的发行证券、设立证券公司等申请予以核准、批准的；

（二）违反规定采取本法第一百八十条规定的现场检查、调查取证、查询、冻结或者查封等措施的；

（三）违反规定对有关机构和人员实施行政处罚的；

（四）其他不依法履行职责的行为。

第二百二十八条　证券监督管理机构的工作人员和发行审核委员会的组成人员，不履行本法规定的职责，滥用职权、玩忽职守，利用职务便利牟取不正当利益，或者泄露所知悉的有关单位和个人的商业秘密的，依法追究法律责任。

第二百二十九条　证券交易所对不符合本法规定条件的证券上市申请予以审核同意的，给予警告，没收业务收入，并处以业务收入一倍以上五倍以下的罚款。对直接负责的主管人员和其他直接责任人员给予警告，并处以三万元以上三十万元以下的罚款。

第二百三十条　拒绝、阻碍证券监督管理机构及其工作人员依法行使监督检查、调查职权未使用暴力、威胁方法的，依法给予治安管理处罚。

第二百三十一条　违反本法规定，构成犯罪的，依法追究刑事责任。

第二百三十二条　违反本法规定，应当承担民事赔偿责任和缴纳罚款、罚金，其财产不足以同时支付时，先承担民事赔偿责任。

第二百三十三条　违反法律、行政法规或者国务院证券监督管理机构的有关规定，情节严重的，国务院证券监督管理机构可以对有关责任人员采取证券市场禁入的措施。

前款所称证券市场禁入，是指在一定期限内直至终身不得从事证券业务或者不得担任上市公司董事、监事、高级管理人员的制度。

第二百三十四条　依照本法收缴的罚款和没收的违法所得，全部上缴国库。

第二百三十五条　当事人对证券监督管理机构或者国务院授权的部门的处罚决定不服的，可以依法申请行政复议，或者依法直接向人民法院提起诉讼。

第十二章　附则

第二百三十六条　本法施行前依照行政法规已批准在证券交易所上市交易的证券继续依法进行交易。

本法施行前依照行政法规和国务院金融行政管理部门的规定经批准设立的证券经营机构，不完全符合本法规定的，应当在规定的限期内达到本法规定的要求。具体实施办法，由国务院另行规定。

第二百三十七条　发行人申请核准公开发行股票、公司债券，应当按照规定缴纳审核费用。

第二百三十八条　境内企业直接或者间接到境外发行证券或者将其证券在境外上市交易，必须经国务院证券监督管理机构依照国务院的规定批准。

第二百三十九条　境内公司股票以外币认购和交易的，具体办法由国务院另行规定。

第二百四十条　本法自 2006 年 1 月 1 日起施行。

二、行政法规、法规性文件

国务院办公厅转发
国资委关于推进国有资本调整和国有企业重组指导意见的通知

国办发〔2006〕97号

各省、自治区、直辖市人民政府，国务院各部委、各直属机构：

国资委《关于推进国有资本调整和国有企业重组的指导意见》已经国务院同意，现转发给你们，请认真贯彻执行。

国务院办公厅

二〇〇六年十二月五日

关于推进国有资本调整和国有企业重组的指导意见

近年来，国有资产管理体制改革取得重大突破，国有经济布局和结构调整取得重要进展，国有企业改革不断深化、经济效益显著提高，对完善社会主义市场经济体制、促进国民经济持续快速健康发展，发挥了重要作用。但从整体上看，国有经济分布仍然过宽，产业布局和企业组织结构不尽合理，一些企业主业不够突出，核心竞争力不强。实行国有资本调整和国有企业重组，完善国有资本有进有退、合理流动的机制，是经济体制改革的一项重大任务。为贯彻落实党的十六届三中、五中全会精神，根据《国务院关于2005年深化经济体制改革的意见》(国发〔2005〕9号)，现就国有资本调整和国有企业重组提出以下意见：

一、国有资本调整和国有企业重组的基本原则和主要目标

（一）基本原则：一是坚持公有制为主体、多种所有制经济共同发展的基本经济制度。毫不动摇地巩固和发展公有制经济，增强国有经济的控制力、影响力、带动力，发挥国有经济的主导作用。毫不动摇地鼓励、支持和引导非公有制经济发展，鼓励和支持个体、私营等非公有制经济参与国有资本调整和国有企业重组。二是坚持政府引导和市场调节相结合，充分发挥市场配置资源的基础性作用。三是坚持加强国有资产监管，严格产权交易和股权转让程序，促进有序流动，防止国有资产流失，确保国有资产保值增值。四是坚持维护职工合法权益，保障职工对企业重组、改制等改革的知情权、参与权、监督权和有关事项的决定权，充分调动和保护广大职工参与国有企业改革重组的积极性。五是坚持加强领导，统筹规划，慎重决策，稳妥推进，维护企业正常的生产经营秩序，确保企业和社会稳定。

（二）主要目标：进一步推进国有资本向关系国家安全和国民经济命脉的重要行业和关键领域（以下简称重要行业和关键领域）集中，加快形成一批拥有自主知识产权和知名品牌、国际竞争力较强的优势企业；加快国有大型企业股份制改革，完善公司法人治理结构，大力发展国有资本、集体资本和非公有资本等参股的混合所有制经济，实现投资主体多元化，使股份制成为公有制的主要实现形式；大多数国有中小企业放开搞活；到 2008 年，长期积累的一批资不抵债、扭亏无望的国有企业政策性关闭破产任务基本完成；到 2010 年，国资委履行出资人职责的企业（以下简称中央企业）调整和重组至 80～100 家。

二、主要政策措施

（三）推动国有资本向重要行业和关键领域集中，增强国有经济控制力，发挥主导作用。重要行业和关键领域主要包括：涉及国家安全的行业，重大基础设施和重要矿产资源，提供重要公共产品和服务的行业，以及支柱产业和高新技术产业中的重要骨干企业。有关部门要抓紧研究确定具体的行业和领域，出台相应的产业和企业目录。鼓励非公有制企业通过并购和控股、参股等多种形式，参与国有企业的改组改制改造。对需要由国有资本控股的企业，要区别不同情况实行绝对控股和相对控股；对不属于重要行业和关键领域的国有资本，按照有进有退、合理流动的原则，实行依法转让，防止国有资产流失。对国有资产转让收益，应严格按照国家有关政策规定进行使用和管理。

（四）加快国有企业的股份制改革。除了涉及国家安全的企业、必须由国家垄断经营的企业和专门从事国有资产经营管理的公司外，国有大型企业都要逐步改制成为多元股东的公司。对于因各种原因不能进入股份制公司的存续企业，要加大改革与重组的力度，改革重组工作可继续由母公司负责，也可交由国有资产经营管理公司等其他国有企业负责。

（五）大力推进改制上市，提高上市公司质量。积极支持资产或主营业务资产优良的企业实现整体上市，鼓励已经上市的国有控股公司通过增资扩股、收购资产等方式，把主营业务资产全部注入上市公司。要认真贯彻落实《国务院批转证监会关于提高上市公司质量意见的通知》（国发〔2005〕34 号）要求，对上市公司控股股东以借款、提供担保、代偿债务、代垫款项等各种名目侵占上市公司资金的，有关国有资产监管机构应当加大督促、协调力度，促使其按期全部偿还上市公司资金；对不能按期偿还的，应按照法律和相关规定，追究有关责任人的行政和法律责任。同时，要建立长效机制，严禁侵占上市公司资金。

（六）积极鼓励引入战略投资者。引入战略投资者要有利于增强企业技术创新能力，提高产品的档次和水平，改善经营管理，促进企业持续发展。引入境外战略投资者，要以维护国家经济安全、国防安全和产业安全为前提，防止产生垄断，切实保护企业的自主知识产权和知名品牌，推动企业开发新产品。

（七）放开搞活国有中小企业，建立劣势企业退出市场的机制。采取改组、联合、兼并、租赁、承包经营、合资、转让国有产权和股份制、股份合作制等多种形式，继续放开搞活国有中小企业。对长期亏损、资不抵债、不能清偿到期债务的企业和资源枯竭的矿山实施依法破产，对符合有关条件的严格按照有关规定抓紧实施政策性关闭破产。

（八）加快国有大型企业的调整和重组，促进企业资源优化配置。依法推进国有企业强强联合，强强联合要遵循市场规律，符合国家产业政策，有利于资源优化配置，提高企业的规模经济效应，形成合理的产业集中度，培育一批具有国际竞争力的特大型企业集团。在严格执行国家相关行业管理规定和市场规则的前提下，继续推进和完善电信、电力、民航等行业的改革重组。对不具备优势的国有企业，应采取多种方式，大力推动其并入优势国有大企业，以减少污染、节约资源、保障安全生产、提高效率。优势国有大企业要通过增加投资以及资产、业务整合等措施，充分发挥资产的整体效能，促进重组后的企业加快发展。

（九）积极推动应用技术研究院所（以下简称研究院所）与相关生产企业（包括大型工程承包企业）的重组。鼓励研究院所与相关生产企业重组，实现研发与生产相互促进、共同发展，提高企业的技术创新能力。积极探索研究院所与生产企业重组的有效途径和形式，可以由一家生产企业与研究院所重组，也可以由多家生产企业共同参与研究院所股份制改革。对主要担负基础研究、行业产品和技术监督检测的研究院所，应尽量由多家生产企业共同参与其股份制改革，并采取相应措施，确保其正常运行和发展。

（十）加大对亏损企业国有资本的调整力度。对有望扭亏的国有企业，要采取措施限期扭亏，对由于经营管理不善造成亏损的，要撤换负有责任的企业负责人。对不属于重要行业和关键领域的亏损企业，短期内难以扭亏的，可以向各类投资主体转让，或与其他国有企业进行重组。要依照有关政策，对重要行业和关键领域亏损严重的重要企业，区别不同情况，采取多种方式和途径，推动其改革重组，促进企业发展，并确保国有资本控股。

（十一）围绕突出主业，积极推进企业非主业资产重组。要通过多种途径，使部分企业非主业资产向主业突出的企业集中，促进企业之间非主业资产的合理流动。对非主业资产的中小企业，可采取多种形式放开搞活，符合主辅分离、辅业改制政策要求的，要加快主辅分离、辅业改制、分流安置富余人员的步伐。

（十二）加快国有大型企业内部的重组。要简化企业组织机构，对层级过多的下属企业进行清理、整合，通过关闭、破产、撤销、合并、取消企业法人资格等措施，原则上将管理层次控制在三级以内。要完善大企业的母子公司体制，强化母公司在战略管理、资本运作、结构调整、财务控制、风险防范等方面的功能，通过对业务和资产的调整或重组，发挥企业整体优势，实现专业化和规模化经营。

（十三）加快建立国有资本经营预算制度。国有资本经营预算要重点围绕国有资本调整和国有企业重组的方向和目标，统筹使用好国有资本收益，保障和促进企业结构调整和技术进步，提高企业核心竞争力。

（十四）促进中央企业和地方人民政府所出资企业（以下简称地方企业）之间的重组。对不属于重要行业和关键领域的中央企业，下放地方管理有利于发挥地方优势、有利于与地方企业重组提高竞争力的，在征得地方人民政府同意并报经国务院批准后，可以将其交由地方国有资产监管机构或地方企业管理；地方企业并入中央企业有利于优势互补的，在征得地方人民政府同意后，可以将其并入中央企业。鼓励中央企业和地方企业之间通过股权并购、股权置换、相互参股等方式进行重组。在地方企业之间，也应按此要求促进重组。

三、规范改制重组行为，切实加强组织领导

（十五）进一步规范企业改制方案的审批工作。国有独资企业引入非国有投资者的改制方案和国有控股企业改制为国有资本不控股或不参股企业的方案，必须按照《国务院办公厅转发国务院国有资产监督管理委员会关于规范国有企业改制工作意见的通知》（国办发〔2003〕96 号）、《国务院办公厅转发国资委关于进一步规范国有企业改制工作实施意见的通知》（国办发〔2005〕60 号）以及企业国有产权转让等有关规定严格审批。企业改制涉及财政、劳动保障等事项的，须报经同级人民政府有关部门审核同意后，报国有资产监管机构协调审批；涉及政府公共管理审批事项的，依照国家有关法律法规，报政府有关部门审批。要充分发挥企业职工代表大会和工会的作用，国有独资企业引入非国有投资者的改制方案和国有控股企业改制为国有资本不控股或不参股企业的方案，必须提交企业职工代表大会或职工大会审议，充分听取职工意见；职工安置方案须经企业职工代表大会或职工大会审议通过后方可实施改制。

（十六）完善国有及国有控股企业之间重组的审批程序。对国有及国有控股企业之间的重组，国家已有规定的按规定程序审批，未作规定但因重组致使国有资产监管机构所出资企业减少或者增加的，由国有资产监管机构报本级人民政府审批，其余重组方案由国有资产监管机构审批。具体重组方案应及时向职工代表大会通报。

（十七）进一步统一认识。各地区、各有关部门要深入学习、全面理解、认真贯彻落实党中央、国务院关于深化国有企业改革、调整国有经济布局和结构的精神，提高对国有资本调整和国有企业重组重要性、紧迫性、复杂性的认识。国有及国有控股企业负责人要正确处理国家、企业、个人之间的利益关系，服从国有资本调整和国有企业重组的大局，积极拥护、支持国有资本调整和国有企业重组。要严格执行国家产业政策和行业规划，对涉及国家产业政策和行业规划的重大国有资本调整和国有企业重组事项，国有资产监管机构应会同相关行业主管部门和有关地方政府共同研究决策。

（十八）切实加强组织领导。地方各级人民政府和国有资产监管机构要高度重视推进国有资本调整和国有企业重组工作，搞好调查研究和可行性分析，充分听取各方面的意见，从本地区实际出发，统筹规划，加强领导，周密部署，积极稳妥地推进，维护企业正常的生产经营秩序，确保企业和社会稳定。国资委和有关部门要加强调研、监督和指导，掌握各地工作动态，及时对国有资本调整和国有企业重组中的重大问题研究提出政策建议。国有及国有控股企业要充分发挥企业党组织的政治核心作用尤其是保证监督、宣传引导、协调服务等作用，精心组织实施，深入细致地做好职工的思想政治工作，维护职工合法权益，确保国有资本调整和国有企业重组的顺利进行。

国务院关于促进企业兼并重组的意见

国发〔2010〕27号

各省、自治区、直辖市人民政府，国务院各部委、各直属机构：

为深入贯彻落实科学发展观，切实加快经济发展方式转变和结构调整，提高发展质量和效益，现就加快调整优化产业结构、促进企业兼并重组提出以下意见：

一、充分认识企业兼并重组的重要意义

近年来，各行业、各领域企业通过合并和股权、资产收购等多种形式积极进行整合，兼并重组步伐加快，产业组织结构不断优化，取得了明显成效。但一些行业重复建设严重、产业集中度低、自主创新能力不强、市场竞争力较弱的问题仍很突出。在资源环境约束日益严重、国际间产业竞争更加激烈、贸易保护主义明显抬头的新形势下，必须切实推进企业兼并重组，深化企业改革，促进产业结构优化升级，加快转变发展方式，提高发展质量和效益，增强抵御国际市场风险能力，实现可持续发展。各地区、各有关部门要把促进企业兼并重组作为贯彻落实科学发展观，保持经济平稳较快发展的重要任务，进一步统一思想，正确处理局部与整体、当前与长远的关系，切实抓好促进企业兼并重组各项工作部署的贯彻落实。

二、主要目标和基本原则

（一）主要目标。

通过促进企业兼并重组，深化体制机制改革，完善以公有制为主体、多种所有制经济共同发展的基本经济制度。加快国有经济布局和结构的战略性调整，健全国有资本有进有退的合理流动机制，鼓励和支持民营企业参与竞争性领域国有企业改革、改制和改组，促进非公有制经济和中小企业发展。兼并重组企业要转换经营机制，完善公司治理结构，建立现代企业制度，加强和改善内部管理，加强技术改造，推进技术进步和自主创新，淘汰落后产能，压缩过剩产能，促进节能减排，提高市场竞争力。

进一步贯彻落实重点产业调整和振兴规划，做强做大优势企业。以汽车、钢铁、水泥、机械制造、电解铝、稀土等行业为重点，推动优势企业实施强强联合、跨地区兼并重组、境外并购和投资合作，提高产业集中度，促进规模化、集约化经营，加快发展具有自主知识产权和知名品牌的骨干企业，培养一批具有国际竞争力的大型企业集团，推动产业结构优化升级。

（二）基本原则。

1. 发挥企业的主体作用。充分尊重企业意愿，充分调动企业积极性，通过完善相关行业规划和政策措施，引导和激励企业自愿、自主参与兼并重组。

2. 坚持市场化运作。遵循市场经济规则，充分发挥市场机制的基础性作用，规范行政行为，由企业通过平等协商、依法合规开展兼并重组，防止“拉郎配”。

3. 促进市场有效竞争。统筹协调，分类指导，促进提高产业集中度，促进大中小企业协调发展，促进各种所有制企业公平竞争和优胜劣汰，形成结构合理、竞争有效、规范有序的市场格局。

4. 维护企业与社会和谐稳定。严格执行相关法律法规和规章制度，妥善解决企业兼并重组中资产债务处置、职工安置等问题，依法维护债权人、债务人以及企业职工等利益主体的合法权益，促进企业、社会的和谐稳定。

三、消除企业兼并重组的制度障碍

（一）清理限制跨地区兼并重组的规定。为优化产业布局、进一步破除市场分割和地区封锁，要认真清理废止各种不利于企业兼并重组和妨碍公平竞争的规定，尤其要坚决取消各地区自行出台的限制外地企业对本地企业实施兼并重组的规定。

（二）理顺地区间利益分配关系。在不违背国家有关政策规定的前提下，地区间可根据企业资产规模和盈利能力，签订企业兼并重组后的财税利益分成协议，妥善解决企业兼并重组后工业增加值等统计数据的归属问题，实现企业兼并重组成果共享。

（三）放宽民营资本的市场准入。切实向民营资本开放法律法规未禁入的行业和领域，并放宽在股权比例等方面的限制。加快垄断行业改革，鼓励民营资本通过兼并重组等方式进入垄断行业的竞争性业务领域，支持民营资本进入基础设施、公共事业、金融服务和社会事业相关领域。

四、加强对企业兼并重组的引导和政策扶持

（一）落实税收优惠政策。研究完善支持企业兼并重组的财税政策。对企业兼并重组涉及的资产评估增值、债务重组收益、土地房屋权属转移等给予税收优惠，具体按照财政部、税务总局《关于企业兼并重组业务企业所得税处理若干问题的通知》（财税〔2009〕59 号）、《关于企业改制重组若干契税政策的通知》（财税〔2008〕175 号）等规定执行。

（二）加强财政资金投入。在中央国有资本经营预算中设立专项资金，通过技改贴息、职工安置补助等方式，支持中央企业兼并重组。鼓励地方人民政府通过财政贴息、信贷奖励补助等方式，激励商业银行加大对企业兼并重组的信贷支持力度。有条件的地方可设立企业兼并重组专项资金，支持本地区企业兼并重组，财政资金投入要优先支持重点产业调整和振兴规划确定的企业兼并重组。

（三）加大金融支持力度。商业银行要积极稳妥开展并购贷款业务，扩大贷款规模，合理确定贷款期限。鼓励商业银行对兼并重组后的企业实行综合授信。鼓励证券公司、资产管理公司、股权投资基金以及产业投资基金等参与企业兼并重组，并向企业提供直接投资、委托贷款、过桥贷款等融资支持。积极探索设立专门的并购基金等兼并重组融资新模式，完善股权投资退出机制，吸引社会资金参与企业兼并重组。通过并购贷款、境内外银团贷款、贷款贴息等方式支持企业跨国并购。

（四）支持企业自主创新和技术进步。支持有条件的企业建立企业技术中心，提高研发水平和自主创新能力，加快科技成果向现实生产力转化。大力支持兼并重组企业技术改造和产品结构调整，优先安排技术改造资金，对符合国家产业政策的技术改造项目优先立项。鼓励和引导企业通过兼并重组淘汰落后产能，切实防止以兼并重组为名盲目扩张产能和低水平重复建设。

（五）充分发挥资本市场推动企业重组的作用。进一步推进资本市场企业并购重组的市场化改革，健全市场化定价机制，完善相关规章及配套政策，支持企业利用资本市场开展兼并重组，促进行业整合和产业升级。支持符合条件的企业通过发行股票、债券、可转换债等方式为兼并重组融资。鼓励上市公司以股权、现金及其他金融创新方式作为兼并重组的支付手段，拓宽兼并重组融资渠道，提高资本市场兼并重组效率。

（六）完善相关土地管理政策。兼并重组涉及的划拨土地符合划拨用地条件的，经所在地县级以上人民政府批准可继续以划拨方式使用；不符合划拨用地条件的，依法实行有偿使用，划拨土地使用权价格可依法作为土地使用权人的权益。重点产业调整和振兴规划确定的企业兼并重组项目涉及的原生产经营性划拨土地，经省级以上人民政府国土资源部门批准，可以国家作价出资（入股）方式处置。

（七）妥善解决债权债务和职工安置问题。兼并重组要严格依照有关法律规定和政策妥善分类处置债权债务关系，落实清偿责任，确保债权人、债务人的合法利益。研究债务重组政策措施，支持资产管理公司、创业投资企业、股权投资基金、产业投资基金等机构参与被兼并企业的债务处置。切实落实相关政策规定，积极稳妥解决职工劳动关系、社会保险关系接续、拖欠职工工资等问题。制定完善相关政策措施，继续支持国有企业实施主辅分离、辅业改制和分流安置富余人员。认真落实积极的就业政策，促进下岗失业人员再就业，所需资金从就业专项资金中列支。

（八）深化企业体制改革和管理创新。鼓励兼并重组企业进行公司制、股份制改革，建立健全规范的法人治理结构，转换企业经营机制，创新管理理念、管理机制和管理手段，加强和改善生产经营管理，促进自主创新，提高企业市场竞争力。

五、改进对兼并重组的管理和服务

（一）做好信息咨询服务。加快引进和培养熟悉企业并购业务特别是跨国并购业务的专门人才，建立促进境内外并购活动的公共服务平台，拓宽企业兼并重组信息交流渠道，加强市场信息、战略咨询、法律顾问、财务顾问、资产评估、产权交易、融资中介、独立审计和企业管理等咨询服务，推动企业兼并重组中介服务加快专业化、规范化发展。

（二）加强风险监控。督促企业严格执行兼并重组的有关法律法规和政策，规范操作程序，加强信息披露，防范道德风险，确保兼并重组操作规范、公开、透明。深入研究企业兼并重组中可能出现的各种矛盾和问题，加强风险评估，妥善制定相应的应对预案和措施，切实维护企业、社会和谐稳定。有效防范和打击内幕交易和市场操纵行为，防止恶意收购，防止以企业兼并重组之名甩包袱、偷逃税款、逃废债务，防止国有资产流失。充分发挥境内银行、证券公司等金融机构在跨国并购中的咨询服务作用，指导和帮助企业制定境外并购风险防范和应对方案，保护企业利益。

（三）维护公平竞争和国家安全。完善相关管理办法，加强和完善对重大的企业兼并重组交易的管理，对达到经营者集中法定申报标准的企业兼并重组，依法进行经营者集中审查。进一步完善外资并购管理规定，建立健全外资并购国内企业国家安全审查制度，鼓励和规范外资以参股、并购方式参与国内企业改组改造和兼并重组，维护国家安全。

六、加强对企业兼并重组工作的领导

建立健全组织协调机制，加强对企业兼并重组工作的领导。由工业和信息化部牵头，发展改革委、财政部、人力资源社会保障部、国土资源部、商务部、人民银行、国资委、税务总局、工商总局、银监会、证监会等部门参加，成立企业兼并重组工作协调小组，统筹协调企业兼并重组工作，研究解决推进企业兼并重组工作中的重大问题，细化有关政策和配套措施，落实重点产业调整和振兴规划的相关要求，协调有关地区和企业做好组织实施。各地区要努力营造企业跨地区、跨行业、跨所有制兼并重组的良好环境，指导督促企业切实做好兼并重组有关工作。

附件：促进企业兼并重组任务分工表

国务院

二〇一〇年八月二十八日

附件：

促进企业兼并重组任务分工表

序号	工作任务	牵头单位	参加单位
1	清理取消阻碍企业兼并重组的规定。	工业和信息化部	各省、自治区、直辖市人民政府
2	放宽民营资本的市场准入。	工业和信息化部	发展改革委、国土资源部、工商总局、银监会等
3	完善和落实企业兼并重组的税收优惠政策。	财政部	税务总局
4	鼓励商业银行开展并购贷款业务，扩大贷款规模。鼓励商业银行对兼并重组后的企业实行综合授信。通过并购贷款、境内外银团贷款、贷款贴息等方式支持企业跨国并购。	银监会、人民银行	发展改革委、工业和信息化部、财政部
5	积极探索设立专门并购基金等兼并重组融资新模式，完善股权投资退出机制。支持符合条件的企业通过发行股票、债券、可转换债等为兼并重组融资。	证监会、发展改革委	工业和信息化部、财政部
6	在中央国有资本经营预算中设立专项资金，支持中央企业兼并重组。	财政部	国资委、发展改革委、工业和信息化部、商务部
7	鼓励地方人民政府通过财政贴息、信贷奖励补助等方式，激励商业银行加大对企业兼并重组的信贷支持力度。有条件的地方可设立企业兼并重组专项资金。	各省、自治区、直辖市人民政府	
8	进一步推进资本市场企业并购重组的市场化改革，健全市场化定价机制，完善相关规章及配套政策，支持企业利用资本市场开展兼并重组。鼓励上市公司以股权、现金及其他金融创新方式作为兼并重组的支付手段。	证监会	发展改革委、财政部、商务部、人民银行、银监会
9	完善土地使用优惠政策。	国土资源部	财政部
10	加大对兼并重组企业技术改造支持力度。支持有条件的企业建立企业技术中心。鼓励和引导企业通过兼并重组淘汰落后产能，切实防止以兼并重组为名盲目扩张产能和低水平重复建设。	发展改革委、工业和信息化部	财政部

续表

序号	工作任务	牵头单位	参加单位
11	研究债务重组政策措施，支持资产管理公司、创业投资企业、股权投资基金、产业投资基金等机构参与被兼并企业的债务处置。	财政部	发展改革委、人民银行、国资委、银监会
12	制订完善相关政策措施，继续支持国有企业实施主辅分离、辅业改制和分流安置富余人员。	财政部、国资委	人力资源社会保障部
13	落实积极的就业政策，促进下岗失业人员再就业。	人力资源社会保障部、财政部，各省、自治区、直辖市人民政府	国资委
14	建立促进境内外并购活动的公共服务平台	工业和信息化部	发展改革委、商务部、证监会
15	发挥境内银行、证券公司等金融机构在跨国并购中的咨询服务作用，指导和帮助企业制定境外并购风险防范和应对方案。	商务部	银监会、证监会、工业和信息化部、发展改革委等
16	督促企业严格执行有关法律法规和政策，规范操作程序，加强信息披露。有效防范和打击内幕交易和市场操纵行为，防止恶意收购，防止以企业兼并重组之名甩包袱、偷逃税款、逃废债务，防止国有资产流失。	工业和信息化部	发展改革委、财政部、商务部、国资委、人民银行、税务总局、工商总局、银监会、证监会
17	深入研究企业兼并重组中可能出现的各种矛盾和问题，加强风险评估，制定相应的应对预案。	工业和信息化部	发展改革委、财政部、人力资源社会保障部、商务部、人民银行、国资委、银监会、证监会
18	对达到经营者集中法定申报标准的企业兼并重组，依法进行经营者集中审查。	商务部	发展改革委、工业和信息化部、国资委等
19	完善相关管理办法，加强和完善对重大的企业兼并重组交易的管理。	工业和信息化部	发展改革委、财政部、商务部、国资委、证监会
20	建立企业兼并重组工作部际协调机制。	工业和信息化部	发展改革委、财政部、人力资源社会保障部、国土资源部、商务部、人民银行、国资委、税务总局、工商总局、银监会、证监会等

国务院关于进一步优化企业兼并重组市场环境的意见

国发〔2014〕14号

各省、自治区、直辖市人民政府，国务院各部委、各直属机构：

兼并重组是企业加强资源整合、实现快速发展、提高竞争力的有效措施，是化解产能严重过剩矛盾、调整优化产业结构、提高发展质量效益的重要途径。近年来，我国企业兼并重组步伐加快，但仍面临审批多、融资难、负担重、服务体系不健全、体制机制不完善、跨地区跨所有制兼并重组困难等问题。为深入贯彻党的十八大和十八届二中、三中全会精神，认真落实党中央和国务院的决策部署，营造良好的市场环境，充分发挥企业在兼并重组中的主体作用，现提出以下意见：

一、主要目标和基本原则

（一）主要目标。

1. 体制机制进一步完善。企业兼并重组相关行政审批事项逐步减少，审批效率不断提高，有利于企业兼并重组的市场体系进一步完善，市场壁垒逐步消除。

2. 政策环境更加优化。有利于企业兼并重组的金融、财税、土地、职工安置等政策进一步完善，企业兼并重组融资难、负担重等问题逐步得到解决，兼并重组服务体系不断健全。

3. 企业兼并重组取得新成效。兼并重组活动日趋活跃，一批企业通过兼并重组焕发活力，有的成长为具有国际竞争力的大企业大集团，产业竞争力进一步增强，资源配置效率显著提高，过剩产能得到化解，产业结构持续优化。

（二）基本原则。

1. 尊重企业主体地位。有效调动企业积极性，由企业自主决策、自愿参与兼并重组，坚持市场化运作，避免违背企业意愿的“拉郎配”。

2. 发挥市场机制作用。发挥市场在资源配置中的决定性作用，加快建立公平开放透明的市场规则，消除企业兼并重组的体制机制障碍，完善统一开放、竞争有序的市场体系。

3. 改善政府的管理和服务。取消限制企业兼并重组和增加企业兼并重组负担的不合理规定，解决企业兼并重组面临的突出问题，引导和激励各种所有制企业自主、自愿参与兼并重组。

二、加快推进审批制度改革

（三）取消下放部分审批事项。系统梳理企业兼并重组涉及的审批事项，缩小审批范围，对市场机制能有效调节的事项，取消相关审批。取消上市公司收购报告书事前审核，强化事后问责。取消上市公司重大资产购买、出售、置换行为审批（构成借壳上市的除外）。对上市公司要约收购义务豁免的部分情形，取消审批。地方国有股东所持上市公司股份的转让，下放地方政府审批。

（四）简化审批程序。优化企业兼并重组相关审批流程，推行并联式审批，避免互为前置条件。实行上市公司并购重组分类审核，对符合条件的企业兼并重组实行快速审核或豁免审核。简化海外并购的外汇管理，改革外汇登记要求，进一步促进投资便利化。优化国内企业境外收购的事前信息报告确认程序，加快办理相关核准手续。提高经营者集中反垄断审查效率。企业兼并重组涉及的生产许可、工商登记、资产权属证明等变更手续，从简限时办理。

三、改善金融服务

（五）优化信贷融资服务。引导商业银行在风险可控的前提下积极稳妥开展并购贷款业务。推动商业银行对兼并重组企业实行综合授信，改善对企业兼并重组的信贷服务。

（六）发挥资本市场作用。符合条件的企业可以通过发行股票、企业债券、非金融企业债务融资工具、可转换债券等方式融资。允许符合条件的企业发行优先股、定向发行可转换债券作为兼并重组支付方式，研究推进定向权证等作为支付方式。鼓励证券公司开展兼并重组融资业务，各类财务投资主体可以通过设立股权投资基金、创业投资基金、产业投资基金、并购基金等形式参与兼并重组。对上市公司发行股份实施兼并事项，不设发行数量下限，兼并非关联企业不再强制要求作出业绩承诺。非上市公众公司兼并重组，不实施全面要约收购制度。改革上市公司兼并重组的股份定价机制，增加定价弹性。非上市公众公司兼并重组，允许实行股份协商定价。

四、落实和完善财税政策

（七）完善企业所得税、土地增值税政策。修订完善兼并重组企业所得税特殊性税务处理的政策，降低收购股权（资产）占被收购企业全部股权（资产）的比例限制，扩大特殊性税务处理政策的适用范围。抓紧研究完善非货币性资产投资交易的企业所得税、企业改制重组涉及的土地增值税等相关政策。

（八）落实增值税、营业税等政策。企业通过合并、分立、出售、置换等方式，转让全部或者部分实物资产以及与其相关联的债权、债务和劳动力的，不属于增值税和营业税征收范围，不应视同销售而征收增值税和营业税。税务部门要加强跟踪管理，企业兼并重组工作牵头部门要积极协助财税部门做好相关税收政策的落实。

（九）加大财政资金投入。中央财政适当增加工业转型升级资金规模，引导实施兼并重组的企业转型升级。利用现有中央财政关闭小企业资金渠道，调整使用范围，帮助实施兼并重组的企业安置职工、转型转产。加大对企业兼并重组公共服务的投入力度。各地要安排资金，按照行政职责，解决本地区企业兼并重组工作中的突出问题。

（十）进一步发挥国有资本经营预算资金的作用。根据企业兼并重组的方向、重点和目标，合理安排国有资本经营预算资金引导国有企业实施兼并重组、做优做强，研究完善相关管理制度，提高资金使用效率。

五、完善土地管理和职工安置政策

（十一）完善土地使用政策。政府土地储备机构有偿收回企业因兼并重组而退出的土地，按规定支付给企业的土地补偿费可以用于企业安置职工、偿还债务等支出。企业兼并重组中涉及因实施城市规划需要搬迁的工业项目，在符合城乡规划及国家产业政策的条件下，市县国土资源管理部门经审核并报同级人民政府批准，可收回原国有土地使用权，并以协议出让或租赁方式为原土地使用权人重新安排工业用地。企业兼并重组涉及土地转让、改变用途的，国土资源、住房城乡建设部门要依法依规加快办理相关用地和规划手续。

（十二）进一步做好职工安置工作。落实完善兼并重组职工安置政策。实施兼并重组的企业要按照国家有关法律法规及政策规定，做好职工安置工作，妥善处理职工劳动关系。地方各级人民政府要进一步落实促进职工再就业政策，做好职工社会保险关系转移接续，保障职工合法权益。对采取有效措施稳定职工队伍的企业给予稳定岗位补贴，所需资金从失业保险基金中列支。

六、加强产业政策引导

（十三）发挥产业政策作用。提高节能、环保、质量、安全等标准，规范行业准入，形成倒逼机制，引导企业兼并重组。支持企业通过兼并重组压缩过剩产能、淘汰落后产能、促进转型转产。产能严重过剩行业项目建设，须制定产能置换方案，实施等量或减量置换。

（十四）鼓励优强企业兼并重组。推动优势企业强强联合、实施战略性重组，带动中小企业“专精特新”发展，形成优强企业主导、大中小企业协调发展的产业格局。

（十五）引导企业开展跨国并购。落实完善企业跨国并购的相关政策，鼓励具备实力的企业开展跨国并购，在全球范围内优化资源配置。规范企业海外并购秩序，加强竞争合作，推动互利共赢。积极指导企业制定境外并购风险应对预案，防范债务风险。鼓励外资参与我国企业兼并重组。

（十六）加强企业兼并重组后的整合。鼓励企业通过兼并重组优化资金、技术、人才等生产要素配置，实施业务流程再造和技术升级改造，加强管理创新，实现优势互补、做优做强。

七、进一步加强服务和管理

（十七）推进服务体系建设。进一步完善企业兼并重组公共信息服务平台，拓宽信息交流渠道。培育一批业务能力强、服务质量高的中介服务机构，提高关键领域、薄弱环节的服务能力，促进中介服务机构专业化、规范化发展。发挥行业协会在企业兼并重组中的重要作用。

（十八）建立统计监测制度。加强企业兼并重组的统计信息工作，构建企业兼并重组统计指标体系，建立和完善统计调查、监测分析和发布制度。整合行业协会、中介组织等信息资源，畅通统计信息渠道，为企业提供及时有效的信息服务。

（十九）规范企业兼并重组行为。严格依照有关法律法规和政策，保护职工、债权人和投资者的合法权益。完善国有产权转让有关规定，规范国有资产处置，防止国有资产流失。采取切实措施防止企业通过兼并重组逃废银行债务，依法维护金融债权，保障金融机构合法权益。在资本市场上，主板、中小板企业兼并重组构成借壳上市的，要符合首次公开发行条件。加强上市公司和非上市公众公司信息披露，强化事中、事后监管，严厉查处内幕交易等违法违规行为。加强外国投资者并购境内企业安全审查，维护国家安全。

八、健全企业兼并重组的体制机制

（二十）完善市场体系建设。深化要素配置市场化改革，进一步完善多层次资本市场体系。加快建立现代企业产权制度，促进产权顺畅流转。加强反垄断和反不正当竞争执法，规范市场竞争秩序，加强市场监管，促进公平竞争和优胜劣汰。行政机关和法律法规授权的具有管理公共事务职责的组织，应严格遵守反垄断法，不得滥用行政权力排除和限制竞争。

（二十一）消除跨地区兼并重组障碍。清理市场分割、地区封锁等限制，加强专项监督检查，落实责任追究制度。加大一般性转移支付力度，平衡地区间利益关系。落实跨地区机构企业所得税分配政策，协调解决企业兼并重组跨地区利益分享问题，解决跨地区被兼并企业的统计归属问题。

（二十二）放宽民营资本市场准入。向民营资本开放非明确禁止进入的行业和领域。推动企业股份制改造，发展混合所有制经济，支持国有企业母公司通过出让股份、增资扩股、合资合作引入民营资本。加快垄断行业改革，向民营资本开放垄断行业的竞争性业务领域。优势企业不得利用垄断力量限制民营企业参与市场竞争。

（二十三）深化国有企业改革。深入推进国有企业产权多元化改革，完善公司治理结构。改革国有企业负责人任免、评价、激励和约束机制，完善国有企业兼并重组考核评价体系。加大国有企业内部资源整合力度，推动国有资本更多投向关系国家安全、国民经济命脉的重要行业和关键领域。

九、切实抓好组织实施

（二十四）进一步加大统筹协调力度。充分发挥企业兼并重组工作部际协调小组的作用，解决跨地区跨所有制企业兼并重组和跨国并购中的重大问题，做好重大部署的落实，组织开展政策执行情况评估和监督检查。各有关部门要按照职责分工抓紧制定出台配套政策措施，加强协调配合，完善工作机制，扎实推进各项工作。

（二十五）切实加强组织领导。各地区要按照本意见要求，结合当地实际抓紧制定优化企业兼并重组市场环境的具体方案，建立健全协调机制和服务体系，积极协调解决本地区企业兼并重组中遇到的问题，确保各项政策措施落到实处，有关重大事项及时报告企业兼并重组工作部际协调小组。

国务院

2014 年 3 月 7 日

（此件有删减）

国务院办公厅关于推动中央企业结构调整与重组的指导意见

国办发〔2016〕56号

各省、自治区、直辖市人民政府，国务院各部委、各直属机构：

近年来，中央企业积极推进结构调整与重组，布局结构不断优化，规模实力显著增强，发展质量明显提升，各项改革发展工作取得了积极成效。但总的来看，中央企业产业分布过广、企业层级过多等结构性问题仍然较为突出，资源配置效率亟待提高、企业创新能力亟待增强。为贯彻落实党中央、国务院关于深化国有企业改革的决策部署，进一步优化国有资本配置，促进中央企业转型升级，经国务院同意，现就推动中央企业结构调整与重组提出以下意见。

一、总体要求

（一）指导思想。

全面贯彻党的十八大和十八届三中、四中、五中全会精神，深入学习领会习近平总书记系列重要讲话精神，认真贯彻落实“四个全面”战略布局和党中央、国务院决策部署，牢固树立创新、协调、绿色、开放、共享的发展理念，推进供给侧结构性改革，坚持公有制主体地位，发挥国有经济主导作用，以优化国有资本配置为中心，着力深化改革，调整结构，加强科技创新，加快转型升级，加大国际化经营力度，提升中央企业发展质量和效益，推动中央企业在市场竞争中不断发展壮大，更好发挥中央企业在保障国民经济持续健康安全发展中的骨干中坚作用。

（二）基本原则。

——坚持服务国家战略。中央企业结构调整与重组，要服务国家发展目标，落实国家发展战略，贯彻国家产业政策，以管资本为主加强国资监管，不断推动国有资本优化配置。

——坚持尊重市场规律。遵循市场经济规律和企业发展规律，维护市场公平竞争秩序，以市场为导向，以企业为主体，以主业为主，因地制宜、因业制宜、因企制宜，有进有退、有所为有所不为，不断提升中央企业市场竞争力。

——坚持与改革相结合。在调整重组中深化企业内部改革，建立健全现代企业制度，形成崭新的体制机制，打造充满生机活力的新型企业。加强党的领导，确保党的建设与调整重组同步推进，实现体制、机制、制度和工作的有效对接。

——坚持严格依法规范。严格按照有关法律法规推进中央企业结构调整与重组，切实保护各类股东、债权人和职工等相关方的合法权益。加强国有资产交易监管，防止逃废金融债务，防范国有资产流失。

——坚持统筹协调推进。突出问题导向，处理好中央企业改革、发展、稳定的关系，把握好调整重组的重点、节奏与力度，统筹好巩固加强、创新发展、重组整合和清理退出等工作。

二、主要目标

到 2020 年，中央企业战略定位更加准确，功能作用有效发挥；总体结构更趋合理，国有资本配置效率显著提高；发展质量明显提升，形成一批具有创新能力和国际竞争力的世界一流跨国公司。具体目标是：

功能作用有效发挥。在国防、能源、交通、粮食、信息、生态等关系国家安全的领域保障能力显著提升；在重大基础设施、重要资源以及公共服务等关系国计民生和国民经济命脉的重要行业控制力明显增强；在重大装备、信息通信、生物医药、海洋工程、节能环保等行业的影响力进一步提高；在新能源、新材料、航空航天、智能制造等产业的带动力更加凸显。

资源配置更趋合理。通过兼并重组、创新合作、淘汰落后产能、化解过剩产能、处置低效无效资产等途径，形成国有资本有进有退、合理流动的机制。中央企业纵向调整加快推进，产业链上下游资源配置不断优化，从价值链中低端向中高端转变取得明显进展，整体竞争力大幅提升。中央企业间的横向整合基本完成，协同经营平台建设加快推进，同质化经营、重复建设、无序竞争等问题得到有效化解。

发展质量明显提升。企业发展战略更加明晰，主业优势更加突出，资产负债规模更趋合理，企业治理更加规范，经营机制更加灵活，创新驱动发展富有成效，国际化经营稳步推进，风险管控能力显著增强，国有资本效益明显提高，实现由注重规模扩张向注重提升质量效益转变，从国内经营为主向国内外经营并重转变。

三、重点工作

（一）巩固加强一批。

巩固安全保障功能。对主业处于关系国家安全、国民经济命脉的重要行业和关键领域、主要承担国家重大专项任务的中央企业，要保证国有资本投入，增强保障国家安全和国民经济运行能力，保持国有资本控股地位，支持非国有资本参股。对重要通信基础设施、重要江河流域控制性水利水电航电枢纽等领域，粮食、棉花、石油、天然气等国家战略物资储备领域，实行国有独资或控股。对战略性矿产资源开发利用，石油天然气主干管网、电网等自然垄断环节的管网，核电、重要公共技术平台、地质等基础数据采集利用领域，国防军工等特殊产业中从事战略武器装备科研生产、关系国家战略安全和涉及国家核心机密的核心军工能力领域，实行国有独资或绝对控股。对其他服务国家战略目标、重要前瞻性战略性产业、生态环境保护、共用技术平台等重要行业和关键领域，加大国有资本投资力度，发挥国有资本引导和带动作用。

（二）创新发展一批。

搭建调整重组平台。改组组建国有资本投资、运营公司，探索有效的运营模式，通过开展投资融资、产业培育、资本整合，推动产业集聚和转型升级，优化中央企业国有资本布局结构；通过股权运作、价值管理、有序进退，促进国有资本合理流动。将中央企业中的低效无效资产以及户数较多、规模较小、产业集中度低、产能严重过剩行业中的中央企业，适度集中至国有资本投资、运营公司，做好增量、盘活存量、主动减量。

搭建科技创新平台。强化科技研发平台建设，加强应用基础研究，完善研发体系，突破企业技术瓶颈，提升自主创新能力。构建行业协同创新平台，推进产业创新联盟建设，建立和完善开放高效的技术创新体系，突破产业发展短板，提升集成创新能力。建设“互联网+”平台，推动产业互联网发展，促进跨界创新融合。建立支持创新的金融平台，充分用好各种创投基金支持中央企业创新发展，通过市场化方式设立各类中央企业科技创新投资基金，促进科技成果转化和新兴产业培育。把握世界科技发展趋势，搭建国际科技合作平台，积极融入全球创新网络。鼓励企业搭建创新创业孵化和服务平台，支持员工和社会创新创业，推动战略性新兴产业发展，加快形成新的经济增长点。鼓励优势产业集团与中央科研院所企业重组。

搭建国际化经营平台。以优势企业为核心，通过市场化运作方式，搭建优势产业上下游携手走出去平台、高效产能国际合作平台、商产融结合平台和跨国并购平台，增强中央企业联合参与国际市场竞争的能力。加快境外经济合作园区建设，形成走出去企业集群发展优势，降低国际化经营风险。充分发挥现有各类国际合作基金的作用,鼓励以市场化方式发起设立相关基金，组合引入非国有资本、优秀管理人才、先进管理机制和增值服务能力，提高中央企业国际化经营水平。

（三）重组整合一批。

推进强强联合。统筹走出去参与国际竞争和维护国内市场公平竞争的需要，稳妥推进装备制造、建筑工程、电力、钢铁、有色金属、航运、建材、旅游和航空服务等领域企业重组，集中资源形成合力，减少无序竞争和同质化经营，有效化解相关行业产能过剩。鼓励煤炭、电力、冶金等产业链上下游中央企业进行重组，打造全产业链竞争优势，更好发挥协同效应。

推动专业化整合。在国家产业政策和行业发展规划指导下，支持中央企业之间通过资产重组、股权合作、资产置换、无偿划转、战略联盟、联合开发等方式，将资源向优势企业和主业企业集中。鼓励通信、电力、汽车、新材料、新能源、油气管道、海工装备、航空货运等领域相关中央企业共同出资组建股份制专业化平台，加大新技术、新产品、新市场联合开发力度，减少无序竞争，提升资源配置效率。

加快推进企业内部资源整合。鼓励中央企业依托资本市场，通过培育注资、业务重组、吸收合并等方式，利用普通股、优先股、定向发行可转换债券等工具，推进专业化整合，增强持续发展能力。压缩企业管理层级，对五级以下企业进行清理整合，将投资决策权向三级以上企业集中，积极推进管控模式与组织架构调整、流程再造，构建功能定位明确、责权关系清晰、层级设置合理的管控体系。

积极稳妥开展并购重组。鼓励中央企业围绕发展战略，以获取关键技术、核心资源、知名品牌、市场渠道等为重点，积极开展并购重组，提高产业集中度，推动质量品牌提升。建立健全重组评估机制，加强并购后企业的联动与整合，推进管理、业务、技术、市场、文化和人力资源等方面的协同与融合，确保实现并购预期目标。并购重组中要充分发挥各企业的专业化优势和比较优势，尊重市场规律，加强沟通协调，防止无序竞争。

（四）清理退出一批。

大力化解过剩产能。严格按照国家能耗、环保、质量、安全等标准要求，以钢铁、煤炭行业为重点，大力压缩过剩产能，加快淘汰落后产能。对产能严重过剩行业，按照减量置换原则从严控制新项目投资。对高负债企业，以不推高资产负债率为原则严格控制投资规模。

加大清理长期亏损、扭亏无望企业和低效无效资产力度。通过资产重组、破产清算等方式，解决持续亏损三年以上且不符合布局结构调整方向的企业退出问题。通过产权转让、资产变现、无偿划转等方式，解决三年以上无效益且未来两年生产经营难以好转的低效无效资产处置问题。

下大力气退出一批不具有发展优势的非主营业务。梳理企业非主营业务和资产，对与主业无互补性、协同性的低效业务和资产，加大清理退出力度，实现国有资本形态转换。变现的国有资本除按有关要求用于安置职工、解决历史遗留问题外，集中投向国有资本更需要集中的领域和行业。

加快剥离企业办社会职能和解决历史遗留问题。稳步推进中央企业职工家属区“三供一业”分离移交，实现社会化管理。对中央企业所办医疗、教育、市政、消防、社区管理等公共服务机构，采取移交、撤并、改制或专业化管理、政府购买服务等多种方式分类进行剥离。加快推进厂办大集体改革。对中央企业退休人员统一实行社会化管理。

四、保障措施

（一）加强组织领导。

国务院国资委要会同有关部门根据国家战略要求，结合行业体制改革和产业政策，提出有关中央企业实施重组的具体方案，报国务院批准后稳步推进。中央企业结合实际制定本企业结构调整与重组的具体实施方案，报国务院国资委备案后组织实施，其中涉及国家安全领域的，须经相关行业主管部门审核同意。中央企业在结构调整与重组过程中要切实加强党的领导，建立责任清晰、分工明确的专项工作机制，由主要负责人负总责，加大组织协调力度，切实依法依规操作。同时发挥工会和有关社团组织的作用，做好干部职工的思想政治工作。

（二）加强行业指导。

各有关部门要根据实现“两个一百年”奋斗目标、国家重大战略布局以及统筹国内国际两个市场等需要，明确国有资本分行业、分区域布局的基本要求，作为中央企业布局结构调整的重要依据，同时结合各自职责，配套出台相关产业管理政策，保障国有资本投入规模科学合理，确保中央企业结构调整与重组有利于增强国有经济主导能力、维护市场公平竞争秩序。

（三）加大政策支持。

各有关部门要研究出台财政、金融、人才、科技、薪酬分配、业绩考核等支持政策，并切实落实相关税收优惠政策，为中央企业结构调整与重组创造良好环境。要充分发挥各类基金的作用，积极稳妥引入各类社会资本参与和支持中央企业结构调整与重组。

（四）完善配套措施。

健全企业退出机制，完善相关退出政策，依法妥善处理劳动关系调整、社会保险关系接续等问题，切实维护好企业职工合法权益。建立完善政府和企业合理分担成本的机制，多渠道筹措资金，妥善解决中央企业历史遗留问题，为中央企业公平参与市场竞争创造条件。

金融、文化等中央企业的结构调整与重组，中央另有规定的依其规定执行。

国务院办公厅

2016 年 7 月 17 日

三、证监会规章及规范性文件

上市公司重大资产重组管理办法（2016年修订）

（2014年7月7日中国证券监督管理委员会第52次主席办公会议审议通过　根据2016年9月8日中国证券监督管理委员会《关于修改〈上市公司重大资产重组管理办法〉的决定》修订）

第一章　总则

第一条　为了规范上市公司重大资产重组行为，保护上市公司和投资者的合法权益，促进上市公司质量不断提高，维护证券市场秩序和社会公共利益，根据《公司法》、《证券法》等法律、行政法规的规定，制定本办法。

第二条　本办法适用于上市公司及其控股或者控制的公司在日常经营活动之外购买、出售资产或者通过其他方式进行资产交易达到规定的比例，导致上市公司的主营业务、资产、收入发生重大变化的资产交易行为（以下简称重大资产重组）。

上市公司发行股份购买资产应当符合本办法的规定。

上市公司按照经中国证券监督管理委员会（以下简称中国证监会）核准的发行证券文件披露的募集资金用途，使用募集资金购买资产、对外投资的行为，不适用本办法。

第三条　任何单位和个人不得利用重大资产重组损害上市公司及其股东的合法权益。

第四条　上市公司实施重大资产重组，有关各方必须及时、公平地披露或者提供信息，保证所披露或者提供信息的真实、准确、完整，不得有虚假记载、误导性陈述或者重大遗漏。

第五条　上市公司的董事、监事和高级管理人员在重大资产重组活动中，应当诚实守信、勤勉尽责，维护公司资产的安全，保护公司和全体股东的合法权益。

第六条　为重大资产重组提供服务的证券服务机构和人员，应当遵守法律、行政法规和中国证监会的有关规定，遵循本行业公认的业务标准和道德规范，严格履行职责，对其所制作、出具文件的真实性、准确性和完整性承担责任。

前款规定的证券服务机构和人员，不得教唆、协助或者伙同委托人编制或者披露存在虚假记载、误导性陈述或者重大遗漏的报告、公告文件，不得从事不正当竞争，不得利用上市公司重大资产重组谋取不正当利益。

第七条　任何单位和个人对所知悉的重大资产重组信息在依法披露前负有保密义务。

禁止任何单位和个人利用重大资产重组信息从事内幕交易、操纵证券市场等违法活动。

第八条　中国证监会依法对上市公司重大资产重组行为进行监督管理。

中国证监会审核上市公司重大资产重组或者发行股份购买资产的申请，可以根据上市公司的规范运作和诚信状况、财务顾问的执业能力和执业质量，结合国家产业政策和重组交易类型，作出差异化的、公开透明的监管制度安排，有条件地减少审核内容和环节。

第九条　鼓励依法设立的并购基金、股权投资基金、创业投资基金、产业投资基金等投资机构参与上市公司并购重组。

第十条　中国证监会在发行审核委员会中设立上市公司并购重组审核委员会（以下简称并购重组委），并购重组委以投票方式对提交其审议的重大资产重组或者发行股份购买资产申请进行表决，提出审核意见。

第二章　重大资产重组的原则和标准

第十一条　上市公司实施重大资产重组，应当就本次交易符合下列要求作出充分说明，并予以披露：

（一）符合国家产业政策和有关环境保护、土地管理、反垄断等法律和行政法规的规定；

（二）不会导致上市公司不符合股票上市条件；

（三）重大资产重组所涉及的资产定价公允，不存在损害上市公司和股东合法权益的情形；

（四）重大资产重组所涉及的资产权属清晰，资产过户或者转移不存在法律障碍，相关债权债务处理合法；

（五）有利于上市公司增强持续经营能力，不存在可能导致上市公司重组后主要资产为现金或者无具体经营业务的情形；

（六）有利于上市公司在业务、资产、财务、人员、机构等方面与实际控制人及其关联人保持独立，符合中国证监会关于上市公司独立性的相关规定；

（七）有利于上市公司形成或者保持健全有效的法人治理结构。

第十二条　上市公司及其控股或者控制的公司购买、出售资产，达到下列标准之一的，构成重大资产重组：

（一）购买、出售的资产总额占上市公司最近一个会计年度经审计的合并财务会计报告期末资产总额的比例达到 50%以上；

（二）购买、出售的资产在最近一个会计年度所产生的营业收入占上市公司同期经审计的合并财务会计报告营业收入的比例达到 50%以上；

（三）购买、出售的资产净额占上市公司最近一个会计年度经审计的合并财务会计报告期末净资产额的比例达到 50%以上，且超过 5000 万元人民币。

购买、出售资产未达到前款规定标准，但中国证监会发现存在可能损害上市公司或者投资者合法权益的重大问题的，可以根据审慎监管原则，责令上市公司按照本办法的规定补充披露相关信息、暂停交易、聘请独立财务顾问或者其他证券服务机构补充核查并披露专业意见。

第十三条　上市公司自控制权发生变更之日起 60 个月内，向收购人及其关联人购买资产，导致上市公司发生以下根本变化情形之一的，构成重大资产重组，应当按照本办法的规定报经中国证监会核准：

（一）购买的资产总额占上市公司控制权发生变更的前一个会计年度经审计的合并财务会计报告期末资产总额的比例达到 100%以上；

（二）购买的资产在最近一个会计年度所产生的营业收入占上市公司控制权发生变更的前一个会计年度经审计的合并财务会计报告营业收入的比例达到 100%以上；

（三）购买的资产在最近一个会计年度所产生的净利润占上市公司控制权发生变更的前一个会计年度经审计的合并财务会计报告净利润的比例达到 100%以上；

（四）购买的资产净额占上市公司控制权发生变更的前一个会计年度经审计的合并财务会计报告期末净资产额的比例达到 100%以上；

（五）为购买资产发行的股份占上市公司首次向收购人及其关联人购买资产的董事会决议前一个交易日的股份的比例达到 100%以上；

（六）上市公司向收购人及其关联人购买资产虽未达到本款第（一）至第（五）项标准，但可能导致上市公司主营业务发生根本变化；

（七）中国证监会认定的可能导致上市公司发生根本变化的其他情形。

上市公司实施前款规定的重大资产重组，应当符合下列规定：

（一）符合本办法第十一条、第四十三条规定的要求；

（二）上市公司购买的资产对应的经营实体应当是股份有限公司或者有限责任公司，且符合《首次公开发行股票并上市管理办法》规定的其他发行条件；

（三）上市公司及其最近 3 年内的控股股东、实际控制人不存在因涉嫌犯罪正被司法机关立案侦查或涉嫌违法违规正被中国证监会立案调查的情形，但是，涉嫌犯罪或违法违规的行为已经终止满 3 年，交易方案能够消除该行为可能造成的不良后果，且不影响对相关行为人追究责任的除外；

（四）上市公司及其控股股东、实际控制人最近 12 个月内未受到证券交易所公开谴责，不存在其他重大失信行为；

（五）本次重大资产重组不存在中国证监会认定的可能损害投资者合法权益，或者违背公开、公平、公正原则的其他情形。

上市公司通过发行股份购买资产进行重大资产重组的，适用《证券法》和中国证监会的相关规定。

本条第一款所称控制权，按照《上市公司收购管理办法》第八十四条的规定进行认定。上市公司股权分散，董事、高级管理人员可以支配公司重大的财务和经营决策的，视为具有上市公司控制权。

创业板上市公司自控制权发生变更之日起，向收购人及其关联人购买资产，不得导致本条第一款规定的任一情形。

上市公司自控制权发生变更之日起，向收购人及其关联人购买的资产属于金融、创业投资等特定行业的，由中国证监会另行规定。

第十四条　计算本办法第十二条、第十三条规定的比例时，应当遵守下列规定：

（一）购买的资产为股权的，其资产总额以被投资企业的资产总额与该项投资所占股权比例的乘积和成交金额二者中的较高者为准，营业收入以被投资企业的营业收入与该项投资所占股权比例的乘积为准，资产净额以被投资企业的净资产额与该项投资所占股权比例的乘积和成交金额二者中的较高者为准；出售的资产为股权的，其资产总额、营业收入以及资产净额分别以被投资企业的资产总额、营业收入以及净资产额与该项投资所占股权比例的乘积为准。

购买股权导致上市公司取得被投资企业控股权的，其资产总额以被投资企业的资产总额和成交金额二者中的较高者为准，营业收入以被投资企业的营业收入为准，净利润以被投资企业扣除非经常性损益前后的净利润的较高者为准，资产净额以被投资企业的净资产额和成交金额二者中的较高者为准；出售股权导致上市公司丧失被投资企业控股权的，其资产总额、营业收入以及资产净额分别以被投资企业的资产总额、营业收入以及净资产额为准。

（二）购买的资产为非股权资产的，其资产总额以该资产的账面值和成交金额二者中的较高者为准，资产净额以相关资产与负债的账面值差额和成交金额二者中的较高者为准；出售的资产为非股权资产的，其资产总额、资产净额分别以该资产的账面值、相关资产与负债账面值的差额为准；该非股权资产不涉及负债的，不适用第十二条第一款第（三）项规定的资产净额标准。

（三）上市公司同时购买、出售资产的，应当分别计算购买、出售资产的相关比例，并以二者中比例较高者为准。

（四）上市公司在 12 个月内连续对同一或者相关资产进行购买、出售的，以其累计数分别计算相应数额。已按照本办法的规定编制并披露重大资产重组报告书的资产交易行为，无须纳入累计计算的范围。中国证监会对本办法第十三条第一款规定的重大资产重组的累计期限和范围另有规定的，从其规定。

交易标的资产属于同一交易方所有或者控制，或者属于相同或者相近的业务范围，或者中国证监会认定的其他情形下，可以认定为同一或者相关资产。

第十五条　本办法第二条所称通过其他方式进行资产交易，包括：

（一）与他人新设企业、对已设立的企业增资或者减资；

（二）受托经营、租赁其他企业资产或者将经营性资产委托他人经营、租赁；

（三）接受附义务的资产赠与或者对外捐赠资产；

（四）中国证监会根据审慎监管原则认定的其他情形。

上述资产交易实质上构成购买、出售资产，且按照本办法规定的标准计算的相关比例达到50%以上的，应当按照本办法的规定履行相关义务和程序。

第三章　重大资产重组的程序

第十六条　上市公司与交易对方就重大资产重组事宜进行初步磋商时，应当立即采取必要且充分的保密措施，制定严格有效的保密制度，限定相关敏感信息的知悉范围。上市公司及交易对方聘请证券服务机构的，应当立即与所聘请的证券服务机构签署保密协议。

上市公司关于重大资产重组的董事会决议公告前，相关信息已在媒体上传播或者公司股票交易出现异常波动的，上市公司应当立即将有关计划、方案或者相关事项的现状以及相关进展情况和风险因素等予以公告，并按照有关信息披露规则办理其他相关事宜。

第十七条　上市公司应当聘请独立财务顾问、律师事务所以及具有相关证券业务资格的会计师事务所等证券服务机构就重大资产重组出具意见。

独立财务顾问和律师事务所应当审慎核查重大资产重组是否构成关联交易，并依据核查确认的相关事实发表明确意见。重大资产重组涉及关联交易的，独立财务顾问应当就本次重组对上市公司非关联股东的影响发表明确意见。

资产交易定价以资产评估结果为依据的，上市公司应当聘请具有相关证券业务资格的资产评估机构出具资产评估报告。

证券服务机构在其出具的意见中采用其他证券服务机构或者人员的专业意见的，仍然应当进行尽职调查，审慎核查其采用的专业意见的内容，并对利用其他证券服务机构或者人员的专业意见所形成的结论负责。

第十八条　上市公司及交易对方与证券服务机构签订聘用合同后，非因正当事由不得更换证券服务机构。确有正当事由需要更换证券服务机构的，应当披露更换的具体原因以及证券服务机构的陈述意见。

第十九条　上市公司应当在重大资产重组报告书的管理层讨论与分析部分，就本次交易对上市公司的持续经营能力、未来发展前景、当年每股收益等财务指标和非财务指标的影响进行详细分析。

第二十条　重大资产重组中相关资产以资产评估结果作为定价依据的，资产评估机构应当按照资产评估相关准则和规范开展执业活动；上市公司董事会应当对评估机构的独立性、评估假设前提的合理性、评估方法与评估目的的相关性以及评估定价的公允性发表明确意见。

相关资产不以资产评估结果作为定价依据的，上市公司应当在重大资产重组报告书中详细分析说明相关资产的估值方法、参数及其他影响估值结果的指标和因素。上市公司董事会应当对估值机构的独立性、估值假设前提的合理性、估值方法与估值目的的相关性发表明确意见，并结合相关资产的市场可比交易价格、同行业上市公司的市盈率或者市净率等通行指标，在重大资产重组报告书中详细分析本次交易定价的公允性。

前二款情形中，评估机构、估值机构原则上应当采取两种以上的方法进行评估或者估值；上市公司独立董事应当出席董事会会议，对评估机构或者估值机构的独立性、评估或者估值假设前提的合理性和交易定价的公允性发表独立意见，并单独予以披露。

第二十一条　上市公司进行重大资产重组，应当由董事会依法作出决议，并提交股东大会批准。

上市公司董事会应当就重大资产重组是否构成关联交易作出明确判断，

并作为董事会决议事项予以披露。

上市公司独立董事应当在充分了解相关信息的基础上，就重大资产重组发表独立意见。重大资产重组构成关联交易的，独立董事可以另行聘请独立财务顾问就本次交易对上市公司非关联股东的影响发表意见。上市公司应当积极配合独立董事调阅相关材料，并通过安排实地调查、组织证券服务机构汇报等方式，为独立董事履行职责提供必要的支持和便利。

第二十二条　上市公司应当在董事会作出重大资产重组决议后的次一工作日至少披露下列文件：

（一）董事会决议及独立董事的意见；

（二）上市公司重大资产重组预案。

本次重组的重大资产重组报告书、独立财务顾问报告、法律意见书以及重组涉及的审计报告、资产评估报告或者估值报告至迟应当与召开股东大会的通知同时公告。上市公司自愿披露盈利预测报告的，该报告应当经具有相关证券业务资格的会计师事务所审核，与重大资产重组报告书同时公告。

本条第一款第（二）项及第二款规定的信息披露文件的内容与格式另行规定。

上市公司应当在至少一种中国证监会指定的报刊公告董事会决议、独立董事的意见，并应当在证券交易所网站全文披露重大资产重组报告书及其摘要、相关证券服务机构的报告或者意见。

第二十三条　上市公司股东大会就重大资产重组作出的决议，至少应当包括下列事项：

（一）本次重大资产重组的方式、交易标的和交易对方；

（二）交易价格或者价格区间；

（三）定价方式或者定价依据；

（四）相关资产自定价基准日至交割日期间损益的归属；

（五）相关资产办理权属转移的合同义务和违约责任；

（六）决议的有效期；

（七）对董事会办理本次重大资产重组事宜的具体授权；

（八）其他需要明确的事项。

第二十四条　上市公司股东大会就重大资产重组事项作出决议，必须经出席会议的股东所持表决权的 2/3 以上通过。

上市公司重大资产重组事宜与本公司股东或者其关联人存在关联关系的，股东大会就重大资产重组事项进行表决时，关联股东应当回避表决。

交易对方已经与上市公司控股股东就受让上市公司股权或者向上市公司推荐董事达成协议或者默契，可能导致上市公司的实际控制权发生变化的，上市公司控股股东及其关联人应当回避表决。

上市公司就重大资产重组事宜召开股东大会，应当以现场会议形式召开，并应当提供网络投票和其他合法方式为股东参加股东大会提供便利。除上市公司的董事、监事、高级管理人员、单独或者合计持有上市公司 5%以上股份的股东以外，其他股东的投票情况应当单独统计并予以披露。

第二十五条　上市公司应当在股东大会作出重大资产重组决议后的次一工作日公告该决议，以及律师事务所对本次会议的召集程序、召集人和出席人员的资格、表决程序以及表决结果等事项出具的法律意见书。

属于本办法第十三条规定的交易情形的，上市公司还应当按照中国证监会的规定委托独立财务顾问在作出决议后 3 个工作日内向中国证监会提出申请。

第二十六条　上市公司全体董事、监事、高级管理人员应当公开承诺，保证重大资产重组的信息披露和申请文件不存在虚假记载、误导性陈述或者重大遗漏。

重大资产重组的交易对方应当公开承诺，将及时向上市公司提供本次重组相关信息，并保证所提供的信息真实、准确、完整，如因提供的信息存在虚假记载、误导性陈述或者重大遗漏，给上市公司或者投资者造成损失的，将依法承担赔偿责任。

前二款规定的单位和个人还应当公开承诺，如本次交易因涉嫌所提供或者披露的信息存在虚假记载、误导性陈述或者重大遗漏，被司法机关立案侦查或者被中国证监会立案调查的，在案件调查结论明确之前，将暂停转让其在该上市公司拥有权益的股份。

第二十七条　中国证监会依照法定条件和程序，对上市公司属于本办法第十三条规定情形的交易申请作出予以核准或者不予核准的决定。

中国证监会在审核期间提出反馈意见要求上市公司作出书面解释、说明的，上市公司应当自收到反馈意见之日起 30 日内提供书面回复意见，独立财务顾问应当配合上市公司提供书面回复意见。逾期未提供的，上市公司应当在到期日的次日就本次交易的进展情况及未能及时提供回复意见的具体原因等予以公告。

第二十八条　股东大会作出重大资产重组的决议后，上市公司拟对交易对象、交易标的、交易价格等作出变更，构成对原交易方案重大调整的，应当在董事会表决通过后重新提交股东大会审议，并及时公告相关文件。

中国证监会审核期间，上市公司按照前款规定对原交易方案作出重大调整的，还应当按照本办法的规定向中国证监会重新提出申请，同时公告相关文件。

中国证监会审核期间，上市公司董事会决议撤回申请的，应当说明原因，予以公告；上市公司董事会决议终止本次交易的，还应当按照公司章程的规定提交股东大会审议。

第二十九条 上市公司重大资产重组属于本办法第十三条规定的交易情形的，应当提交并购重组委审核。

第三十条 上市公司在收到中国证监会关于召开并购重组委工作会议审核其申请的通知后，应当立即予以公告，并申请办理并购重组委工作会议期间直至其表决结果披露前的停牌事宜。

上市公司收到并购重组委关于其申请的表决结果的通知后，应当在次一工作日公告表决结果并申请复牌。公告应当说明，公司在收到中国证监会作出的予以核准或者不予核准的决定后将再行公告。

第三十一条 上市公司收到中国证监会就其申请作出的予以核准或者不予核准的决定后，应当在次一工作日予以公告。

中国证监会予以核准的，上市公司应当在公告核准决定的同时，按照相关信息披露准则的规定补充披露相关文件。

第三十二条 上市公司重大资产重组完成相关批准程序后，应当及时实施重组方案，并于实施完毕之日起 3 个工作日内编制实施情况报告书，向证券交易所提交书面报告，并予以公告。

上市公司聘请的独立财务顾问和律师事务所应当对重大资产重组的实施过程、资产过户事宜和相关后续事项的合规性及风险进行核查，发表明确的结论性意见。独立财务顾问和律师事务所出具的意见应当与实施情况报告书同时报告、公告。

第三十三条 自完成相关批准程序之日起 60 日内，本次重大资产重组未实施完毕的，上市公司应当于期满后次一工作日将实施进展情况报告，并予以公告；此后每 30 日应当公告一次，直至实施完毕。属于本办法第十三条、第四十四条规定的交易情形的，自收到中国证监会核准文件之日起超过 12 个月未实施完毕的，核准文件失效。

第三十四条 上市公司在实施重大资产重组的过程中，发生法律、法规要求披露的重大事项的，应当及时作出公告；该事项导致本次交易发生实质性变动的，须重新提交股东大会审议，属于本办法第十三条规定的交易情形的，还须重新报经中国证监会核准。

第三十五条　采取收益现值法、假设开发法等基于未来收益预期的方法对拟购买资产进行评估或者估值并作为定价参考依据的，上市公司应当在重大资产重组实施完毕后 3 年内的年度报告中单独披露相关资产的实际盈利数与利润预测数的差异情况，并由会计师事务所对此出具专项审核意见；交易对方应当与上市公司就相关资产实际盈利数不足利润预测数的情况签订明确可行的补偿协议。

预计本次重大资产重组将摊薄上市公司当年每股收益的，上市公司应当提出填补每股收益的具体措施，并将相关议案提交董事会和股东大会进行表决。负责落实该等具体措施的相关责任主体应当公开承诺，保证切实履行其义务和责任。

上市公司向控股股东、实际控制人或者其控制的关联人之外的特定对象购买资产且未导致控制权发生变更的，不适用本条前二款规定，上市公司与交易对方可以根据市场化原则，自主协商是否采取业绩补偿和每股收益填补措施及相关具体安排。

第三十六条　上市公司重大资产重组发生下列情形的，独立财务顾问应当及时出具核查意见，并予以公告：

（一）上市公司完成相关批准程序前，对交易对象、交易标的、交易价格等作出变更，构成对原重组方案重大调整，或者因发生重大事项导致原重组方案发生实质性变动的；

（二）上市公司完成相关批准程序后，在实施重组过程中发生重大事项，导致原重组方案发生实质性变动的。

第三十七条　独立财务顾问应当按照中国证监会的相关规定，对实施重大资产重组的上市公司履行持续督导职责。持续督导的期限自本次重大资产重组实施完毕之日起，应当不少于一个会计年度。实施本办法第十三条规定的重大资产重组，持续督导的期限自中国证监会核准本次重大资产重组之日起，应当不少于 3 个会计年度。

第三十八条　独立财务顾问应当结合上市公司重大资产重组当年和实施完毕后的第一个会计年度的年报，自年报披露之日起 15 日内，对重大资产重组实施的下列事项出具持续督导意见，并予以公告：

（一）交易资产的交付或者过户情况；

（二）交易各方当事人承诺的履行情况；

（三）已公告的盈利预测或者利润预测的实现情况；

（四）管理层讨论与分析部分提及的各项业务的发展现状；

（五）公司治理结构与运行情况；

（六）与已公布的重组方案存在差异的其他事项。

独立财务顾问还应当结合本办法第十三条规定的重大资产重组实施完毕后的第二、三个会计年度的年报，自年报披露之日起 15 日内，对前款第（二）至（六）项事项出具持续督导意见，并予以公告。

第四章　重大资产重组的信息管理

第三十九条　上市公司筹划、实施重大资产重组，相关信息披露义务人应当公平地向所有投资者披露可能对上市公司股票交易价格产生较大影响的相关信息（以下简称股价敏感信息），不得有选择性地向特定对象提前泄露。

第四十条　上市公司的股东、实际控制人以及参与重大资产重组筹划、论证、决策等环节的其他相关机构和人员，应当及时、准确地向上市公司通报有关信息，并配合上市公司及时、准确、完整地进行披露。上市公司获悉股价敏感信息的，应当及时向证券交易所申请停牌并披露。

第四十一条　上市公司及其董事、监事、高级管理人员，重大资产重组的交易对方及其关联方，交易对方及其关联方的董事、监事、高级管理人员或者主要负责人，交易各方聘请的证券服务机构及其从业人员，参与重大资产重组筹划、论证、决策、审批等环节的相关机构和人员，以及因直系亲属关系、提供服务和业务往来等知悉或者可能知悉股价敏感信息的其他相关机构和人员，在重大资产重组的股价敏感信息依法披露前负有保密义务，禁止利用该信息进行内幕交易。

第四十二条　上市公司筹划重大资产重组事项，应当详细记载筹划过程中每一具体环节的进展情况，包括商议相关方案、形成相关意向、签署相关协议或者意向书的具体时间、地点、参与机构和人员、商议和决议内容等，制作书面的交易进程备忘录并予以妥当保存。参与每一具体环节的所有人员应当即时在备忘录上签名确认。

上市公司预计筹划中的重大资产重组事项难以保密或者已经泄露的，应当及时向证券交易所申请停牌，直至真实、准确、完整地披露相关信息。停牌期间，上市公司应当至少每周发布一次事件进展情况公告。

上市公司股票交易价格因重大资产重组的市场传闻发生异常波动时，上市公司应当及时向证券交易所申请停牌，核实有无影响上市公司股票交易价格的重组事项并予以澄清，不得以相关事项存在不确定性为由不履行信息披露义务。

第五章 发行股份购买资产

第四十三条 上市公司发行股份购买资产，应当符合下列规定：

（一）充分说明并披露本次交易有利于提高上市公司资产质量、改善财务状况和增强持续盈利能力，有利于上市公司减少关联交易、避免同业竞争、增强独立性；

（二）上市公司最近一年及一期财务会计报告被注册会计师出具无保留意见审计报告；被出具保留意见、否定意见或者无法表示意见的审计报告的，须经注册会计师专项核查确认，该保留意见、否定意见或者无法表示意见所涉及事项的重大影响已经消除或者将通过本次交易予以消除；

（三）上市公司及其现任董事、高级管理人员不存在因涉嫌犯罪正被司法机关立案侦查或涉嫌违法违规正被中国证监会立案调查的情形，但是，涉嫌犯罪或违法违规的行为已经终止满 3 年，交易方案有助于消除该行为可能造成的不良后果，且不影响对相关行为人追究责任的除外；

（四）充分说明并披露上市公司发行股份所购买的资产为权属清晰的经营性资产，并能在约定期限内办理完毕权属转移手续；

（五）中国证监会规定的其他条件。

上市公司为促进行业的整合、转型升级，在其控制权不发生变更的情况下，可以向控股股东、实际控制人或者其控制的关联人之外的特定对象发行股份购买资产。所购买资产与现有主营业务没有显著协同效应的，应当充分说明并披露本次交易后的经营发展战略和业务管理模式，以及业务转型升级可能面临的风险和应对措施。

特定对象以现金或者资产认购上市公司非公开发行的股份后，上市公司用同一次非公开发行所募集的资金向该特定对象购买资产的，视同上市公司发行股份购买资产。

第四十四条 上市公司发行股份购买资产的，除属于本办法第十三条第一款规定的交易情形外，可以同时募集部分配套资金，其定价方式按照现行相关规定办理。

上市公司发行股份购买资产应当遵守本办法关于重大资产重组的规定，编制发行股份购买资产预案、发行股份购买资产报告书，并向中国证监会提出申请。

第四十五条 上市公司发行股份的价格不得低于市场参考价的 90%。市场参考价为本次发行股份购买资产的董事会决议公告日前 20 个交易日、60 个交易日或者 120 个交易日的公司股票交易均价之一。本次发行股份购买资产的董事会决议应当说明市场参考价的选择依据。

前款所称交易均价的计算公式为：董事会决议公告日前若干个交易日公司股票交易均价 = 决议公告日前若干个交易日公司股票交易总额/决议公告日前若干个交易日公司股票交易总量。

本次发行股份购买资产的董事会决议可以明确，在中国证监会核准前，上市公司的股票价格相比最初确定的发行价格发生重大变化的，董事会可以按照已经设定的调整方案对发行价格进行一次调整。

前款规定的发行价格调整方案应当明确、具体、可操作，详细说明是否相应调整拟购买资产的定价、发行股份数量及其理由，在首次董事会决议公告时充分披露，并按照规定提交股东大会审议。股东大会作出决议后，董事会按照已经设定的方案调整发行价格的，上市公司无需按照本办法第二十八条的规定向中国证监会重新提出申请。

第四十六条　特定对象以资产认购而取得的上市公司股份，自股份发行结束之日起 12 个月内不得转让；属于下列情形之一的，36 个月内不得转让：

（一）特定对象为上市公司控股股东、实际控制人或者其控制的关联人；

（二）特定对象通过认购本次发行的股份取得上市公司的实际控制权；

（三）特定对象取得本次发行的股份时，对其用于认购股份的资产持续拥有权益的时间不足 12 个月。

属于本办法第十三条第一款规定的交易情形的，上市公司原控股股东、原实际控制人及其控制的关联人，以及在交易过程中从该等主体直接或间接受让该上市公司股份的特定对象应当公开承诺，在本次交易完成后 36 个月内不转让其在该上市公司中拥有权益的股份；除收购人及其关联人以外的特定对象应当公开承诺，其以资产认购而取得的上市公司股份自股份发行结束之日起 24 个月内不得转让。

第四十七条　上市公司申请发行股份购买资产，应当提交并购重组委审核。

第四十八条　上市公司发行股份购买资产导致特定对象持有或者控制的股份达到法定比例的，应当按照《上市公司收购管理办法》（证监会令第 108 号）的规定履行相关义务。

上市公司向控股股东、实际控制人或者其控制的关联人发行股份购买资产，或者发行股份购买资产将导致上市公司实际控制权发生变更的，认购股份的特定对象应当在发行股份购买资产报告书中公开承诺：本次交易完成后 6 个月内如上市公司股票连续 20 个交易日的收盘价低于发行价，或者交易完成后 6 个月期末收盘价低于发行价的，其持有公司股票的锁定期自动延长至少 6 个月。

前款规定的特定对象还应当在发行股份购买资产报告书中公开承诺：如本次交易因涉嫌所提供或披露的信息存在虚假记载、误导性陈述或者重大遗漏，被司法机关立案侦查或者被中国证监会立案调查的，在案件调查结论明确以前，不转让其在该上市公司拥有权益的股份。

第四十九条　中国证监会核准上市公司发行股份购买资产的申请后，上市公司应当及时实施。向特定对象购买的相关资产过户至上市公司后，上市公司聘请的独立财务顾问和律师事务所应当对资产过户事宜和相关后续事项的合规性及风险进行核查，并发表明确意见。上市公司应当在相关资产过户完成后 3 个工作日内就过户情况作出公告，公告中应当包括独立财务顾问和律师事务所的结论性意见。

上市公司完成前款规定的公告、报告后，可以到证券交易所、证券登记结算公司为认购股份的特定对象申请办理证券登记手续。

第五十条　换股吸收合并涉及上市公司的，上市公司的股份定价及发行按照本章规定执行。

上市公司发行优先股用于购买资产或者与其他公司合并，中国证监会另有规定的，从其规定。

上市公司可以向特定对象发行可转换为股票的公司债券、定向权证用于购买资产或者与其他公司合并。

第六章　重大资产重组后申请发行新股或者公司债券

第五十一条　经中国证监会审核后获得核准的重大资产重组实施完毕后，上市公司申请公开发行新股或者公司债券，同时符合下列条件的，本次重大资产重组前的业绩在审核时可以模拟计算：

（一）进入上市公司的资产是完整经营实体；

（二）本次重大资产重组实施完毕后，重组方的承诺事项已经如期履行，上市公司经营稳定、运行良好；

（三）本次重大资产重组实施完毕后，上市公司和相关资产实现的利润达到盈利预测水平。

上市公司在本次重大资产重组前不符合中国证监会规定的公开发行证券条件，或者本次重组导致上市公司实际控制人发生变化的，上市公司申请公开发行新股或者公司债券，距本次重组交易完成的时间应当不少于一个完整会计年度。

第五十二条　本办法所称完整经营实体，应当符合下列条件：

（一）经营业务和经营资产独立、完整，且在最近两年未发生重大变化；

（二）在进入上市公司前已在同一实际控制人之下持续经营两年以上；

（三）在进入上市公司之前实行独立核算，或者虽未独立核算，但与其经营业务相关的收入、费用在会计核算上能够清晰划分；

（四）上市公司与该经营实体的主要高级管理人员签订聘用合同或者采取其他方式，就该经营实体在交易完成后的持续经营和管理作出恰当安排。

第七章　监督管理和法律责任

第五十三条　未依照本办法的规定履行相关义务或者程序，擅自实施重大资产重组的，由中国证监会责令改正，并可以采取监管谈话、出具警示函等监管措施；情节严重的，可以责令暂停或者终止重组活动，处以警告、罚款，并可以对有关责任人员采取市场禁入的措施。

未经中国证监会核准擅自实施本办法第十三条第一款规定的重大资产重组，交易尚未完成的，中国证监会责令上市公司补充披露相关信息、暂停交易并按照本办法第十三条的规定报送申请文件；交易已经完成的，可以处以警告、罚款，并对有关责任人员采取市场禁入的措施；涉嫌犯罪的，依法移送司法机关追究刑事责任。

上市公司重大资产重组因定价显失公允、不正当利益输送等问题损害上市公司、投资者合法权益的，由中国证监会责令改正，并可以采取监管谈话、出具警示函等监管措施；情节严重的，可以责令暂停或者终止重组活动，处以警告、罚款，并可以对有关责任人员采取市场禁入的措施。

第五十四条　上市公司或者其他信息披露义务人未按照本办法规定报送重大资产重组有关报告，或者报送的报告有虚假记载、误导性陈述或者重大遗漏的，由中国证监会责令改正，依照《证券法》第一百九十三条予以处罚；情节严重的，可以责令暂停或者终止重组活动，并可以对有关责任人员采取市场禁入的措施；涉嫌犯罪的，依法移送司法机关追究刑事责任。

第五十五条　上市公司或者其他信息披露义务人未按照规定披露重大资产重组信息，或者所披露的信息存在虚假记载、误导性陈述或者重大遗漏的，由中国证监会责令改正，依照《证券法》第一百九十三条规定予以处罚；情节严重的，可以责令暂停或者终止重组活动，并可以对有关责任人员采取市场禁入的措施；涉嫌犯罪的，依法移送司法机关追究刑事责任。

重大资产重组或者发行股份购买资产的交易对方未及时向上市公司或者其他信息披露义务人提供信息，或者提供的信息有虚假记载、误导性陈述或者重大遗漏的，按照前款规定执行。

第五十六条　重大资产重组涉嫌本办法第五十三条、第五十四条、第五十五条规定情形的，中国证监会可以责令上市公司作出公开说明、聘请独立财务顾问或者其他证券服务机构补充核查并披露专业意见，在公开说明、披露专业意见之前，上市公司应当暂停重组；上市公司涉嫌前述情形被司法机关立案侦查或者被中国证监会立案调查的，在案件调查结论明确之前应当暂停重组。

涉嫌本办法第五十四条、第五十五条规定情形，被司法机关立案侦查或者被中国证监会立案调查的，有关单位和个人应当严格遵守其所作的公开承诺，在案件调查结论明确之前，不得转让其在该上市公司拥有权益的股份。

第五十七条　上市公司董事、监事和高级管理人员未履行诚实守信、勤勉尽责义务，或者上市公司的股东、实际控制人及其有关负责人员未按照本办法的规定履行相关义务，导致重组方案损害上市公司利益的，由中国证监会责令改正，并可以采取监管谈话、出具警示函等监管措施；情节严重的，处以警告、罚款，并可以对有关人员采取认定为不适当人选、市场禁入的措施；涉嫌犯罪的，依法移送司法机关追究刑事责任。

第五十八条　为重大资产重组出具财务顾问报告、审计报告、法律意见、资产评估报告、估值报告及其他专业文件的证券服务机构及其从业人员未履行诚实守信、勤勉尽责义务，违反行业规范、业务规则，或者未依法履行报告和公告义务、持续督导义务的，由中国证监会责令改正，并可以采取监管谈话、出具警示函、责令公开说明、责令参加培训、责令定期报告、认定为不适当人选等监管措施；情节严重的，依照《证券法》第二百二十六条予以处罚。

前款规定的证券服务机构及其从业人员所制作、出具的文件存在虚假记载、误导性陈述或者重大遗漏的，由中国证监会责令改正，依照《证券法》第二百二十三条予以处罚；情节严重的，可以采取市场禁入的措施；涉嫌犯罪的，依法移送司法机关追究刑事责任。

存在前二款规定情形的，在按照中国证监会的要求完成整改之前，不得接受新的上市公司并购重组业务。

第五十九条　重大资产重组实施完毕后，凡因不属于上市公司管理层事前无法获知且事后无法控制的原因，上市公司所购买资产实现的利润未达到资产评估报告或者估值报告预测金额的 80%，或者实际运营情况与重大资产重组报告书中管理层讨论与分析部分存在较大差距的，上市公司的董事长、总经理以及对此承担相应责任的会计师事务所、财务顾问、资产评估机构、估值机构及其从业人员应当在上市公司披露年度报告的同时，在同一报刊上作出解释，并向投资者公开道歉；实现利润未达到预测金额50%的，中国证监会可以对上市公司、相关机构及其责任人员采取监管谈话、出具警示函、责令定期报告等监管措施。

第六十条　任何知悉重大资产重组信息的人员在相关信息依法公开前，泄露该信息、买卖或者建议他人买卖相关上市公司证券、利用重大资产重组散布虚假信息、操纵证券市场或者进行欺诈活动的，中国证监会依照《证券法》第二百零二条、第二百零三条、第二百零七条予以处罚；涉嫌犯罪的，依法移送司法机关追究刑事责任。

第八章　附则

第六十一条　本办法自2014年11月23日起施行。2008年4月16日发布并于2011年8月1日修改的《上市公司重大资产重组管理办法》（证监会令第73号）、2008年11月11日发布的《关于破产重整上市公司重大资产重组股份发行定价的补充规定》（证监会公告〔2008〕44号）同时废止。

上市公司收购管理办法（2014 年修订）

（2006 年 5 月 17 日中国证券监督管理委员会第 180 次主席办公会议审议通过，根据 2008 年 8 月 27 日中国证券监督管理委员会《关于修改〈上市公司收购管理办法〉第六十三条的决定》、2012 年 2 月 14 日中国证券监督管理委员会《关于修改〈上市公司收购管理办法〉第六十二条及第六十三条的决定》、2014 年 10 月 23 日中国证券监督管理委员会《关于修改〈上市公司收购管理办法〉的决定》修订）

第一章　总则

第一条　为了规范上市公司的收购及相关股份权益变动活动，保护上市公司和投资者的合法权益，维护证券市场秩序和社会公共利益，促进证券市场资源的优化配置，根据《证券法》、《公司法》及其他相关法律、行政法规，制定本办法。

第二条　上市公司的收购及相关股份权益变动活动，必须遵守法律、行政法规及中国证券监督管理委员会（以下简称中国证监会）的规定。当事人应当诚实守信，遵守社会公德、商业道德，自觉维护证券市场秩序，接受政府、社会公众的监督。

第三条　上市公司的收购及相关股份权益变动活动，必须遵循公开、公平、公正的原则。

上市公司的收购及相关股份权益变动活动中的信息披露义务人，应当充分披露其在上市公司中的权益及变动情况，依法严格履行报告、公告和其他法定义务。在相关信息披露前，负有保密义务。

信息披露义务人报告、公告的信息必须真实、准确、完整，不得有虚假记载、误导性陈述或者重大遗漏。

第四条　上市公司的收购及相关股份权益变动活动不得危害国家安全和社会公共利益。

上市公司的收购及相关股份权益变动活动涉及国家产业政策、行业准入、国有股份转让等事项，需要取得国家相关部门批准的，应当在取得批准后进行。

外国投资者进行上市公司的收购及相关股份权益变动活动的，应当取得国家相关部门的批准，适用中国法律，服从中国的司法、仲裁管辖。

第五条　收购人可以通过取得股份的方式成为一个上市公司的控股股东，可以通过投资关系、协议、其他安排的途径成为一个上市公司的实际控制人，也可以同时采取上述方式和途径取得上市公司控制权。

收购人包括投资者及与其一致行动的他人。

第六条 任何人不得利用上市公司的收购损害被收购公司及其股东的合法权益。

有下列情形之一的，不得收购上市公司：

（一）收购人负有数额较大债务，到期未清偿，且处于持续状态；

（二）收购人最近 3 年有重大违法行为或者涉嫌有重大违法行为；

（三）收购人最近 3 年有严重的证券市场失信行为；

（四）收购人为自然人的，存在《公司法》第一百四十六条规定情形；

（五）法律、行政法规规定以及中国证监会认定的不得收购上市公司的其他情形。

第七条 被收购公司的控股股东或者实际控制人不得滥用股东权利损害被收购公司或者其他股东的合法权益。

被收购公司的控股股东、实际控制人及其关联方有损害被收购公司及其他股东合法权益的，上述控股股东、实际控制人在转让被收购公司控制权之前，应当主动消除损害；未能消除损害的，应当就其出让相关股份所得收入用于消除全部损害做出安排，对不足以消除损害的部分应当提供充分有效的履约担保或安排，并依照公司章程取得被收购公司股东大会的批准。

第八条 被收购公司的董事、监事、高级管理人员对公司负有忠实义务和勤勉义务，应当公平对待收购本公司的所有收购人。

被收购公司董事会针对收购所做出的决策及采取的措施，应当有利于维护公司及其股东的利益，不得滥用职权对收购设置不适当的障碍，不得利用公司资源向收购人提供任何形式的财务资助，不得损害公司及其股东的合法权益。

第九条 收购人进行上市公司的收购，应当聘请在中国注册的具有从事财务顾问业务资格的专业机构担任财务顾问。收购人未按照本办法规定聘请财务顾问的，不得收购上市公司。

财务顾问应当勤勉尽责，遵守行业规范和职业道德，保持独立性，保证其所制作、出具文件的真实性、准确性和完整性。

财务顾问认为收购人利用上市公司的收购损害被收购公司及其股东合法权益的，应当拒绝为收购人提供财务顾问服务。

财务顾问不得教唆、协助或者伙同委托人编制或披露存在虚假记载、误导性陈述或者重大遗漏的报告、公告文件，不得从事不正当竞争，不得利用上市公司的收购谋取不正当利益。

第十条　中国证监会依法对上市公司的收购及相关股份权益变动活动进行监督管理。

中国证监会设立由专业人员和有关专家组成的专门委员会。专门委员会可以根据中国证监会职能部门的请求，就是否构成上市公司的收购、是否有不得收购上市公司的情形以及其他相关事宜提供咨询意见。中国证监会依法做出决定。

第十一条　证券交易所依法制定业务规则，为上市公司的收购及相关股份权益变动活动组织交易和提供服务，对相关证券交易活动进行实时监控，监督上市公司的收购及相关股份权益变动活动的信息披露义务人切实履行信息披露义务。

证券登记结算机构依法制定业务规则，为上市公司的收购及相关股份权益变动活动所涉及的证券登记、存管、结算等事宜提供服务。

第二章　权益披露

第十二条　投资者在一个上市公司中拥有的权益，包括登记在其名下的股份和虽未登记在其名下但该投资者可以实际支配表决权的股份。投资者及其一致行动人在一个上市公司中拥有的权益应当合并计算。

第十三条　通过证券交易所的证券交易，投资者及其一致行动人拥有权益的股份达到一个上市公司已发行股份的 5%时，应当在该事实发生之日起 3 日内编制权益变动报告书，向中国证监会、证券交易所提交书面报告，通知该上市公司，并予公告；在上述期限内，不得再行买卖该上市公司的股票。

前述投资者及其一致行动人拥有权益的股份达到一个上市公司已发行股份的 5%后，通过证券交易所的证券交易，其拥有权益的股份占该上市公司已发行股份的比例每增加或者减少 5%，应当依照前款规定进行报告和公告。在报告期限内和作出报告、公告后 2 日内，不得再行买卖该上市公司的股票。

第十四条　通过协议转让方式，投资者及其一致行动人在一个上市公司中拥有权益的股份拟达到或者超过一个上市公司已发行股份的 5%时，应当在该事实发生之日起 3 日内编制权益变动报告书，向中国证监会、证券交易所提交书面报告，通知该上市公司，并予公告。

投资者及其一致行动人拥有权益的股份达到一个上市公司已发行股份的 5%后，其拥有权益的股份占该上市公司已发行股份的比例每增加或者减少达到或者超过 5%的，应当依照前款规定履行报告、公告义务。

前两款规定的投资者及其一致行动人在作出报告、公告前，不得再行买卖该上市公司的股票。相关股份转让及过户登记手续按照本办法第四章及证券交易所、证券登记结算机构的规定办理。

第十五条　投资者及其一致行动人通过行政划转或者变更、执行法院裁定、继承、赠与等方式拥有权益的股份变动达到前条规定比例的，应当按照前条规定履行报告、公告义务，并参照前条规定办理股份过户登记手续。

第十六条　投资者及其一致行动人不是上市公司的第一大股东或者实际控制人，其拥有权益的股份达到或者超过该公司已发行股份的 5%，但未达到 20%的，应当编制包括下列内容的简式权益变动报告书：

（一）投资者及其一致行动人的姓名、住所；投资者及其一致行动人为法人的，其名称、注册地及法定代表人；

（二）持股目的，是否有意在未来 12 个月内继续增加其在上市公司中拥有的权益；

（三）上市公司的名称、股票的种类、数量、比例；

（四）在上市公司中拥有权益的股份达到或者超过上市公司已发行股份的 5%或者拥有权益的股份增减变化达到 5%的时间及方式；

（五）权益变动事实发生之日前 6 个月内通过证券交易所的证券交易买卖该公司股票的简要情况；

（六）中国证监会、证券交易所要求披露的其他内容。

前述投资者及其一致行动人为上市公司第一大股东或者实际控制人，其拥有权益的股份达到或者超过一个上市公司已发行股份的 5%，但未达到 20%的，还应当披露本办法第十七条第一款规定的内容。

第十七条　投资者及其一致行动人拥有权益的股份达到或者超过一个上市公司已发行股份的 20%但未超过 30%的，应当编制详式权益变动报告书，除须披露前条规定的信息外，还应当披露以下内容：

（一）投资者及其一致行动人的控股股东、实际控制人及其股权控制关系结构图；

（二）取得相关股份的价格、所需资金额、资金来源，或者其他支付安排；

（三）投资者、一致行动人及其控股股东、实际控制人所从事的业务与上市公司的业务是否存在同业竞争或者潜在的同业竞争，是否存在持续关联交易；存在同业竞争或者持续关联交易的，是否已做出相应的安排，确保投资者、一致行动人及其关联方与上市公司之间避免同业竞争以及保持上市公司的独立性；

（四）未来 12 个月内对上市公司资产、业务、人员、组织结构、公司章程等进行调整的后续计划；

（五）前 24 个月内投资者及其一致行动人与上市公司之间的重大交易；

（六）不存在本办法第六条规定的情形；

（七）能够按照本办法第五十条的规定提供相关文件。

前述投资者及其一致行动人为上市公司第一大股东或者实际控制人的，还应当聘请财务顾问对上述权益变动报告书所披露的内容出具核查意见，但国有股行政划转或者变更、股份转让在同一实际控制人控制的不同主体之间进行、因继承取得股份的除外。投资者及其一致行动人承诺至少 3 年放弃行使相关股份表决权的，可免于聘请财务顾问和提供前款第（七）项规定的文件。

第十八条　已披露权益变动报告书的投资者及其一致行动人在披露之日起 6 个月内，因拥有权益的股份变动需要再次报告、公告权益变动报告书的，可以仅就与前次报告书不同的部分作出报告、公告；自前次披露之日起超过 6 个月的，投资者及其一致行动人应当按照本章的规定编制权益变动报告书，履行报告、公告义务。

第十九条　因上市公司减少股本导致投资者及其一致行动人拥有权益的股份变动出现本办法第十四条规定情形的，投资者及其一致行动人免于履行报告和公告义务。上市公司应当自完成减少股本的变更登记之日起 2 个工作日内，就因此导致的公司股东拥有权益的股份变动情况作出公告；因公司减少股本可能导致投资者及其一致行动人成为公司第一大股东或者实际控制人的，该投资者及其一致行动人应当自公司董事会公告有关减少公司股本决议之日起 3 个工作日内，按照本办法第十七条第一款的规定履行报告、公告义务。

第二十条　上市公司的收购及相关股份权益变动活动中的信息披露义务人依法披露前，相关信息已在媒体上传播或者公司股票交易出现异常的，上市公司应当立即向当事人进行查询，当事人应当及时予以书面答复，上市公司应当及时作出公告。

第二十一条　上市公司的收购及相关股份权益变动活动中的信息披露义务人应当在至少一家中国证监会指定媒体上依法披露信息；在其他媒体上进行披露的，披露内容应当一致，披露时间不得早于指定媒体的披露时间。

第二十二条　上市公司的收购及相关股份权益变动活动中的信息披露义务人采取一致行动的，可以以书面形式约定由其中一人作为指定代表负责统一编制信息披露文件，并同意授权指定代表在信息披露文件上签字、盖章。

各信息披露义务人应当对信息披露文件中涉及其自身的信息承担责任；对信息披露文件中涉及的与多个信息披露义务人相关的信息，各信息披露义务人对相关部分承担连带责任。

第三章　要约收购

第二十三条　投资者自愿选择以要约方式收购上市公司股份的，可以向被收购公司所有股东发出收购其所持有的全部股份的要约（以下简称全面要约），也可以向被收购公司所有股东发出收购其所持有的部分股份的要约（以下简称部分要约）。

第二十四条　通过证券交易所的证券交易，收购人持有一个上市公司的股份达到该公司已发行股份的 30%时，继续增持股份的，应当采取要约方式进行，发出全面要约或者部分要约。

第二十五条　收购人依照本办法第二十三条、第二十四条、第四十七条、第五十六条的规定，以要约方式收购一个上市公司股份的，其预定收购的股份比例均不得低于该上市公司已发行股份的 5%。

第二十六条　以要约方式进行上市公司收购的，收购人应当公平对待被收购公司的所有股东。持有同一种类股份的股东应当得到同等对待。

第二十七条　收购人为终止上市公司的上市地位而发出全面要约的，或者向中国证监会提出申请但未取得豁免而发出全面要约的，应当以现金支付收购价款；以依法可以转让的证券（以下简称证券）支付收购价款的，应当同时提供现金方式供被收购公司股东选择。

第二十八条　以要约方式收购上市公司股份的，收购人应当编制要约收购报告书，聘请财务顾问，通知被收购公司，同时对要约收购报告书摘要作出提示性公告。

本次收购依法应当取得相关部门批准的，收购人应当在要约收购报告书摘要中作出特别提示，并在取得批准后公告要约收购报告书。

第二十九条　前条规定的要约收购报告书，应当载明下列事项：

（一）收购人的姓名、住所；收购人为法人的，其名称、注册地及法定代表人，与其控股股东、实际控制人之间的股权控制关系结构图；

（二）收购人关于收购的决定及收购目的，是否拟在未来 12 个月内继续增持；

（三）上市公司的名称、收购股份的种类；

（四）预定收购股份的数量和比例；

（五）收购价格；

（六）收购所需资金额、资金来源及资金保证，或者其他支付安排；

（七）收购要约约定的条件；

（八）收购期限；

（九）公告收购报告书时持有被收购公司的股份数量、比例；

（十）本次收购对上市公司的影响分析，包括收购人及其关联方所从事的业务与上市公司的业务是否存在同业竞争或者潜在的同业竞争，是否存在持续关联交易；存在同业竞争或者持续关联交易的，收购人是否已作出相应的安排，确保收购人及其关联方与上市公司之间避免同业竞争以及保持上市公司的独立性；

（十一）未来 12 个月内对上市公司资产、业务、人员、组织结构、公司章程等进行调整的后续计划；

（十二）前 24 个月内收购人及其关联方与上市公司之间的重大交易；

（十三）前 6 个月内通过证券交易所的证券交易买卖被收购公司股票的情况；

（十四）中国证监会要求披露的其他内容。

收购人发出全面要约的，应当在要约收购报告书中充分披露终止上市的风险、终止上市后收购行为完成的时间及仍持有上市公司股份的剩余股东出售其股票的其他后续安排；收购人发出以终止公司上市地位为目的的全面要约，无须披露前款第（十）项规定的内容。

第三十条　收购人按照本办法第四十七条拟收购上市公司股份超过 30%，须改以要约方式进行收购的，收购人应当在达成收购协议或者做出类似安排后的 3 日内对要约收购报告书摘要作出提示性公告，并按照本办法第二十八条、第二十九条的规定履行公告义务，同时免于编制、公告上市公司收购报告书；依法应当取得批准的，应当在公告中特别提示本次要约须取得相关批准方可进行。

未取得批准的，收购人应当在收到通知之日起 2 个工作日内，公告取消收购计划，并通知被收购公司。

第三十一条　收购人自作出要约收购提示性公告起 60 日内，未公告要约收购报告书的，收购人应当在期满后次一个工作日通知被收购公司，并予公告；此后每 30 日应当公告一次，直至公告要约收购报告书。

收购人作出要约收购提示性公告后，在公告要约收购报告书之前，拟自行取消收购计划的，应当公告原因；自公告之日起 12 个月内，该收购人不得再次对同一上市公司进行收购。

第三十二条　被收购公司董事会应当对收购人的主体资格、资信情况及收购意图进行调查，对要约条件进行分析，对股东是否接受要约提出建议，并聘请独立财务顾问提出专业意见。在收购人公告要约收购报告书后 20 日内，被收购公司董事会应当公告被收购公司董事会报告书与独立财务顾问的专业意见。

收购人对收购要约条件做出重大变更的，被收购公司董事会应当在 3 个工作日内公告董事会及独立财务顾问就要约条件的变更情况所出具的补充意见。

第三十三条　收购人作出提示性公告后至要约收购完成前，被收购公司除继续从事正常的经营活动或者执行股东大会已经作出的决议外，未经股东大会批准，被收购公司董事会不得通过处置公司资产、对外投资、调整公司主要业务、担保、贷款等方式，对公司的资产、负债、权益或者 经营成果造成重大影响。

第三十四条　在要约收购期间，被收购公司董事不得辞职。

第三十五条　收购人按照本办法规定进行要约收购的，对同一种类股票的要约价格，不得低于要约收购提示性公告日前 6 个月内收购人取得该种股票所支付的最高价格。

要约价格低于提示性公告日前 30 个交易日该种股票的每日加权平均价格的算术平均值的，收购人聘请的财务顾问应当就该种股票前 6 个月的交易情况进行分析，说明是否存在股价被操纵、收购人是否有未披露的一致行动人、收购人前 6 个月取得公司股份是否存在其他支付安排、要约价格的合理性等。

第三十六条　收购人可以采用现金、证券、现金与证券相结合等合法方式支付收购上市公司的价款。收购人以证券支付收购价款的，应当提供该证券的发行人最近 3 年经审计的财务会计报告、证券估值报告，并配合被收购公司聘请的独立财务顾问的尽职调查工作。收购人以在证券交易所上市的债券支付收购价款的，该债券的可上市交易时间应当不少于一个月。收购人以未在证券交易所上市交易的证券支付收购价款的，必须同时提供现金方式供被收购公司的股东选择，并详细披露相关证券的保管、送达被收购公司股东的方式和程序安排。

收购人聘请的财务顾问应当对收购人支付收购价款的能力和资金来源进行充分的尽职调查，详细披露核查的过程和依据，说明收购人是否具备要约收购的能力。收购人应当在作出要约收购提示性公告的同时，提供以下至少一项安排保证其具备履约能力：

（一）以现金支付收购价款的，将不少于收购价款总额的 20%作为履约保证金存入证券登记结算机构指定的银行；收购人以在证券交易所上市交易的证券支付收购价款的，将用于支付的全部证券交由证券登记结算机构保管，但上市公司发行新股的除外；

（二）银行对要约收购所需价款出具保函；

（三）财务顾问出具承担连带保证责任的书面承诺，明确如要约期满收购人不支付收购价款，财务顾问进行支付。

第三十七条　收购要约约定的收购期限不得少于 30 日，并不得超过 60 日；但是出现竞争要约的除外。

在收购要约约定的承诺期限内，收购人不得撤销其收购要约。

第三十八条　采取要约收购方式的，收购人作出公告后至收购期限届满前，不得卖出被收购公司的股票，也不得采取要约规定以外的形式和超出要约的条件买入被收购公司的股票。

第三十九条　收购要约提出的各项收购条件，适用于被收购公司的所有股东。

收购人需要变更收购要约的，必须及时公告，载明具体变更事项，并通知被收购公司。

第四十条　收购要约期限届满前 15 日内，收购人不得变更收购要约；但是出现竞争要约的除外。

出现竞争要约时，发出初始要约的收购人变更收购要约距初始要约收购期限届满不足 15 日的，应当延长收购期限，延长后的要约期应当不少于 15 日，不得超过最后一个竞争要约的期满日，并按规定追加履约保证。

发出竞争要约的收购人最迟不得晚于初始要约收购期限届满前 15 日发出要约收购的提示性公告，并应当根据本办法第二十八条和第二十九条的规定履行公告义务。

第四十一条　要约收购报告书所披露的基本事实发生重大变化的，收购人应当在该重大变化发生之日起 2 个工作日内作出公告，并通知被收购公司。

第四十二条　同意接受收购要约的股东（以下简称预受股东），应当委托证券公司办理预受要约的相关手续。收购人应当委托证券公司向证券登记结算机构申请办理预受要约股票的临时保管。证券登记结算机构临时保管的预受要约的股票，在要约收购期间不得转让。

前款所称预受，是指被收购公司股东同意接受要约的初步意思表示，在要约收购期限内不可撤回之前不构成承诺。在要约收购期限届满 3 个交易日前，预受股东可以委托证券公司办理撤回预受要约的手续，证券登记结算机构根据预受要约股东的撤回申请解除对预受要约股票的临时保管。在要约收购期限届满前 3 个交易日内，预受股东不得撤回其对要约的接受。在要约收购期限内，收购人应当每日在证券交易所网站上公告已预受收购要约的股份数量。

出现竞争要约时，接受初始要约的预受股东撤回全部或者部分预受的股份，并将撤回的股份售予竞争要约人的，应当委托证券公司办理撤回预受初始要约的手续和预受竞争要约的相关手续。

第四十三条　收购期限届满，发出部分要约的收购人应当按照收购要约约定的条件购买被收购公司股东预受的股份，预受要约股份的数量超过预定收购数量时，收购人应当按照同等比例收购预受要约的股份；以终止被收购公司上市地位为目的的，收购人应当按照收购要约约定的条件购买被收购公司股东预受的全部股份；未取得中国证监会豁免而发出全面要约的收购人应当购买被收购公司股东预受的全部股份。

收购期限届满后 3 个交易日内，接受委托的证券公司应当向证券登记结算机构申请办理股份转让结算、过户登记手续，解除对超过预定收购比例的股票的临时保管；收购人应当公告本次要约收购的结果。

第四十四条　收购期限届满，被收购公司股权分布不符合上市条件，该上市公司的股票由证券交易所依法终止上市交易。在收购行为完成前，其余仍持有被收购公司股票的股东，有权在收购报告书规定的合理期限内向收购人以收购要约的同等条件出售其股票，收购人应当收购。

第四十五条　收购期限届满后 15 日内，收购人应当向证券交易所提交关于收购情况的书面报告，并予以公告。

第四十六条　除要约方式外，投资者不得在证券交易所外公开求购上市公司的股份。

第四章　协议收购

第四十七条　收购人通过协议方式在一个上市公司中拥有权益的股份达到或者超过该公司已发行股份的 5%，但未超过 30%的，按照本办法第二章的规定办理。

收购人拥有权益的股份达到该公司已发行股份的 30%时，继续进行收购的，应当依法向该上市公司的股东发出全面要约或者部分要约。符合本办法第六章规定情形的，收购人可以向中国证监会申请免除发出要约。

收购人拟通过协议方式收购一个上市公司的股份超过 30%的，超过 30%的部分，应当改以要约方式进行；但符合本办法第六章规定情形的，收购人可以向中国证监会申请免除发出要约。收购人在取得中国证监会豁免后，履行其收购协议；未取得中国证监会豁免且拟继续履行其收购协议的，或者不申请豁免的，在履行其收购协议前，应当发出全面要约。

第四十八条　以协议方式收购上市公司股份超过 30%，收购人拟依据本办法第六章的规定申请豁免的，应当在与上市公司股东达成收购协议之日起 3 日内编制上市公司收购报告书，提交豁免申请，委托财务顾问向中国证监会、证券交易所提交书面报告，通知被收购公司，并公告上市公司收购报告书摘要。

收购人自取得中国证监会的豁免之日起 3 日内公告其收购报告书、财务顾问专业意见和律师出具的法律意见书；收购人未取得豁免的，应当自收到中国证监会的决定之日起 3 日内予以公告，并按照本办法第六十一条第二款的规定办理。

第四十九条　依据前条规定所作的上市公司收购报告书，须披露本办法第二十九条第（一）项至第（六）项和第（九）项至第（十四）项规定的内容及收购协议的生效条件和付款安排。

已披露收购报告书的收购人在披露之日起 6 个月内，因权益变动需要再次报告、公告的，可以仅就与前次报告书不同的部分作出报告、公告；超过 6 个月的，应当按照本办法第二章的规定履行报告、公告义务。

第五十条　收购人公告上市公司收购报告书时，应当提交以下备查文件：

（一）中国公民的身份证明，或者在中国境内登记注册的法人、其他组织的证明文件；

（二）基于收购人的实力和从业经验对上市公司后续发展计划可行性的说明，收购人拟修改公司章程、改选公司董事会、改变或者调整公司主营业务的，还应当补充其具备规范运作上市公司的管理能力的说明；

（三）收购人及其关联方与被收购公司存在同业竞争、关联交易的，应提供避免同业竞争等利益冲突、保持被收购公司经营独立性的说明；

（四）收购人为法人或者其他组织的，其控股股东、实际控制人最近 2 年未变更的说明；

（五）收购人及其控股股东或实际控制人的核心企业和核心业务、关联企业及主营业务的说明；收购人或其实际控制人为两个或两个以上的上市公司控股股东或实际控制人的，还应当提供其持股 5%以上的上市公司以及银行、信托公司、证券公司、保险公司等其他金融机构的情况说明；

（六）财务顾问关于收购人最近 3 年的诚信记录、收购资金来源合法性、收购人具备履行相关承诺的能力以及相关信息披露内容真实性、准确性、完整性的核查意见；收购人成立未满 3 年的，财务顾问还应当提供其控股股东或者实际控制人最近 3 年诚信记录的核查意见。

境外法人或者境外其他组织进行上市公司收购的，除应当提交第一款第（二）项至第（六）项规定的文件外，还应当提交以下文件：

（一）财务顾问出具的收购人符合对上市公司进行战略投资的条件、具有收购上市公司的能力的核查意见；

（二）收购人接受中国司法、仲裁管辖的声明。

第五十一条　上市公司董事、监事、高级管理人员、员工或者其所控制或者委托的法人或者其他组织，拟对本公司进行收购或者通过本办法第五章规定的方式取得本公司控制权（以下简称管理层收购）的，该上市公司应当具备健全且运行良好的组织机构以及有效的内部控制制度，公司董事会成员中独立董事的比例应当达到或者超过 1/2。公司应当聘请具有证券、期货从业资格的资产评估机构提供公司资产评估报告，本次收购应当经董事会非关联董事作出决议，且取得 2/3 以上的独立董事同意后，提交公司股东大会审议，经出席股东大会的非关联股东所持表决权过半数通过。独立董事发表意见前，应当聘请独立财务顾问就本次收购出具专业意见，独立董事及独立财务顾问的意见应当一并予以公告。

上市公司董事、监事、高级管理人员存在《公司法》第一百四十八条规定情形，或者最近 3 年有证券市场不良诚信记录的，不得收购本公司。

第五十二条　以协议方式进行上市公司收购的，自签订收购协议起至相关股份完成过户的期间为上市公司收购过渡期（以下简称过渡期）。在过渡期内，收购人不得通过控股股东提议改选上市公司董事会，确有充分理由改选董事会的，来自收购人的董事不得超过董事会成员的 1/3；被收购公司不得为收购人及其关联方提供担保；被收购公司不得公开发行股份募集资金，不得进行重大购买、出售资产及重大投资行为或者与收购人及其关联方进行其他关联交易，但收购人为挽救陷入危机或者面临严重财务困难的上市公司的情形除外。

第五十三条　上市公司控股股东向收购人协议转让其所持有的上市公司股份的，应当对收购人的主体资格、诚信情况及收购意图进行调查，并在其权益变动报告书中披露有关调查情况。

控股股东及其关联方未清偿其对公司的负债，未解除公司为其负债提供的担保，或者存在损害公司利益的其他情形的，被收购公司董事会应当对前述情形及时予以披露，并采取有效措施维护公司利益。

第五十四条　协议收购的相关当事人应当向证券登记结算机构申请办理拟转让股份的临时保管手续，并可以将用于支付的现金存放于证券登记结算机构指定的银行。

第五十五条　收购报告书公告后，相关当事人应当按照证券交易所和证券登记结算机构的业务规则，在证券交易所就本次股份转让予以确认后，凭全部转让款项存放于双方认可的银行账户的证明，向证券登记结算机构申请解除拟协议转让股票的临时保管，并办理过户登记手续。

收购人未按规定履行报告、公告义务，或者未按规定提出申请的，证券交易所和证券登记结算机构不予办理股份转让和过户登记手续。

收购人在收购报告书公告后 30 日内仍未完成相关股份过户手续的，应当立即作出公告，说明理由；在未完成相关股份过户期间，应当每隔 30 日公告相关股份过户办理进展情况。

第五章　间接收购

第五十六条　收购人虽不是上市公司的股东，但通过投资关系、协议、其他安排导致其拥有权益的股份达到或者超过一个上市公司已发行股份的 5%未超过 30%的，应当按照本办法第二章的规定办理。

收购人拥有权益的股份超过该公司已发行股份的 30%的，应当向该公司所有股东发出全面要约;收购人预计无法在事实发生之日起 30 日内发出全面要约的,应当在前述 30 日内促使其控制的股东将所持有的上市公司股份减持至 30%或者 30%以下，并自减持之日起 2 个工作日内予以公告；其后收购人或者其控制的股东拟继续增持的，应当采取要约方式；拟依据本办法第六章的规定申请豁免的，应当按照本办法第四十八条的规定办理。

第五十七条　投资者虽不是上市公司的股东，但通过投资关系取得对上市公司股东的控制权，而受其支配的上市公司股东所持股份达到前条规定比例、且对该股东的资产和利润构成重大影响的，应当按照前条规定履行报告、公告义务。

第五十八条　上市公司实际控制人及受其支配的股东，负有配合上市公司真实、准确、完整披露有关实际控制人发生变化的信息的义务；实际控制人及受其支配的股东拒不履行上述配合义务，导致上市公司无法履行法定信息披露义务而承担民事、行政责任的，上市公司有权对其提起诉讼。实际控制人、控股股东指使上市公司及其有关人员不依法履行信息披露义务的，中国证监会依法进行查处。

第五十九条　上市公司实际控制人及受其支配的股东未履行报告、公告义务的，上市公司应当自知悉之日起立即作出报告和公告。上市公司就实际控制人发生变化的情况予以公告后，实际控制人仍未披露的，上市公司董事会应当向实际控制人和受其支配的股东查询，必要时可以聘请财务顾问进行查询，并将查询情况向中国证监会、上市公司所在地的中国证监会派出机构（以下简称派出机构）和证券交易所报告；中国证监会依法对拒不履行报告、公告义务的实际控制人进行查处。

上市公司知悉实际控制人发生较大变化而未能将有关实际控制人的变化情况及时予以报告和公告的，中国证监会责令改正，情节严重的，认定上市公司负有责任的董事为不适当人选。

第六十条　上市公司实际控制人及受其支配的股东未履行报告、公告义务，拒不履行第五十八条规定的配合义务，或者实际控制人存在不得收购上市公司情形的，上市公司董事会应当拒绝接受受实际控制人支配的股东向董事会提交的提案或者临时议案，并向中国证监会、派出机构和证券交易所报告。中国证监会责令实际控制人改正，可以认定实际控制人通过受其支配的股东所提名的董事为不适当人选；改正前，受实际控制人支配的股东不得行使其持有股份的表决权。上市公司董事会未拒绝接受实际控制人及受其支配的股东所提出的提案的，中国证监会可以认定负有责任的董事为不适当人选。

第六章　豁免申请

第六十一条　符合本办法第六十二条、第六十三条规定情形的，投资者及其一致行动人可以向中国证监会申请下列豁免事项：

（一）免于以要约收购方式增持股份；

（二）存在主体资格、股份种类限制或者法律、行政法规、中国证监会规定的特殊情形的，可以申请免于向被收购公司的所有股东发出收购要约。

未取得豁免的，投资者及其一致行动人应当在收到中国证监会通知之日起 30 日内将其或者其控制的股东所持有的被收购公司股份减持到 30%或者 30%以下；拟以要约以外的方式继续增持股份的，应当发出全面要约。

第六十二条　有下列情形之一的，收购人可以向中国证监会提出免于以要约方式增持股份的申请：

（一）收购人与出让人能够证明本次股份转让是在同一实际控制人控制的不同主体之间进行，未导致上市公司的实际控制人发生变化；

（二）上市公司面临严重财务困难，收购人提出的挽救公司的重组方案取得该公司股东大会批准，且收购人承诺3年内不转让其在该公司中所拥有的权益；

（三）中国证监会为适应证券市场发展变化和保护投资者合法权益的需要而认定的其他情形。

收购人报送的豁免申请文件符合规定，并且已经按照本办法的规定履行报告、公告义务的，中国证监会予以受理；不符合规定或者未履行报告、公告义务的，中国证监会不予受理。中国证监会在受理豁免申请后20个工作日内，就收购人所申请的具体事项做出是否予以豁免的决定；取得豁免的，收购人可以完成本次增持行为。

第六十三条　有下列情形之一的，投资者可以向中国证监会提出免于发出要约的申请，中国证监会自收到符合规定的申请文件之日起10个工作日内未提出异议的，相关投资者可以向证券交易所和证券登记结算机构申请办理股份转让和过户登记手续；中国证监会不同意其申请的，相关投资者应当按照本办法第六十一条的规定办理：

（一）经政府或者国有资产管理部门批准进行国有资产无偿划转、变更、合并，导致投资者在一个上市公司中拥有权益的股份占该公司已发行股份的比例超过30%；

（二）因上市公司按照股东大会批准的确定价格向特定股东回购股份而减少股本，导致投资者在该公司中拥有权益的股份超过该公司已发行股份的30%；

（三）中国证监会为适应证券市场发展变化和保护投资者合法权益的需要而认定的其他情形。

有下列情形之一的，相关投资者可以免于按照前款规定提交豁免申请，直接向证券交易所和证券登记结算机构申请办理股份转让和过户登记手续：

（一）经上市公司股东大会非关联股东批准，投资者取得上市公司向其发行的新股，导致其在该公司拥有权益的股份超过该公司已发行股份的30%，投资者承诺3年内不转让本次向其发行的新股，且公司股东大会同意投资者免于发出要约；

（二）在一个上市公司中拥有权益的股份达到或者超过该公司已发行股份的30%的，自上述事实发生之日起一年后，每12个月内增持不超过该公司已发行的2%的股份；

（三）在一个上市公司中拥有权益的股份达到或者超过该公司已发行股

份的 50%的，继续增加其在该公司拥有的权益不影响该公司的上市地位；

（四）证券公司、银行等金融机构在其经营范围内依法从事承销、贷款等业务导致其持有一个上市公司已发行股份超过 30%，没有实际控制该公司的行为或者意图，并且提出在合理期限内向非关联方转让相关股份的解决方案；

（五）因继承导致在一个上市公司中拥有权益的股份超过该公司已发行股份的 30%；

（六）因履行约定购回式证券交易协议购回上市公司股份导致投资者在一个上市公司中拥有权益的股份超过该公司已发行股份的 30%，并且能够证明标的股份的表决权在协议期间未发生转移；

（七）因所持优先股表决权依法恢复导致投资者在一个上市公司中拥有权益的股份超过该公司已发行股份的 30%。

相关投资者应在前款规定的权益变动行为完成后 3 日内就股份增持情况做出公告，律师应就相关投资者权益变动行为发表符合规定的专项核查意见并由上市公司予以披露。相关投资者按照前款第（二）项、第（三）项规定采用集中竞价方式增持股份，每累计增持股份比例达到该公司已发行股份的 1%的，应当在事实发生之日通知上市公司，由上市公司在次一交易日发布相关股东增持公司股份的进展公告。相关投资者按照前款第（三）项规定采用集中竞价方式增持股份的，每累计增持股份比例达到上市公司已发行股份的 2%的，在事实发生当日和上市公司发布相关股东增持公司股份进展公告的当日不得再行增持股份。前款第（二）项规定的增持不超过 2%的股份锁定期为增持行为完成之日起 6 个月。

第六十四条　收购人提出豁免申请的，应当聘请律师事务所等专业机构出具专业意见。

第七章　财务顾问

第六十五条　收购人聘请的财务顾问应当履行以下职责：

（一）对收购人的相关情况进行尽职调查；

（二）应收购人的要求向收购人提供专业化服务，全面评估被收购公司的财务和经营状况，帮助收购人分析收购所涉及的法律、财务、经营风险，就收购方案所涉及的收购价格、收购方式、支付安排等事项提出对策建议，并指导收购人按照规定的内容与格式制作申报文件；

（三）对收购人进行证券市场规范化运作的辅导，使收购人的董事、监事和高级管理人员熟悉有关法律、行政法规和中国证监会的规定，充分了解其应当承担的义务和责任，督促其依法履行报告、公告和其他法定义务；

（四）对收购人是否符合本办法的规定及申报文件内容的真实性、准确性、完整性进行充分核查和验证，对收购事项客观、公正地发表专业意见；

（五）接受收购人委托，向中国证监会报送申报材料，根据中国证监会的审核意见，组织、协调收购人及其他专业机构予以答复；

（六）与收购人签订协议，在收购完成后 12 个月内，持续督导收购人遵守法律、行政法规、中国证监会的规定、证券交易所规则、上市公司章程，依法行使股东权利，切实履行承诺或者相关约定。

第六十六条　收购人聘请的财务顾问就本次收购出具的财务顾问报告，应当对以下事项进行说明和分析，并逐项发表明确意见：

（一）收购人编制的上市公司收购报告书或者要约收购报告书所披露的内容是否真实、准确、完整；

（二）本次收购的目的；

（三）收购人是否提供所有必备证明文件，根据对收购人及其控股股东、实际控制人的实力、从事的主要业务、持续经营状况、财务状况和诚信情况的核查，说明收购人是否具备主体资格，是否具备收购的经济实力，是否具备规范运作上市公司的管理能力，是否需要承担其他附加义务及是否具备履行相关义务的能力，是否存在不良诚信记录；

（四）对收购人进行证券市场规范化运作辅导的情况，其董事、监事和高级管理人员是否已经熟悉有关法律、行政法规和中国证监会的规定，充分了解应承担的义务和责任，督促其依法履行报告、公告和其他法定义务的情况；

（五）收购人的股权控制结构及其控股股东、实际控制人支配收购人的方式；

（六）收购人的收购资金来源及其合法性，是否存在利用本次收购的股份向银行等金融机构质押取得融资的情形；

（七）涉及收购人以证券支付收购价款的，应当说明有关该证券发行人的信息披露是否真实、准确、完整以及该证券交易的便捷性等情况；

（八）收购人是否已经履行了必要的授权和批准程序；

（九）是否已对收购过渡期间保持上市公司稳定经营作出安排，该安排是否符合有关规定；

（十）对收购人提出的后续计划进行分析，收购人所从事的业务与上市公司从事的业务存在同业竞争、关联交易的，对收购人解决与上市公司同业竞争等利益冲突及保持上市公司经营独立性的方案进行分析，说明本次收购对上市公司经营独立性和持续发展可能产生的影响；

（十一）在收购标的上是否设定其他权利，是否在收购价款之外还作出其他补偿安排；

（十二）收购人及其关联方与被收购公司之间是否存在业务往来，收购人与被收购公司的董事、监事、高级管理人员是否就其未来任职安排达成某种协议或者默契；

（十三）上市公司原控股股东、实际控制人及其关联方是否存在未清偿对公司的负债、未解除公司为其负债提供的担保或者损害公司利益的其他情形；存在该等情形的，是否已提出切实可行的解决方案；

（十四）涉及收购人拟提出豁免申请的，应当说明本次收购是否属于可以得到豁免的情形，收购人是否作出承诺及是否具备履行相关承诺的实力。

第六十七条 上市公司董事会或者独立董事聘请的独立财务顾问，不得同时担任收购人的财务顾问或者与收购人的财务顾问存在关联关系。独立财务顾问应当根据委托进行尽职调查，对本次收购的公正性和合法性发表专业意见。独立财务顾问报告应当对以下问题进行说明和分析，发表明确意见：

（一）收购人是否具备主体资格；

（二）收购人的实力及本次收购对被收购公司经营独立性和持续发展可能产生的影响分析；

（三）收购人是否存在利用被收购公司的资产或者由被收购公司为本次收购提供财务资助的情形；

（四）涉及要约收购的，分析被收购公司的财务状况，说明收购价格是否充分反映被收购公司价值，收购要约是否公平、合理，对被收购公司社会公众股股东接受要约提出的建议；

（五）涉及收购人以证券支付收购价款的，还应当根据该证券发行人的资产、业务和盈利预测，对相关证券进行估值分析，就收购条件对被收购公司的社会公众股股东是否公平合理、是否接受收购人提出的收购条件提出专业意见；

（六）涉及管理层收购的，应当对上市公司进行估值分析，就本次收购的定价依据、支付方式、收购资金来源、融资安排、还款计划及其可行性、上市公司内部控制制度的执行情况及其有效性、上述人员及其直系亲属在最近 24 个月内与上市公司业务往来情况以及收购报告书披露的其他内容等进行全面核查，发表明确意见。

第六十八条 财务顾问应当在财务顾问报告中作出以下承诺：

（一）已按照规定履行尽职调查义务，有充分理由确信所发表的专业意见与收购人公告文件的内容不存在实质性差异；

（二）已对收购人公告文件进行核查，确信公告文件的内容与格式符合规定；

（三）有充分理由确信本次收购符合法律、行政法规和中国证监会的规定，有充分理由确信收购人披露的信息真实、准确、完整，不存在虚假记载、误导性陈述和重大遗漏；

（四）就本次收购所出具的专业意见已提交其内核机构审查，并获得通过；

（五）在担任财务顾问期间，已采取严格的保密措施，严格执行内部防火墙制度；

（六）与收购人已订立持续督导协议。

第六十九条　财务顾问在收购过程中和持续督导期间，应当关注被收购公司是否存在为收购人及其关联方提供担保或者借款等损害上市公司利益的情形，发现有违法或者不当行为的，应当及时向中国证监会、派出机构和证券交易所报告。

第七十条　财务顾问为履行职责，可以聘请其他专业机构协助其对收购人进行核查，但应当对收购人提供的资料和披露的信息进行独立判断。

第七十一条　自收购人公告上市公司收购报告书至收购完成后 12 个月内，财务顾问应当通过日常沟通、定期回访等方式，关注上市公司的经营情况，结合被收购公司定期报告和临时公告的披露事宜，对收购人及被收购公司履行持续督导职责：

（一）督促收购人及时办理股权过户手续，并依法履行报告和公告义务；

（二）督促和检查收购人及被收购公司依法规范运作；

（三）督促和检查收购人履行公开承诺的情况；

（四）结合被收购公司定期报告，核查收购人落实后续计划的情况，是否达到预期目标，实施效果是否与此前的披露内容存在较大差异，是否实现相关盈利预测或者管理层预计达到的目标；

（五）涉及管理层收购的，核查被收购公司定期报告中披露的相关还款计划的落实情况与事实是否一致；

（六）督促和检查履行收购中约定的其他义务的情况。

在持续督导期间，财务顾问应当结合上市公司披露的季度报告、半年度报告和年度报告出具持续督导意见，并在前述定期报告披露后的 15 日内向派出机构报告。

在此期间，财务顾问发现收购人在上市公司收购报告书中披露的信息与事实不符的，应当督促收购人如实披露相关信息，并及时向中国证监会、派出机构、证券交易所报告。财务顾问解除委托合同的，应当及时向中国证监会、派出机构作出书面报告，说明无法继续履行持续督导职责的理由，并予公告。

第八章　持续监管

第七十二条　在上市公司收购行为完成后 12 个月内，收购人聘请的财务顾问应当在每季度前 3 日内就上一季度对上市公司影响较大的投资、购买或者出售资产、关联交易、主营业务调整以及董事、监事、高级管理人员的更换、职工安置、收购人履行承诺等情况向派出机构报告。

收购人注册地与上市公司注册地不同的，还应当将前述情况的报告同时抄报收购人所在地的派出机构。

第七十三条　派出机构根据审慎监管原则，通过与承办上市公司审计业务的会计师事务所谈话、检查财务顾问持续督导责任的落实、定期或者不定期的现场检查等方式，在收购完成后对收购人和上市公司进行监督检查。

派出机构发现实际情况与收购人披露的内容存在重大差异的，对收购人及上市公司予以重点关注，可以责令收购人延长财务顾问的持续督导期，并依法进行查处。

在持续督导期间，财务顾问与收购人解除合同的，收购人应当另行聘请其他财务顾问机构履行持续督导职责。

第七十四条　在上市公司收购中，收购人持有的被收购公司的股份，在收购完成后 12 个月内不得转让。

收购人在被收购公司中拥有权益的股份在同一实际控制人控制的不同主体之间进行转让不受前述 12 个月的限制，但应当遵守本办法第六章的规定。

第九章　监管措施与法律责任

第七十五条　上市公司的收购及相关股份权益变动活动中的信息披露义务人，未按照本办法的规定履行报告、公告以及其他相关义务的，中国证监会责令改正，采取监管谈话、出具警示函、责令暂停或者停止收购等监管措施。在改正前，相关信息披露义务人不得对其持有或者实际支配的股份行使表决权。

第七十六条　上市公司的收购及相关股份权益变动活动中的信息披露义务人在报告、公告等文件中有虚假记载、误导性陈述或者重大遗漏的，中国证监会责令改正，采取监管谈话、出具警示函、责令暂停或者停止收购等监管措施。在改正前，收购人对其持有或者实际支配的股份不得行使表决权。

第七十七条　投资者及其一致行动人取得上市公司控制权而未按照本办法的规定聘请财务顾问，规避法定程序和义务，变相进行上市公司的收购，或者外国投资者规避管辖的，中国证监会责令改正，采取出具警示函、责令暂停或者停止收购等监管措施。在改正前，收购人不得对其持有或者实际支配的股份行使表决权。

第七十八条　收购人未依照本办法的规定履行相关义务或者相应程序擅自实施要约收购的，中国证监会责令改正，采取监管谈话、出具警示函、责令暂停或者停止收购等监管措施；在改正前，收购人不得对其持有或者支配的股份行使表决权。

发出收购要约的收购人在收购要约期限届满，不按照约定支付收购价款或者购买预受股份的，自该事实发生之日起 3 年内不得收购上市公司，中国证监会不受理收购人及其关联方提交的申报文件。

存在前二款规定情形，收购人涉嫌虚假披露、操纵证券市场的，中国证监会对收购人进行立案稽查，依法追究其法律责任；收购人聘请的财务顾问没有充分证据表明其勤勉尽责的，自收购人违规事实发生之日起 1 年内，中国证监会不受理该财务顾问提交的上市公司并购重组申报文件，情节严重的，依法追究法律责任。

第七十九条　上市公司控股股东和实际控制人在转让其对公司的控制权时，未清偿其对公司的负债，未解除公司为其提供的担保，或者未对其损害公司利益的其他情形作出纠正的，中国证监会责令改正、责令暂停或者停止收购活动。

被收购公司董事会未能依法采取有效措施促使公司控股股东、实际控制人予以纠正，或者在收购完成后未能促使收购人履行承诺、安排或者保证的，中国证监会可以认定相关董事为不适当人选。

第八十条　上市公司董事未履行忠实义务和勤勉义务，利用收购谋取不当利益的，中国证监会采取监管谈话、出具警示函等监管措施，可以认定为不适当人选。

上市公司章程中涉及公司控制权的条款违反法律、行政法规和本办法规定的，中国证监会责令改正。

第八十一条　为上市公司收购出具资产评估报告、审计报告、法律意见书和财务顾问报告的证券服务机构或者证券公司及其专业人员，未依法履行职责的，中国证监会责令改正，采取监管谈话、出具警示函等监管措施。

前款规定的证券服务机构及其从业人员被责令改正的，在改正前，不得接受新的上市公司并购重组业务。

第八十二条　中国证监会将上市公司的收购及相关股份权益变动活动中的当事人的违法行为和整改情况记入诚信档案。

违反本办法的规定构成证券违法行为的，依法追究法律责任。

第十章　附则

第八十三条　本办法所称一致行动，是指投资者通过协议、其他安排，与其他投资者共同扩大其所能够支配的一个上市公司股份表决权数量的行为或者事实。

在上市公司的收购及相关股份权益变动活动中有一致行动情形的投资者，互为一致行动人。如无相反证据，投资者有下列情形之一的，为一致行动人：

（一）投资者之间有股权控制关系；

（二）投资者受同一主体控制；

（三）投资者的董事、监事或者高级管理人员中的主要成员，同时在另一个投资者担任董事、监事或者高级管理人员；

（四）投资者参股另一投资者，可以对参股公司的重大决策产生重大影响；

（五）银行以外的其他法人、其他组织和自然人为投资者取得相关股份提供融资安排；

（六）投资者之间存在合伙、合作、联营等其他经济利益关系；

（七）持有投资者 30%以上股份的自然人，与投资者持有同一上市公司股份；

（八）在投资者任职的董事、监事及高级管理人员，与投资者持有同一上市公司股份；

（九）持有投资者 30%以上股份的自然人和在投资者任职的董事、监事及高级管理人员，其父母、配偶、子女及其配偶、配偶的父母、兄弟姐妹及其配偶、配偶的兄弟姐妹及其配偶等亲属，与投资者持有同一上市公司股份；

（十）在上市公司任职的董事、监事、高级管理人员及其前项所述亲属同时持有本公司股份的，或者与其自己或者其前项所述亲属直接或者间接控制的企业同时持有本公司股份；

（十一）上市公司董事、监事、高级管理人员和员工与其所控制或者委托的法人或者其他组织持有本公司股份；

（十二）投资者之间具有其他关联关系。

一致行动人应当合并计算其所持有的股份。投资者计算其所持有的股份，应当包括登记在其名下的股份，也包括登记在其一致行动人名下的股份。

投资者认为其与他人不应被视为一致行动人的，可以向中国证监会提供相反证据。

第八十四条　有下列情形之一的，为拥有上市公司控制权：

（一）投资者为上市公司持股 50%以上的控股股东；

（二）投资者可以实际支配上市公司股份表决权超过 30%；

（三）投资者通过实际支配上市公司股份表决权能够决定公司董事会半数以上成员选任；

（四）投资者依其可实际支配的上市公司股份表决权足以对公司股东大会的决议产生重大影响；

（五）中国证监会认定的其他情形。

第八十五条　信息披露义务人涉及计算其拥有权益比例的，应当将其所持有的上市公司已发行的可转换为公司股票的证券中有权转换部分与其所持有的同一上市公司的股份合并计算，并将其持股比例与合并计算非股权类证券转为股份后的比例相比，以二者中的较高者为准；行权期限届满未行权的，或者行权条件不再具备的，无需合并计算。

前款所述二者中的较高者，应当按下列公式计算：

（一）投资者持有的股份数量/上市公司已发行股份总数

（二）（投资者持有的股份数量+投资者持有的可转换为公司股票的非股权类证券所对应的股份数量）/（上市公司已发行股份总数+上市公司发行的可转换为公司股票的非股权类证券所对应的股份总数）

前款所称“投资者持有的股份数量”包括投资者拥有的普通股数量和优先股恢复的表决权数量，“上市公司已发行股份总数”包括上市公司已发行的普通股总数和优先股恢复的表决权总数。

第八十六条　投资者因行政划转、执行法院裁决、继承、赠与等方式取得上市公司控制权的，应当按照本办法第四章的规定履行报告、公告义务。

第八十七条　权益变动报告书、收购报告书、要约收购报告书、被收购公司董事会报告书、要约收购豁免申请文件等文件的内容与格式，由中国证监会另行制定。

第八十八条　被收购公司在境内、境外同时上市的，收购人除应当遵守本办法及中国证监会的相关规定外，还应当遵守境外上市地的相关规定。

第八十九条　外国投资者收购上市公司及在上市公司中拥有的权益发

生变动的，除应当遵守本办法的规定外，还应当遵守外国投资者投资上市公司的相关规定。

第九十条　本办法自 2006 年 9 月 1 日起施行。中国证监会发布的《上市公司收购管理办法》（证监会令第 10 号）、《上市公司股东持股变动信息披露管理办法》（证监会令第 11 号）、《关于要约收购涉及的被收购公司股票上市交易条件有关问题的通知》（证监公司字〔2003〕16 号）和《关于规范上市公司实际控制权转移行为有关问题的通知》（证监公司字〔2004〕1 号）同时废止。

上市公司并购重组财务顾问业务管理办法

（证监会令第 54 号）

第一章 总则

第一条 为了规范证券公司、证券投资咨询机构及其他财务顾问机构从事上市公司并购重组财务顾问业务活动，保护投资者的合法权益，促进上市公司规范运作，维护证券市场秩序，根据《证券法》和其他相关法律、行政法规的规定，制定本办法。

第二条 上市公司并购重组财务顾问业务是指为上市公司的收购、重大资产重组、合并、分立、股份回购等对上市公司股权结构、资产和负债、收入和利润等具有重大影响的并购重组活动提供交易估值、方案设计、出具专业意见等专业服务。

经中国证券监督管理委员会（以下简称中国证监会）核准具有上市公司并购重组财务顾问业务资格的证券公司、证券投资咨询机构或者其他符合条件的财务顾问机构（以下简称财务顾问），可以依照本办法的规定从事上市公司并购重组财务顾问业务。

未经中国证监会核准，任何单位和个人不得从事上市公司并购重组财务顾问业务。

第三条 财务顾问应当遵守法律、行政法规、中国证监会的规定和行业规范，诚实守信，勤勉尽责，对上市公司并购重组活动进行尽职调查，对委托人的申报文件进行核查，出具专业意见，并保证其所出具的意见真实、准确、完整。

第四条 财务顾问的委托人应当依法承担相应的责任，配合财务顾问履行职责，并向财务顾问提供有关文件及其他必要的信息，不得拒绝、隐匿、谎报。

财务顾问履行职责，不能减轻或者免除委托人、其他专业机构及其签名人员的责任。

第五条 中国证监会依照法律、行政法规和本办法的规定，对财务顾问实行资格许可管理，对财务顾问及其负责并购重组项目的签名人员（以下简称财务顾问主办人）的执业情况进行监督管理。

中国证券业协会依法对财务顾问及其财务顾问主办人进行自律管理。

第二章 业务许可

第六条 证券公司从事上市公司并购重组财务顾问业务，应当具备下列条件：

（一）公司净资本符合中国证监会的规定；

（二）具有健全且运行良好的内部控制机制和管理制度，严格执行风险控制和内部隔离制度；

（三）建立健全的尽职调查制度，具备良好的项目风险评估和内核机制；

（四）公司财务会计信息真实、准确、完整；

（五）公司控股股东、实际控制人信誉良好且最近3年无重大违法违规记录；

（六）财务顾问主办人不少于5人；

（七）中国证监会规定的其他条件。

第七条　证券投资咨询机构从事上市公司并购重组财务顾问业务，应当具备下列条件：

（一）已经取得中国证监会核准的证券投资咨询业务资格；

（二）实缴注册资本和净资产不低于人民币500万元；

（三）具有健全且运行良好的内部控制机制和管理制度，严格执行风险控制和内部隔离制度；

（四）公司财务会计信息真实、准确、完整；

（五）控股股东、实际控制人在公司申请从事上市公司并购重组财务顾问业务资格前一年未发生变化，信誉良好且最近3年无重大违法违规记录；

（六）具有2年以上从事公司并购重组财务顾问业务活动的执业经历，且最近2年每年财务顾问业务收入不低于100万元；

（七）有证券从业资格的人员不少于20人，其中，具有从事证券业务经验3年以上的人员不少于10人，财务顾问主办人不少于5人；

（八）中国证监会规定的其他条件。

第八条　其他财务顾问机构从事上市公司并购重组财务顾问业务，除应当符合前条第（二）至（四）项及第（七）项的条件外，还应当具备下列条件：

（一）具有3年以上从事公司并购重组财务顾问业务活动的执业经历，且最近3年每年财务顾问业务收入不低于100万元；

（二）董事、高级管理人员应当正直诚实，品行良好，熟悉证券法律、行政法规，具有从事证券市场工作3年以上或者金融工作5年以上的经验，具备履行职责所需的经营管理能力；

（三）控股股东、实际控制人信誉良好且最近3年无重大违法违规记录；

（四）中国证监会规定的其他条件。

资产评估机构、会计师事务所、律师事务所或者相关人员从事上市公司并购重组财务顾问业务，应当另行成立专门机构。

第九条 证券公司、证券投资咨询机构和其他财务顾问机构有下列情形之一的，不得担任财务顾问：

（一）最近 24 个月内存在违反诚信的不良记录；

（二）最近 24 个月内因执业行为违反行业规范而受到行业自律组织的纪律处分；

（三）最近 36 个月内因违法违规经营受到处罚或者因涉嫌违法违规经营正在被调查。

第十条 财务顾问主办人应当具备下列条件：

（一）具有证券从业资格；

（二）具备中国证监会规定的投资银行业务经历；

（三）参加中国证监会认可的财务顾问主办人胜任能力考试且成绩合格；

（四）所任职机构同意推荐其担任本机构的财务顾问主办人；

（五）未负有数额较大到期未清偿的债务；

（六）最近 24 个月无违反诚信的不良记录；

（七）最近 24 个月未因执业行为违反行业规范而受到行业自律组织的纪律处分；

（八）最近 36 个月未因执业行为违法违规受到处罚；

（九）中国证监会规定的其他条件。

第十一条 证券公司、证券投资咨询机构和其他财务顾问机构申请从事上市公司并购重组财务顾问业务资格，应当提交下列文件：

（一）申请报告；

（二）营业执照复印件和公司章程；

（三）董事长、高级管理人员及并购重组业务负责人的简历；

（四）符合本办法规定条件的财务顾问主办人的证明材料；

（五）关于公司控股股东、实际控制人信誉良好和最近 3 年无重大违法违规记录的说明；

（六）公司治理结构和内控制度的说明，包括公司风险控制、内部隔离制度及内核部门人员名单和最近 3 年从业经历；

（七）经具有从事证券业务资格的会计师事务所审计的公司最近 2 年的财务会计报告；

（八）律师出具的法律意见书；

（九）中国证监会规定的其他文件。

第十二条 证券投资咨询机构申请从事上市公司并购重组财务顾问业务资格，除提交本办法第十一条规定的申报材料外，还应当提交下列文件：

（一）中国证监会核准的证券投资咨询业务许可证复印件；

（二）从事公司并购重组财务顾问业务2年以上执业经历的说明，以及最近2年每年财务顾问业务收入不低于100万元的证明文件，包括相关合同和纳税证明；

（三）申请资格前一年控股股东、实际控制人未发生变化的说明。

第十三条 其他财务顾问机构申请从事上市公司并购重组财务顾问业务资格，除提交本办法第十一条规定的申报材料外，还应当提交下列文件：

（一）从事公司并购重组财务顾问业务3年以上执业经历的说明，以及最近3年每年财务顾问业务收入不低于100万元的证明文件，包括相关合同和纳税证明；

（二）董事、高级管理人员符合本办法规定条件的说明；

（三）申请资格前一年控股股东、实际控制人未发生变化的说明。

第十四条 财务顾问申请人应当提交有关财务顾问主办人的下列证明文件：

（一）证券从业资格证书；

（二）中国证监会规定的投资银行业务经历的证明文件；

（三）中国证监会认可的财务顾问主办人胜任能力考试且成绩合格的证书；

（四）财务顾问申请人推荐其担任本机构的财务顾问主办人的推荐函；

（五）不存在数额较大到期未清偿的债务的说明；

（六）最近24个月无违反诚信的不良记录的说明；

（七）最近24个月未受到行业自律组织的纪律处分的说明；

（八）最近36个月未因执业行为违法违规受到处罚的说明；

（九）中国证监会规定的其他文件。

第十五条 财务顾问申请人应当保证申请文件真实、准确、完整。申请期间，文件内容发生重大变化的，财务顾问申请人应当自变化之日起5个工作日内向中国证监会提交更新资料。

第十六条 中国证监会对财务顾问申请人的上市公司并购重组财务顾问业务资格申请进行审查、做出决定。

中国证监会及时公布和更新财务顾问及其财务顾问主办人的名单。

第十七条　证券公司、证券投资咨询机构或者其他财务顾问机构受聘担任上市公司独立财务顾问的，应当保持独立性，不得与上市公司存在利害关系；存在下列情形之一的，不得担任独立财务顾问：

（一）持有或者通过协议、其他安排与他人共同持有上市公司股份达到或者超过5%，或者选派代表担任上市公司董事；

（二）上市公司持有或者通过协议、其他安排与他人共同持有财务顾问的股份达到或者超过5%，或者选派代表担任财务顾问的董事；

（三）最近2年财务顾问与上市公司存在资产委托管理关系、相互提供担保，或者最近一年财务顾问为上市公司提供融资服务；

（四）财务顾问的董事、监事、高级管理人员、财务顾问主办人或者其直系亲属有在上市公司任职等影响公正履行职责的情形；

（五）在并购重组中为上市公司的交易对方提供财务顾问服务；

（六）与上市公司存在利害关系、可能影响财务顾问及其财务顾问主办人独立性的其他情形。

第十八条　上市公司并购重组活动涉及公开发行股票的，应当按照有关规定聘请具有保荐资格的证券公司从事相关业务。

第三章　业务规则

第十九条　财务顾问从事上市公司并购重组财务顾问业务，应当履行以下职责：

（一）接受并购重组当事人的委托，对上市公司并购重组活动进行尽职调查，全面评估相关活动所涉及的风险；

（二）就上市公司并购重组活动向委托人提供专业服务，帮助委托人分析并购重组相关活动所涉及的法律、财务、经营风险，提出对策和建议，设计并购重组方案，并指导委托人按照上市公司并购重组的相关规定制作申报文件；

（三）对委托人进行证券市场规范化运作的辅导，使其熟悉有关法律、行政法规和中国证监会的规定，充分了解其应承担的义务和责任，督促其依法履行报告、公告和其他法定义务；

（四）在对上市公司并购重组活动及申报文件的真实性、准确性、完整性进行充分核查和验证的基础上，依据中国证监会的规定和监管要求，客观、公正地发表专业意见；

（五）接受委托人的委托，向中国证监会报送有关上市公司并购重组的申报材料，并根据中国证监会的审核意见，组织和协调委托人及其他专业机构进行答复；

（六）根据中国证监会的相关规定，持续督导委托人依法履行相关义务；

（七）中国证监会要求的其他事项。

第二十条 财务顾问应当与委托人签订委托协议，明确双方的权利和义务，就委托人配合财务顾问履行其职责的义务、应提供的材料和责任划分、双方的保密责任等事项做出约定。财务顾问接受上市公司并购重组多方当事人委托的，不得存在利益冲突或者潜在的利益冲突。

接受委托的，财务顾问应当指定 2 名财务顾问主办人负责，同时，可以安排一名项目协办人参与。

第二十一条 财务顾问应当建立尽职调查制度和具体工作规程，对上市公司并购重组活动进行充分、广泛、合理的调查，核查委托人提供的为出具专业意见所需的资料，对委托人披露的内容进行独立判断，并有充分理由确信所作的判断与委托人披露的内容不存在实质性差异。

委托人应当配合财务顾问进行尽职调查，提供相应的文件资料。委托人不能提供必要的材料、不配合进行尽职调查或者限制调查范围的，财务顾问应当终止委托关系或者相应修改其结论性意见。

第二十二条 财务顾问利用其他证券服务机构专业意见的，应当进行必要的审慎核查，对委托人提供的资料和披露的信息进行独立判断。

财务顾问对同一事项所作的判断与其他证券服务机构的专业意见存在重大差异的，应当进一步调查、复核，并可自行聘请相关专业机构提供专业服务。

第二十三条 财务顾问应当采取有效方式对新进入上市公司的董事、监事和高级管理人员、控股股东和实际控制人的主要负责人进行证券市场规范化运作的辅导，包括上述人员应履行的责任和义务、上市公司治理的基本原则、公司决策的法定程序和信息披露的基本要求，并对辅导结果进行验收，将验收结果存档。验收不合格的，财务顾问应当重新进行辅导和验收。

第二十四条 财务顾问对上市公司并购重组活动进行尽职调查应当重点关注以下问题，并在专业意见中对以下问题进行分析和说明：

（一）涉及上市公司收购的，担任收购人的财务顾问，应当关注收购人的收购目的、实力、收购人与其控股股东和实际控制人的控制关系结构、管理经验、资信情况、诚信记录、资金来源、履约能力、后续计划、对上市公司未来发展的影响、收购人的承诺及是否具备履行相关承诺的能力等事项；因国有股行政划转或者变更、在同一实际控制人控制的不同主体之间转让股份、继承取得上市公司股份超过 30%的，收购人可免于聘请财务顾问；

（二）涉及对上市公司进行要约收购的，收购人的财务顾问除关注本条第（一）项所列事项外，还应当关注要约收购的目的、收购人的支付方式和支付条件、履约能力、是否将导致公司退市、对收购完成后剩余中小股东的保护机制是否适当等事项；

收购人公告要约收购报告书摘要后 15 日内未能发出要约的，财务顾问应当督促收购人立即公告未能如期发出要约的原因及中国证监会提出的反馈意见；

（三）涉及上市公司重大资产重组的，财务顾问应当关注重组目的、重组方案、交易定价的公允性、资产权属的清晰性、资产的完整性、重组后上市公司是否具备持续经营能力和持续盈利能力、盈利预测的可实现性、公司经营独立性、重组方是否存在利用资产重组侵害上市公司利益的问题等事项；

（四）涉及上市公司发行股份购买资产的，财务顾问应当关注本次发行的目的、发行方案、拟购买资产的估值分析及定价的公允性、拟购买资产的完整性、独立性、盈利能力、对上市公司影响的量化分析、拟发行股份的定价模式、中小股东合法权益是否受到侵害、上市公司股票交易是否存在异常等事项；涉及导致公司控制权发生变化的，还应当按照本条第（一）项有关收购人的关注要点对本次发行的特定对象进行核查；

（五）涉及上市公司合并的，财务顾问应当关注合并的目的、合并的可行性、合并方案、合并方与被合并方的估值分析、折股比例的确定原则和公允性、对上市公司的业务和财务结构的影响、对上市公司持续盈利能力的影响、合并后的整合安排等事项；

（六）涉及上市公司回购本公司股份的，财务顾问应当关注回购目的的适当性、回购必要性、回购方案、回购价格的定价模式和公允性、对上市公司现金流的影响、是否存在不利于上市公司持续发展的问题等事项；

（七）财务顾问应当关注上市公司并购重组活动中，相关各方是否存在利用并购重组信息进行内幕交易、市场操纵和证券欺诈等事项；

（八）中国证监会要求的其他事项。

第二十五条　财务顾问应当设立由专业人员组成的内部核查机构，内部核查机构应当恪尽职守，保持独立判断，对相关业务活动进行充分论证与复核，并就所出具的财务顾问专业意见提出内部核查意见。

第二十六条　财务顾问应当在充分尽职调查和内部核查的基础上，按照中国证监会的相关规定，对并购重组事项出具财务顾问专业意见，并作出以下承诺：

（一）已按照规定履行尽职调查义务，有充分理由确信所发表的专业意见与委托人披露的文件内容不存在实质性差异；

（二）已对委托人披露的文件进行核查，确信披露文件的内容与格式符合要求；

（三）有充分理由确信委托人委托财务顾问出具意见的并购重组方案符合法律、法规和中国证监会及证券交易所的相关规定，所披露的信息真实、准确、完整，不存在虚假记载、误导性陈述或者重大遗漏；

（四）有关本次并购重组事项的财务顾问专业意见已提交内部核查机构审查，并同意出具此专业意见；

（五）在与委托人接触后到担任财务顾问期间，已采取严格的保密措施，严格执行风险控制和内部隔离制度，不存在内幕交易、操纵市场和证券欺诈问题。

第二十七条　财务顾问的法定代表人或者其授权代表人、部门负责人、内部核查机构负责人、财务顾问主办人和项目协办人应当在财务顾问专业意见上签名，并加盖财务顾问单位公章。

第二十八条　财务顾问代表委托人向中国证监会提交申请文件后，应当配合中国证监会的审核，并承担以下工作：

（一）指定财务顾问主办人与中国证监会进行专业沟通，并按照中国证监会提出的反馈意见作出回复；

（二）按照中国证监会的要求对涉及本次并购重组活动的特定事项进行尽职调查或者核查；

（三）组织委托人及其他专业机构对中国证监会的意见进行答复；

（四）委托人未能在行政许可的期限内公告相关并购重组报告全文的，财务顾问应当督促委托人及时公开披露中国证监会提出的问题及委托人未能如期公告的原因；

（五）自申报至并购重组事项完成前，对于上市公司和其他并购重组当事人发生较大变化对本次并购重组构成较大影响的情况予以高度关注，并及时向中国证监会报告；

（六）申报本次担任并购重组财务顾问的收费情况；

（七）中国证监会要求的其他事项。

第二十九条　财务顾问应当建立健全内部报告制度，财务顾问主办人应当就中国证监会在反馈意见中提出的问题按照内部程序向部门负责人、内部核查机构负责人等相关负责人报告，并对中国证监会提出的问题进行充分的研究、论证，审慎回复。回复意见应当由财务顾问的法定代表人或者其授权代表人、财务顾问主办人和项目协办人签名，并加盖财务顾问单位公章。

第三十条　财务顾问将申报文件报中国证监会审核期间，委托人和财务顾问终止委托协议的，财务顾问和委托人应当自终止之日起 5 个工作日内向中国证监会报告，申请撤回申报文件，并说明原因。委托人重新聘请财务顾问就同一并购重组事项进行申报的，应当在报送中国证监会的申报文件中予以说明。

第三十一条　根据中国证监会有关并购重组的规定，自上市公司收购、重大资产重组、发行股份购买资产、合并等事项完成后的规定期限内，财务顾问承担持续督导责任。

财务顾问应当通过日常沟通、定期回访等方式，结合上市公司定期报告的披露，做好以下持续督导工作：

（一）督促并购重组当事人按照相关程序规范实施并购重组方案，及时办理产权过户手续，并依法履行报告和信息披露的义务；

（二）督促上市公司按照《上市公司治理准则》的要求规范运作；

（三）督促和检查申报人履行对市场公开作出的相关承诺的情况；

（四）督促和检查申报人落实后续计划及并购重组方案中约定的其他相关义务的情况；

（五）结合上市公司定期报告，核查并购重组是否按计划实施、是否达到预期目标；其实施效果是否与此前公告的专业意见存在较大差异，是否实现相关盈利预测或者管理层预计达到的业绩目标；

（六）中国证监会要求的其他事项。

在持续督导期间，财务顾问应当结合上市公司披露的定期报告出具持续督导意见，并在前述定期报告披露后的 15 日内向上市公司所在地的中国证监会派出机构报告。

第三十二条　财务顾问应当建立健全内部检查制度，确保财务顾问主办人切实履行持续督导责任，按时向中国证监会派出机构提交持续督导工作的情况报告。

在持续督导期间，财务顾问解除委托协议的，应当及时向中国证监会派出机构作出书面报告，说明无法继续履行持续督导职责的理由，并予以公告。委托人应当在一个月内另行聘请财务顾问对其进行持续督导。

第三十三条　财务顾问应当建立并购重组工作档案和工作底稿制度，为每一项目建立独立的工作档案。

财务顾问的工作档案和工作底稿应当真实、准确、完整，保存期不少于10年。

第三十四条　财务顾问及其财务顾问主办人应当严格履行保密责任，不得利用职务之便买卖相关上市公司的证券或者牟取其他不当利益，并应当督促委托人、委托人的董事、监事和高级管理人员及其他内幕信息知情人严格保密，不得进行内幕交易。

财务顾问应当按照中国证监会的要求，配合提供上市公司并购重组相关内幕信息知情人买卖、持有相关上市公司证券的文件，并向中国证监会报告内幕信息知情人的违法违规行为，配合中国证监会依法进行的调查。

第三十五条　财务顾问从事上市公司并购重组财务顾问业务，应当公平竞争，按照业务复杂程度及所承担的责任和风险与委托人商议财务顾问报酬，不得以明显低于行业水平等不正当竞争手段招揽业务。

第三十六条　中国证券业协会可以根据本办法的规定，制定财务顾问执业规范，组织财务顾问主办人进行持续培训。

财务顾问可以申请加入中国证券业协会。财务顾问主办人应当参加中国证券业协会组织的相关培训，接受后续教育。

第四章　监督管理与法律责任

第三十七条　中国证监会及其派出机构可以根据审慎监管原则，要求财务顾问提供已按照本办法的规定履行尽职调查义务的证明材料、工作档案和工作底稿，并对财务顾问的公司治理、内部控制、经营运作、风险状况、从业活动等方面进行非现场检查或者现场检查。

财务顾问及其有关人员应当配合中国证监会及其派出机构的检查工作，提交的材料应当真实、准确、完整，不得以任何理由拒绝、拖延提供有关材料，或者提供不真实、不准确、不完整的材料。

第三十八条　中国证监会建立监管信息系统，对财务顾问及其财务顾问主办人进行持续动态监管，并将以下事项记入其诚信档案：

（一）财务顾问及其财务顾问主办人被中国证监会采取监管措施的；

（二）在持续督导期间，上市公司或者其他委托人违反公司治理有关规定、相关资产状况及上市公司经营成果等与财务顾问的专业意见出现较大差异的；

（三）中国证监会认定的其他事项。

第三十九条　财务顾问及其财务顾问主办人出现下列情形之一的，中国证监会对其采取监管谈话、出具警示函、责令改正等监管措施：

（一）内部控制机制和管理制度、尽职调查制度以及相关业务规则存在重大缺陷或者未得到有效执行的；

（二）未按照本办法规定发表专业意见的；

（三）在受托报送申报材料过程中，未切实履行组织、协调义务、申报文件制作质量低下的；

（四）未依法履行持续督导义务的；

（五）未按照本办法的规定向中国证监会报告或者公告的；

（六）违反其就上市公司并购重组相关业务活动所作承诺的；

（七）违反保密制度或者未履行保密责任的；

（八）采取不正当竞争手段进行恶性竞争的；

（九）唆使、协助或者伙同委托人干扰中国证监会审核工作的；

（十）中国证监会认定的其他情形。

责令改正的，财务顾问及其财务顾问主办人在改正期间，或者按照要求完成整改并经中国证监会验收合格之前，不得接受新的上市公司并购重组财务顾问业务。

第四十条　上市公司就并购重组事项出具盈利预测报告的，在相关并购重组活动完成后，凡不属于上市公司管理层事前无法获知且事后无法控制的原因，上市公司或者购买资产实现的利润未达到盈利预测报告或者资产评估报告预测金额80%的，中国证监会责令财务顾问及其财务顾问主办人在股东大会及中国证监会指定报刊上公开说明未实现盈利预测的原因并向股东和社会公众投资者道歉；利润实现数未达到盈利预测50%的，中国证监会可以同时对财务顾问及其财务顾问主办人采取监管谈话、出具警示函、责令定期报告等监管措施。

第四十一条　财务顾问不再符合本办法规定条件的，应当在5个工作日内向中国证监会报告并依法进行公告，由中国证监会责令改正。责令改正期满后，仍不符合本办法规定条件的，中国证监会撤销其从事上市公司并购重组财务顾问业务资格。

财务顾问主办人发生变化的，财务顾问应当在5个工作日内向中国证监会报告。财务顾问主办人不再符合本办法规定条件的，中国证监会将其从财务顾问主办人名单中去除，财务顾问不得聘请其作为财务顾问主办人从事相关业务。

第四十二条 财务顾问及其财务顾问主办人或者其他责任人员所发表的专业意见存在虚假记载、误导性陈述或者重大遗漏的，中国证监会责令改正并依据《证券法》第二百二十三条的规定予以处罚。

第四十三条 财务顾问及其财务顾问主办人在相关并购重组信息未依法公开前，泄漏该信息、买卖或者建议他人买卖该公司证券，利用相关并购重组信息散布虚假信息、操纵证券市场或者进行证券欺诈活动的，中国证监会依据《证券法》第二百零二条、第二百零三条、第二百零七条等相关规定予以处罚；涉嫌犯罪的，依法移送司法机关追究刑事责任。

第四十四条 中国证券业协会对财务顾问及其财务顾问主办人违反自律规范的行为，依法进行调查，给予纪律处分。

第五章 附则

第四十五条 本办法自2008年8月4日起施行。

公开发行证券的公司信息披露内容与格式准则第 16 号
——上市公司收购报告书（2014 年修订）

目录

第一章　总则

第一条　为了规范上市公司收购活动中的信息披露行为，保护投资者的合法权益，维护证券市场秩序，根据《证券法》、《上市公司收购管理办法》（以下简称《收购办法》）及其他相关法律、行政法规及部门规章的有关规定，制订本准则。

第二条　通过协议收购、间接收购和其他合法方式，在上市公司中拥有权益的股份超过该上市公司已发行股份的 30%的投资者及其一致行动人（以下简称收购人），应当按照本准则的要求编制和披露上市公司收购报告书（以下简称收购报告书）。

第三条　收购人是多人的，可以书面形式约定由其中一人作为指定代表以共同名义负责统一编制和报送收购报告书，依照《收购办法》及本准则的规定披露相关信息，并同意授权指定代表在信息披露文件上签字盖章。

第四条　本准则的规定是对上市公司收购信息披露的最低要求。不论本准则中是否有明确规定，凡对上市公司投资者做出投资决策有重大影响的信息，收购人均应当予以披露。

第五条　本准则某些具体要求对收购人确实不适用的，收购人可以针对实际情况，在不影响披露内容完整性的前提下做适当修改，但应在报送时作书面说明。

第六条　由于商业秘密（如核心技术的保密资料、商业合同的具体内容等）等特殊原因，本准则规定的某些信息确实不便披露的，收购人可以向中国证监会申请免于披露，经中国证监会同意后，可以不予披露。

第七条　在不影响信息披露的完整性和不致引起阅读不便的前提下，收购人可以采用相互引证的方法，对各相关部分的内容进行适当的技术处理，以避免重复和保持文字简洁。

第八条　收购人在编制收购报告书时，应当遵循以下一般要求：

（一）文字应当简洁、通俗、平实和明确，引用的数据应当提供资料来源，事实应有充分、客观、公正的依据；

（二）引用的数字应当采用阿拉伯数字，货币金额除特别说明外，应指人民币金额，并以元、千元或百万元为单位；

（三）收购人可以根据有关规定或其他需求，编制收购报告书外文译本，但应当保证中、外文本的一致性，并在外文文本上注明："本收购报告书分别以中、英（或日、法等）文编制，在对中外文本的理解上发生歧义时，以中文文本为准"；

（四）收购报告书全文文本应当采用质地良好的纸张印刷，幅面为 209×295 毫米（相当于标准的 A4 纸规格）；

（五）在报刊刊登的收购报告书最小字号为标准 6 号字，最小行距为 0.02；

（六）不得刊载任何有祝贺性、广告性和恭维性的词句。

第九条　收购人在收购报告书中援引律师、注册会计师、财务顾问及其他相关专业机构出具的专业报告或意见的内容，应当说明相关专业机构已书面同意上述援引。

第十条　收购人在报送收购报告书的同时，应当提交按照本准则附表的要求所编制的收购报告书附表及有关备查文件。有关备查文件应当为原件或有法律效力的复印件。

第十一条　收购人应当按照《收购办法》的规定将收购报告书摘要、收购报告书及附表刊登于至少一种中国证监会指定的报刊，并根据证券交易所的要求刊登于指定网站，或者提示刊登该报告的收购人或上市公司的网址。

收购人应当将收购报告书、附表和备查文件备置于上市公司住所和证券交易所，以备查阅。

第十二条　收购人董事会及其董事或者主要负责人，应当保证收购报告书及相关申报文件内容的真实性、准确性、完整性，承诺其中不存在虚假记载、误导性陈述或重大遗漏，并就其保证承担个别和连带的法律责任。

如个别董事或主要负责人对报告内容的真实性、准确性、完整性无法做出保证或者存在异议的，应当单独陈述理由和发表意见。

第二章　上市公司收购报告书

第一节　封面、书脊、扉页、目录、释义

第十三条　收购报告书全文文本封面应标有“××公司（上市公司名称）收购报告书”字样，并应载明以下内容：

（一）上市公司的名称、股票上市地点、股票简称、股票代码；

（二）收购人的名称或姓名、住所、通讯地址；

（三）收购报告书签署日期。

第十四条　收购报告书全文文本书脊应标明“××公司收购报告书”字样。

第十五条　收购报告书扉页应当刊登收购人如下声明：

（一）编写本报告书的法律依据；

（二）依据《证券法》、《收购办法》的规定，本报告书已全面披露收购人（包括投资者及与其一致行动的他人）在××公司拥有权益的股份；

截至本报告书签署之日，除本报告书披露的持股信息外，上述收购人没有通过任何其他方式在××公司拥有权益；

（三）收购人签署本报告已获得必要的授权和批准，其履行亦不违反收购人章程或内部规则中的任何条款，或与之相冲突；

（四）涉及须经批准方可进行的收购行为，收购人应当声明本次收购在获得有关主管部门批准后方可进行、有关批准的进展情况；是否已经向中国证监会申请豁免其要约收购义务；涉及其他法律义务的，应当声明本次收购生效的条件；

（五）本次收购是根据本报告所载明的资料进行的。除本收购人和所聘请的专业机构外，没有委托或者授权任何其他人提供未在本报告书中列载的信息和对本报告书做出任何解释或者说明。

第十六条　收购报告书目录应当标明各章、节的标题及相应的页码，内

容编排也应符合通行的中文惯例。

第十七条　收购人应就投资者理解可能有障碍及有特定含义的术语作出释义。收购报告书的释义应在目录次页排印。

第二节　收购人介绍

第十八条　收购人为法人或者其他组织的，应当披露如下基本情况：

（一）收购人的名称、注册地、法定代表人、注册资本、工商行政管理部门或者其他机构核发的注册号码及代码、企业类型及经济性质、经营范围、经营期限、税务登记证号码、股东或者发起人的姓名或者名称（如为有限责任公司或者股份有限公司）、通讯地址、通讯方式（包括联系电话）；

（二）收购人应当披露其控股股东、实际控制人的有关情况，并以方框图或者其他有效形式，全面披露与其控股股东、实际控制人之间的股权控制关系，实际控制人原则上应披露到自然人、国有资产管理部门或者股东之间达成某种协议或安排的其他机构；

收购人应当说明其控股股东、实际控制人所控制的核心企业和核心业务、关联企业及主营业务的情况；

（三）收购人从事的主要业务及最近 3 年财务状况的简要说明，包括总资产、净资产、收入及主营业务收入、净利润、净资产收益率、资产负债率等；如收购人设立不满 3 年或专为本次收购而设立的公司，应当介绍其控股股东或实际控制人所从事的业务及最近 3 年的财务状况；

（四）收购人最近 5 年受过行政处罚（与证券市场明显无关的除外）、刑事处罚、或者涉及与经济纠纷有关的重大民事诉讼或者仲裁的，应当披露处罚机关或者受理机构的名称，处罚种类，诉讼或者仲裁结果，以及日期、原因和执行情况；

（五）收购人董事、监事、高级管理人员（或者主要负责人）的姓名（包括曾用名）、身份证号码（可以不在媒体公告）、国籍，长期居住地，是否取得其他国家或者地区的居留权；

前述人员最近 5 年受过行政处罚（与证券市场明显无关的除外）、刑事处罚或者涉及与经济纠纷有关的重大民事诉讼或者仲裁的，应当按照本款第（四）项的要求披露处罚的具体情况；

（六）收购人及其控股股东、实际控制人在境内、境外其他上市公司拥有权益的股份达到或超过该公司已发行股份 5%的简要情况；收购人或其实际控制人为两个或两个以上上市公司的控股股东或实际控制人的，还应当披露持股 5%以上的银行、信托公司、证券公司、保险公司等其他金融机构的简要情况。

第十九条　收购人是自然人的，应当披露如下基本情况：

（一）姓名（包括曾用名）、性别、国籍、身份证号码、住所、通讯地址、通讯方式以及是否取得其他国家或者地区的居留权等，其中，身份证号码、住所、通讯方式可以不在媒体公告；

（二）最近 5 年内的职业、职务，应注明每份职业的起止日期以及所任职单位的名称、主营业务及注册地以及是否与所任职单位存在产权关系；

（三）最近 5 年受过行政处罚（与证券市场明显无关的除外）、刑事处罚或者涉及与经济纠纷有关的重大民事诉讼或仲裁的，应披露处罚机关或者受理机构的名称，所受处罚的种类，诉讼或者仲裁的结果，以及日期、原因和执行情况；

（四）收购人所控制的核心企业和核心业务、关联企业及主营业务的情况说明；

（五）收购人在境内、境外其他上市公司拥有权益的股份达到或超过该公司已发行股份 5%的简要情况；收购人为两个或两个以上上市公司控股股东或实际控制人的，还应当披露持股 5%以上的银行、信托公司、证券公司、保险公司等其他金融机构的简要情况。

第二十条　收购人为多人的，除应当分别按照本准则第十八条和第十九条的规定披露各收购人的情况外，还应当披露：

（一）各收购人之间在股权、资产、业务、人员等方面的关系，并以方框图的形式加以说明；

（二）收购人应当说明采取一致行动的目的、达成一致行动协议或者意向的时间、一致行动协议或者意向的内容（特别是一致行动人行使股份表决权的程序和方式）、是否已向证券登记结算机构申请临时保管各自持有的该上市公司的全部股票以及保管期限。

第三节　收购决定及收购目的

第二十一条　收购人应当披露其关于本次收购的目的、是否拟在未来 12 个月内继续增持上市公司股份或者处置其已拥有权益的股份。

第二十二条　收购人为法人或者其他组织的，还应当披露其做出本次收购决定所履行的相关程序及具体时间。

第四节　收购方式

第二十三条　收购人应当按照《收购办法》及本准则的规定计算其在上市公司中拥有权益的股份种类、数量和比例。

收购人为多人的，还应当分别披露其一致行动人在上市公司中拥有权益的股份种类、数量、占上市公司已发行股份的比例。

收购人持有表决权未恢复的优先股的，还应当披露持有数量和比例。

第二十四条　通过协议收购方式进行上市公司收购的，收购人应当披露以下基本情况：

（一）转让协议的主要内容，包括协议转让的当事人、转让股份的种类、数量、比例、股份性质及性质变动情况、转让价款、股份转让的支付对价（如现金、资产、债权、股权或其他安排）、付款安排、协议签订时间、生效时间及条件、特别条款等；

（二）本次拟转让的股份是否存在被限制转让的情况、本次股份转让是否附加特殊条件、是否存在补充协议、协议双方是否就股份表决权的行使存在其他安排、是否就出让人在该上市公司中拥有权益的其余股份存在其他安排；

（三）如本次股份转让需要有关部门批准的，应当说明批准部门的名称、批准进展情况。

第二十五条　通过信托或其他资产管理方式进行上市公司收购的双方当事人，应当披露信托合同或者其他资产管理安排的主要内容，包括信托或其他资产管理的具体方式、信托管理权限（包括上市公司股份表决权的行使等）、涉及的股份的种类、数量及占上市公司已发行股份的比例、信托或资产管理费用、合同的期限及变更、终止的条件、信托资产处理安排、合同签订的时间及其他特别条款等。

第二十六条　虽不是上市公司股东，但通过股权控制关系、协议或其他安排进行上市公司收购的，收购人应当披露形成股权控制关系或者达成协议或其他安排的时间、与控制关系相关的协议（如取得对上市公司股东的控制权所达成的协议）的主要内容及其生效和终止条件、控制方式（包括相关股份表决权的行使权限）、控制关系结构图及各层控制关系下的各主体及其持股比例、以及是否存在其他共同控制人及其身份介绍等。

第二十七条　通过国有股份行政划转、变更、国有单位合并等进行上市公司收购的，收购人应当在上市公司所在地国资部门批准之日起 3 日内披露股权划出方及划入方（变更方、合并双方）的名称、划转（变更、合并）股份的种类、数量、比例及性质、批准划转（变更、合并）的时间及机构，如需进一步取得有关部门批准的，说明其批准情况。

第二十八条　收购人拟取得上市公司向其发行的新股而导致其拥有权

益的股份超过上市公司股本总额 30%，且公司控制权发生改变的，应当在上市公司董事会作出向收购人发行新股决议之日起 3 日内，按照本准则的规定编制收购报告书，说明取得本次发行新股的种类、数量和比例、发行价格及定价依据、支付条件和支付方式、已履行及尚未履行的批准程序、转让限制或承诺、与上市公司之间的其他安排等，并予以公告，在收购报告书的扉页应当声明“本次取得上市公司发行的新股尚须经股东大会批准及中国证监会核准”。

收购人以其非现金资产认购上市公司发行的新股的，还应当披露非现金资产最近两年经具有证券、期货从业资格的会计师事务所审计的财务会计报告，或经具有证券、期货从业资格的评估机构出具的有效期内的资产评估报告。

经中国证监会核准后，上市公司负责办理股份过户手续，公告发行结果。

第二十九条　因执行法院裁定对上市公司股份采取公开拍卖措施，导致申请执行人在上市公司中拥有权益的股份超过上市公司股本总额 30%，且公司控制权发生改变的，申请执行人应当在收到裁定之日起 3 日内披露作出裁定决定的法院名称、裁定的日期、案由、申请执行人收到裁定的时间、裁定书的主要内容、拍卖机构名称、拍卖事由、拍卖结果。

第三十条　因继承或赠与取得上市公司股份而进行上市公司收购的，收购人应当披露其与被继承人或赠与人之间的关系、继承或赠与开始的时间、是否为遗嘱继承、遗嘱执行情况的说明等。

第三十一条　上市公司董事、监事、高级管理人员及员工或者其所控制或委托的法人或其他组织收购本公司股份并取得控制权，或者通过投资关系、协议或其他安排导致其拥有权益的股份超过本公司已发行股份 30%的，应当披露以下基本情况：

（一）上市公司是否具备健全且运行良好的组织机构以及有效的内部控制制度、公司董事会成员中独立董事的比例是否达到或者超过一半；

（二）上市公司董事、监事、高级管理人员及员工在上市公司中拥有权益的股份种类、数量、比例，以及董事、监事、高级管理人员个人持股的种类、数量、比例；

如通过上市公司董事、监事、高级管理人员及员工所控制或委托的法人或其他组织持有上市公司股份，还应当披露该控制关系或委托、相关法人或其他组织的股本结构、内部组织架构、内部管理程序、公司章程的主要内容、所涉及的人员范围、数量、比例等；

（三）收购的定价依据、资产评估方法和评估结果；

（四）支付方式及资金来源，如资金来源于向第三方借款，应当披露借款协议的主要内容，包括借款方、借款的条件、金额、还款计划及资金来源；

（五）除上述借款协议外，如果就该股份的取得、处分及表决权的行使与第三方存在特殊安排的，应当披露该安排的具体内容；

（六）如该股份通过赠与方式取得，应当披露赠与的具体内容及是否附加条件；

（七）上市公司实行董事、监事、高级管理人员及员工收购的后续计划，包括是否将于近期提出利润分配方案等；

（八）上市公司董事、监事、高级管理人员是否在其他公司任职、是否存在《公司法》第一百四十九条规定的情形；

（九）上市公司董事、监事、高级管理人员最近 3 年是否有证券市场不良诚信记录情形；

（十）上市公司是否已履行必要的批准程序；

（十一）上市公司董事会、监事会声明其已经履行诚信义务，有关本次管理层收购符合上市公司及其他股东的利益，不存在损害上市公司及其他股东权益的情形。

第三十二条　因可转换优先股转换为普通股导致收购人取得商业银行控制权，或者导致其拥有权益的股份超过商业银行已发行股份 30%的，收购人应当披露可转换优先股的转股条件、转股价格、转股比例及占商业银行已发行股份的比例。

因优先股表决权恢复导致收购人取得上市公司控制权，或者导致其拥有权益的股份超过上市公司已发行股份 30%的，收购人应当披露表决权恢复的条件和原因。

第三十三条　收购人应当披露其拥有权益的上市公司股份是否存在任何权利限制，包括但不限于股份被质押、冻结。

第五节　资金来源

第三十四条　收购人应当披露本次为取得在上市公司中拥有权益的股份所支付的资金总额、资金来源及支付方式，并就下列事项做出说明：

（一）如果其资金或者其他对价直接或者间接来源于借贷，应简要说明借贷协议的主要内容，包括借贷方、借贷数额、利息、借贷期限、担保及其他重要条款；

（二）收购人应当声明其收购资金是否直接或者间接来源于上市公司及

其关联方，如通过与上市公司进行资产置换或者其他交易取得资金；如收购资金直接或者间接来源于上市公司及其关联方，应当披露相关的安排；

（三）上述资金或者对价的支付或者交付方式（一次或分次支付的安排或者其他条件）。

第六节　后续计划

第三十五条　收购人应当披露其收购上市公司的后续计划，包括：

（一）是否拟在未来 12 个月内改变上市公司主营业务或者对上市公司主营业务作出重大调整；

（二）未来 12 个月内是否拟对上市公司或其子公司的资产和业务进行出售、合并、与他人合资或合作的计划，或上市公司拟购买或置换资产的重组计划；

（三）是否拟改变上市公司现任董事会或高级管理人员的组成，包括更改董事会中董事的人数和任期、改选董事的计划或建议、更换上市公司高级管理人员的计划或建议；如果拟更换董事或者高级管理人员的，应当披露拟推荐的董事或者高级管理人员的简况；说明收购人与其他股东之间是否就董事、高级管理人员的任免存在任何合同或者默契；

（四）是否拟对可能阻碍收购上市公司控制权的公司章程条款进行修改及修改的草案；

（五）是否拟对被收购公司现有员工聘用计划作重大变动及其具体内容；

（六）上市公司分红政策的重大变化；

（七）其他对上市公司业务和组织结构有重大影响的计划。

第七节　对上市公司的影响分析

第三十六条　收购人应当就本次收购完成后，对上市公司的影响及风险予以充分披露，包括：

（一）本次收购完成后，收购人与上市公司之间是否人员独立、资产完整、财务独立；

上市公司是否具有独立经营能力，在采购、生产、销售、知识产权等方面是否保持独立；

（二）收购人及其关联方所从事的业务与上市公司的业务之间是否存在同业竞争或潜在的同业竞争，是否存在关联交易；如存在，收购人已做出的确保收购人及其关联方与上市公司之间避免同业竞争以及保持上市公司独立性的相应安排。

第八节　与上市公司之间的重大交易

第三十七条　收购人应当披露各成员以及各自的董事、监事、高级管理人员（或者主要负责人）在报告日前24个月内，与下列当事人发生的以下重大交易：

（一）与上市公司及其子公司进行资产交易的合计金额高于3000万元或者高于被收购公司最近经审计的合并财务报表净资产5%以上的交易的具体情况（前述交易按累计金额计算）；

（二）与上市公司的董事、监事、高级管理人员进行的合计金额超过人民币5万元以上的交易；

（三）是否存在对拟更换的上市公司董事、监事、高级管理人员进行补偿或者存在其他任何类似安排；

（四）对上市公司有重大影响的其他正在签署或者谈判的合同、默契或者安排。

第九节　前6个月内买卖上市交易股份的情况

第三十八条　收购人在事实发生之日前6个月内有通过证券交易所的证券交易买卖被收购公司股票的，应当披露如下情况：

（一）每个月买卖股票的种类和数量（按买入和卖出分别统计）；

（二）交易的价格区间（按买入和卖出分别统计）。

第三十九条　收购人及各自的董事、监事、高级管理人员（或者主要负责人），以及上述人员的直系亲属在事实发生之日起前6个月内有通过证券交易所的证券交易买卖被收购公司股票行为的，应当按照第三十七条的规定披露其具体的交易情况。

前款所述收购人的关联方未参与收购决定、且未知悉有关收购信息的，收购人及关联方可以向中国证监会提出免于披露相关交易情况的申请。

第十节　收购人的财务资料

第四十条　收购人为法人或者其他组织的，收购人应当披露最近3年财务会计报表，并提供最近一个会计年度经具有证券、期货从业资格的会计师事务所审计的财务会计报告，注明审计意见的主要内容及采用的会计制度及主要会计政策、主要科目的注释等。会计师应当说明公司前两年所采用的会计制度及主要会计政策与最近一年是否一致，如不一致，应做出相应的调整。

如截止收购报告书摘要公告之日，收购人的财务状况较最近一个会计年度的财务会计报告有重大变动的，收购人应提供最近一期财务会计报告并予以说明。

如果该法人或其他组织成立不足一年或者是专为本次收购而设立的，则应当比照前款披露其实际控制人或者控股公司的财务资料。

收购人为境内上市公司的，可以免于披露最近 3 年财务会计报表，但应当说明刊登其年报的报刊名称及时间。

收购人为境外投资者的，应当提供依据中国会计准则或国际会计准则编制的财务会计报告。

收购人因业务规模巨大、下属子公司繁多等原因，难以按照前述要求提供相关财务资料的，须请财务顾问就其具体情况进行核查，在所出具的核查意见中说明收购人无法按规定提供财务资料的原因、收购人具备收购上市公司的实力、且没有规避信息披露义务的意图。

第十一节　其他重大事项

第四十一条　收购人应当披露为避免对报告书内容产生误解而必须披露的其他信息，以及中国证监会或者证券交易所依法要求收购人披露的其他信息。

第四十二条　各收购人的法定代表人（或者主要负责人）或者其指定代表应当在收购报告书上签字、盖章、签注日期，并载明以下声明：

“本人（以及本人所代表的机构）承诺本报告及其摘要不存在虚假记载、误导性陈述或重大遗漏，并对其真实性、准确性、完整性承担个别和连带的法律责任”。

第四十三条　财务顾问及其法定代表人或授权代表人、财务顾问主办人应当在上市公司收购报告书上签字、盖章、签注日期，并载明以下声明：

“本人及本人所代表的机构已履行勤勉尽责义务，对收购报告书的内容进行了核查和验证，未发现虚假记载、误导性陈述或者重大遗漏，并对此承担相应的责任”。

第四十四条　收购人聘请的律师及其所就职的律师事务所应当在上市公司收购报告书上签字、盖章、签注日期，并载明以下声明：

“本人及本人所代表的机构已按照执业规则规定的工作程序履行勤勉尽责义务，对收购报告书的内容进行核查和验证，未发现虚假记载、误导性陈述或者重大遗漏，并对此承担相应的责任”。

第十二节　备查文件

第四十五条　收购人应当将备查文件的原件或有法律效力的复印件报送证券交易所及上市公司。备查文件包括：

（一）收购人为自然人的，提供其身份证明文件；收购人为法人或其他组织的，在中国境内登记注册的法人或者其他组织的工商营业执照和税务登记证，或在中国境外登记注册的文件；

（二）收购人的董事、监事、高级管理人员（或者主要负责人）的名单及其身份证明；

（三）收购人关于收购上市公司的相关决定；通过协议方式进行上市公司收购的，有关当事人就本次股份转让事宜开始接触的时间、进入实质性洽谈阶段的具体情况说明；

（四）与本次收购有关的法律文件，包括股份转让协议、行政划转（变更、合并）的决定、法院裁决的有关判决或裁决书、公开拍卖、遗产继承、赠与等有关法律文件，以及做出其他安排的书面文件，如质押、股份表决权行使的委托或其他安排等；

（五）涉及收购资金来源的协议，包括借贷协议、资产置换及其他协议；

（六）收购人与上市公司、上市公司的关联方之间在报告日前 24 个月内发生的相关交易的协议、合同；

收购人与上市公司、上市公司的关联方之间已签署但尚未履行的协议、合同，或者正在谈判的其他合作意向；

（七）收购人为法人或其他组织的，其控股股东、实际控制人最近两年未发生变化的证明；

（八）在事实发生之日起前 6 个月内，收购人及各自的董事、监事、高级管理人员（或者主要负责人）以及上述人员的直系亲属的名单及其持有或买卖该上市公司股份的说明；

（九）收购人所聘请的专业机构及相关人员在事实发生之日起前 6 个月内持有或买卖被收购公司、收购人（如收购人为上市公司）股票的情况；

（十）收购人就本次股份转让协议收购应履行的义务所做出的承诺（如有）；

（十一）收购人不存在《收购办法》第六条规定情形及符合《收购办法》第五十条规定的说明；

（十二）按照本准则第三十九条要求提供的收购人的财务资料，包括但不限于收购人最近 3 年财务会计报告及最近一个会计年度经审计的财务会计报告；最近一年经审计的财务会计报告应包括审计意见、财务报表和附注；

（十三）财务顾问意见；

（十四）法律意见书；

（十五）中国证监会及证券交易所要求的其他材料。

第四十六条　收购人应列示上述备查文件目录，并告知投资者备置地点。备查文件上网的，应披露网址。

第三章　上市公司收购报告书摘要

第四十七条　收购人应当在收购报告书摘要的显著位置，按照本准则第十三条的规定披露有关本次收购的重要事项。

第四十八条　收购人应当按照本准则第十五条规定在收购报告书摘要中披露有关声明。

第四十九条　收购报告书摘要应当至少包括本准则第二章第二节、第三节及第四节的内容。

第四章　附则

第五十条　本准则所称拥有权益的股份，是指普通股（含表决权恢复的优先股），不包括表决权未恢复的优先股。

第五十一条　本准则由中国证监会负责解释。

第五十二条　本准则自公布之日起施行。《公开发行证券的公司信息披露内容与格式准则第 16 号——上市公司收购报告书》（证监公司字〔2006〕156 号）同时废止。

附表

收购报告书

<table>
<tr><td colspan="4">基本情况</td></tr>
<tr><td>上市公司名称</td><td></td><td>上市公司所在地</td><td></td></tr>
<tr><td>股票简称</td><td></td><td>股票代码</td><td></td></tr>
<tr><td>收购人名称</td><td></td><td>收购人注册地</td><td></td></tr>
<tr><td>拥有权益的股份数量变化</td><td>增加 □
不变，但持股人发生变化 □</td><td>有无一致行动人</td><td>有 □
无 □</td></tr>
<tr><td>收购人是否为上市公司第一大股东</td><td>是 □
否 □</td><td>收购人是否为上市公司实际控制人</td><td>是 □
否 □</td></tr>
<tr><td>收购人是否对境内、境外其他上市公司持股5%以上</td><td>是 □
否 □
回答“是”，请注明公司家数</td><td>收购人是否拥有境内、外两个以上上市公司的控制权</td><td>是 □
否 □
回答“是”，请注明公司家数</td></tr>
<tr><td>收购方式（可多选）</td><td colspan="3">通过证券交易所的集中交易 □　协议转让 □
国有股行政划转或变更 □　间接方式转让 □
取得上市公司发行的新股 □　执行法院裁定 □
继承 □　赠与 □
其他 □　（请注明）</td></tr>
<tr><td>收购人披露前拥有权益的股份数量及占上市公司已发行股份比例</td><td colspan="3">股票种类：__________
持股数量：__________
持股比例：</td></tr>
</table>

续表

本次收购股份的数量及变动比例	股票种类：__________ 变动数量：__________ 变动比例：
与上市公司之间是否存在持续关联交易	是 □　　否 □
与上市公司之间是否存在同业竞争或潜在同业竞争	是 □　　否 □
收购人是否拟于未来12个月内继续增持	是 □　　否 □
收购人前6个月是否在二级市场买卖该上市公司股票	是 □　　否 □
是否存在《收购办法》第六条规定的情形	是 □　　否 □
是否已提供《收购办法》第五十条要求的文件	是 □　　否 □
是否已充分披露资金来源；	是 □　　否 □
是否披露后续计划	是 □　　否 □
是否聘请财务顾问	是 □　　否 □
本次收购是否需取得批准及批准进展情况	是 □　　否 □
收购人是否声明放弃行使相关股份的表决权	是 □　　否 □

填表说明：

1、存在对照表所列事项的按“是或否”填写核对情况，选择“否”的，必须在栏目中加备注予以说明；

2、不存在对照表所列事项的按“无”填写核对情况；

3、需要加注说明的，可在栏目中注明并填写；

4、收购人是多人的，可以推选其中一人作为指定代表以共同名义制作收购报告书及其附表。

收购人（如为法人或其他组织）名称（签章）：

法定代表人（签章）

收购人（如为自然人）姓名：

签字：

日期：

公开发行证券的公司信息披露内容与格式准则第 17 号——要约收购报告书（2014 年修订）

目录

第一章　总则

第一条　为了规范要约收购活动中的信息披露行为，保护投资者的合法权益，维护证券市场秩序，根据《证券法》、《上市公司收购管理办法》(以下简称《收购办法》) 及其他相关法律、行政法规及部门规章的规定，制订本准则。

第二条　以要约收购方式增持被收购上市公司股份的收购人（以下简称收购人）应当按照本准则的要求编制要约收购报告书。

收购人应当自公告收购要约文件之日起 30 日内就本次要约收购在中国证监会指定报刊上至少做出 3 次提示性公告。

第三条　收购人为多人或者通过成为上市公司实际控制人方式取得公司控制权的，各成员可以书面约定推选其中 1 人作为指定代表以共同名义统一编制并公告要约收购报告书，并同意授权指定代表在要约收购报告书上签字盖章。

第四条　本准则的规定是对要约收购报告书有关信息披露的最低要求。不论本准则是否有明确规定，凡对上市公司投资者做出投资决策有重大影响的信息，均应当予以披露。

第五条　本准则某些具体要求对收购人确实不适用的，收购人可以针对实际情况，在不影响披露内容完整性的前提下做适当修改，但应在公告时作出说明。收购人认为无本准则要求披露的情况，必须明确注明无此类情形的字样。

第六条　由于商业秘密（如核心技术的保密资料、商业合同的具体内容等）等特殊原因，本准则规定某些信息确实不便披露的，收购人可以免于披露，并在要约收购报告书中予以说明。但中国证监会认为需要披露的，收购人应当披露。

第七条　在不影响信息披露的完整性和不致引起阅读不便的前提下，收购人可采用相互引证的方法，以避免重复和保持文字简洁。

第八条　收购人在编制要约收购报告书时，应当遵循以下一般要求：

（一）文字应当简洁、通俗、平实和明确，引用的数据应提供资料来源，事实应有充分、客观、公正的依据；

（二）引用的数字应采用阿拉伯数字，货币金额除特别说明外，应指人民币金额，并以元、千元或万元为单位；

（三）收购人可根据有关规定或其他需求，编制要约收购报告书外文译本，但应保证中、外文本的一致性，并在外文文本上注明："本要约收购报告书分别以中、英（或日、法等）文编制，在对中外文本的理解上发生歧义时，以中文文本为准"；

（四）不得刊载任何有祝贺性、广告性和恭维性的词句。

第九条　收购人在要约收购报告书中援引律师、注册会计师、财务顾问及其他相关的专业机构出具的专业报告或意见的内容，应当说明相关专业机构已书面同意上述援引。

第十条　收购人应当按照《收购办法》的规定将要约收购报告书摘要、要约收购报告书及附表刊登于至少一种中国证监会指定的报刊，并根据证券交易所的要求刊登于指定网站，或者提示刊登该要约收购报告书的收购人或者上市公司的网址。

收购人应当将要约收购报告书、附表和备查文件备置于上市公司住所和证券交易所，以备查阅。

第十一条　收购人在公告要约收购报告书的同时，应当准备按照本准则附表的要求所编制的要约收购报告书附表及有关备查文件。有关备查文件应当为原件或有法律效力的复印件。

第十二条　收购人聘请的律师事务所或财务顾问受收购人委托编制要约收购报告书，应对要约收购报告书及相关文件进行核查和验证，并就其负有法律责任的部分承担相应的责任。

第十三条　收购人董事会及全体董事（或者主要负责人）应保证要约收购报告书及相关公告文件内容的真实性、准确性、完整性，并承诺其中不存在虚假记载、误导性陈述或重大遗漏，并就其保证承担个别和连带的法律责任。

如个别董事或主要负责人对报告内容的真实性、准确性、完整性无法做出保证或者存在异议的，应当单独陈述理由和发表意见。

第二章　要约收购报告书

第一节　封面、书脊、扉页、目录、释义

第十四条　要约收购报告书全文文本封面至少应标有“××公司（上市公司名称）要约收购报告书”字样，并应载明收购人的名称和住所及签署要约收购报告书的日期。

第十五条　要约收购报告书全文文本书脊应标明“××公司要约收购报告书”字样。

第十六条　要约收购报告书全文文本扉页应当刊登如下内容：

（一）被收购公司的名称、股票上市地点、股票简称、股票代码、股本结构。

（二）收购人的姓名或者名称、住所、通讯地址。

（三）收购人关于要约收购的决定。

（四）要约收购的目的。

（五）是否拟在未来 12 个月内继续增持上市公司股份。

（六）要约收购的股份的种类、要约价格、要约收购数量、占被收购公司已发行股份的比例。

（七）要约收购所需资金总额，以及保证其具备履约能力的安排，包括以下至少一项：1.存放履约保证金的银行、委托保管收购所需证券的机构名称及证券数量；2.出具保函的银行及保函金额；3.出具承担连带保证责任书面承诺的财务顾问。

（八）要约收购的有效期限。

（九）收购人聘请的财务顾问及律师事务所的名称、通讯方式。

（十）要约收购报告书签署日期。

第十七条　要约收购报告书扉页应当刊登收购人如下声明：

（一）编写本报告书的法律依据。

（二）依据《证券法》、《收购办法》的规定，本报告书已全面披露收购人在××公司拥有权益的股份的情况。

截止本报告书签署之日，除本报告书披露的持股信息外，上市收购人没有通过任何其他方式在××公司拥有权益。

（三）收购人签署本报告已获得必要的授权和批准，其履行亦不违反收购人章程或者内部规则中的任何条款，或与之相冲突。

（四）本次针对不同种类股份的要约收购条件；收购人履行要约收购义务的，须特别提示可能导致被收购公司终止上市的风险；以终止被收购公司上市地位为目的的，还应当说明终止上市后收购行为完成的合理时间、仍持有上市公司股份的剩余股东出售其股份的其他后续安排。

（五）本次要约收购是根据本报告所载明的资料进行的。除收购人和所聘请的财务顾问外，没有委托或者授权任何其他人提供未在本报告中列载的信息和对本报告做出任何解释或者说明。

第十八条　收购报告书目录应当标明各章、节的标题及相应的页码，内容编排也应符合通行的中文惯例。

第十九条　收购人应对可能对投资者理解有障碍及有特定含义的术语做出释义。要约收购报告书的释义应在目录次页排印。

第二节　收购人的基本情况

第二十条　收购人为法人或者其他组织的，应当披露如下基本情况：

（一）收购人名称、注册地、法定代表人、主要办公地点、注册资本、工商行政管理部门或者其他机构核发的注册号码及代码、企业类型及经济性质、经营范围、经营期限、税务登记证号码、股东或者发起人的姓名或者名称（如为有限责任公司或者股份有限公司）、通讯方式。

（二）收购人应当披露其控股股东、实际控制人的有关情况，并以方框图或者其他有效形式，全面披露其与其控股股东、实际控制人之间的股权及控制关系，包括自然人、国有资产管理部门或者股东之间达成某种协议或安排的其他机构。

收购人应当说明其控股股东、实际控制人所控制的核心企业和核心业务、关联企业及主营业务的情况。

（三）收购人已经持有上市公司股份的种类、数量、比例，包括但不限于表决权未恢复的优先股的数量、比例和表决权恢复的条件，以及已经持有的商业银行发行的可转换优先股的数量、比例、转股比例及转股条件。

（四）收购人从事的主要业务及最近 3 年财务状况的简要说明，包括总资产、净资产、收入及主营业务收入、净利润、净资产收益率、资产负债率等；如收购人设立不满 3 年或专为本次收购而设立的公司，应当介绍其控股股东或实际控制人所从事的业务及最近 3 年的财务状况。

（五）收购人最近 5 年内受过行政处罚（与证券市场明显无关的除外）、刑事处罚或者涉及与经济纠纷有关的重大民事诉讼或者仲裁的，应当披露处罚机关或者受理机构的名称，所受处罚的种类，诉讼或者仲裁的结果，以及日期、原因和执行情况。

（六）收购人董事、监事、高级管理人员（或者主要负责人）的姓名（包括曾用名）、身份证件号码（可以不在媒体公告）、国籍，长期居住地，是否取得其他国家或者地区的居留权。

前述人员在最近 5 年之内受过行政处罚（与证券市场明显无关的除外）刑事处罚或者涉及与经济纠纷有关的重大民事诉讼或者仲裁的，应当按照本条第（五）项的要求披露处罚的具体情况。

（七）收购人及其控股股东、实际控制人在境内、境外其他上市公司拥有权益的股份达到或超过该公司已发行股份 5%的简要情况；收购人或其实际控制人为 2 个或 2 个以上上市公司的控股股东或实际控制人的，还应当披露持股 5%以上的银行、信托公司、证券公司、保险公司等其他金融机构的简要情况。

第二十一条　收购人是自然人的，应当披露如下基本情况：

（一）姓名（包括曾用名）、国籍、身份证件号码、住所、通讯地址、通讯方式、是否取得其他国家或者地区的居留权，其中，身份证件号码、住所、通讯方式可以不在媒体上公告。

（二）收购人已经持有的上市公司股份的种类、数量、比例，包括但不限于表决权未恢复的优先股的数量、比例和表决权恢复的条件，以及已经持有的商业银行发行的可转换优先股的数量、比例、转股比例及转股条件。

（三）最近 5 年内的职业、职务，应当注明每份职业的起止日期以及所任职的单位名称、主营业务及注册地以及是否与所任职单位存在产权关系。

（四）最近 5 年内受过行政处罚（与证券市场明显无关的除外）、刑事处罚或者涉及与经济纠纷有关的重大民事诉讼或者仲裁的，应当披露处罚机关或者受理机构的名称，所受处罚的种类，诉讼或者仲裁的结果，以及日期、原因和执行情况。

（五）收购人所控制的核心企业和核心业务、关联企业及主营业务的情况说明。

（六）收购人在境内、境外其他上市公司拥有权益的股份达到或超过该公司已发行股份 5%的简要情况；收购人为两个或两个以上上市公司控股股东或实际控制人的，还应当披露持股 5%以上的银行、信托公司、证券公司、保险公司等其他金融机构的简要情况。

第二十二条　收购人为多人的，除应当分别按照本准则第二十条和第二十一条披露各收购人的情况外，还应当披露：

（一）各收购人之间在股权、资产、业务、人员等方面的关系，并以方框图形式列示并做出说明；

（二）收购人为一致行动人的，应当说明采取一致行动的目的、达成一致行动协议或者意向的时间、一致行动协议或者意向的内容（特别是一致行动人行使股份表决权的程序和方式）、是否已向证券登记结算机构申请临时保管各自持有的该上市公司的全部股票及保管期限。

第三节　要约收购目的

第二十三条　收购人要约收购上市公司的目的，包括是否为了取得上市公司控制权、是否为履行法定要约收购义务、是否为终止上市公司的上市地位，是否拟在未来 12 个月内继续增持上市公司股份或者处置其已拥有权益的股份。

第二十四条　收购人为法人或者其他组织的，应当披露其做出本次收购决定所履行的相关程序及具体时间。

第四节　要约收购方案

第二十五条　收购人应当详细披露要约收购的方案，包括：

（一）被收购公司名称、收购股份的种类、预定收购的股份数量及其占被收购公司已发行股份的比例；涉及多人收购的，还应当注明每个成员预定收购股份的种类、数量及其占被收购公司已发行股份的比例。

（二）要约价格及其计算基础：在要约收购报告书摘要提示性公告日前 6 个月内，收购人买入该种股票所支付的最高价格；在提示性公告日前 30 个交易日内，该种股票的每日加权平均价格的算术平均值。

（三）收购资金总额、资金来源及资金保证、其他支付安排及支付方式。

（四）要约收购期限。

（五）要约收购的约定条件。

（六）受要约人预受要约的方式和程序。

（七）受要约人撤回预受要约的方式和程序。

（八）受要约人委托办理要约收购中相关股份预受、撤回、结算、过户登记等事宜的证券公司名称及其通讯方式。

（九）本次要约收购以终止被收购公司的上市地位为目的的，说明终止上市后收购行为完成的合理时间及仍持有上市公司股份的剩余股东出售其股票的其他后续安排。

第五节　收购资金来源

第二十六条　收购人应当披露要约收购的资金来源，并就下列事项做出说明：

（一）收购资金是否直接或者间接来源于被收购公司或者其关联方。

（二）如果收购资金或者其他对价直接或者间接来源于借贷，应当简要说明以下事项：借贷协议的主要内容，包括借贷方、借贷数额、利息、借贷期限、担保、其他重要条款。

（三）采用证券支付方式的，收购人应当比照《公开发行证券的公司信息披露内容与格式准则第 11 号——上市公司公开发行证券募集说明书》第二节至第八节的要求披露证券发行人及本次证券发行的有关信息，提供相关证券的估值分析。

（四）收购人保证其具备履约能力的安排：

1. 如采取缴纳履约保证金方式：

采用现金支付方式的，应当在要约收购报告书中做出如下声明：

“收购人已将××元（相当于收购资金总额的 20%）存入××银行××账户作为定金。收购人承诺具备履约能力。要约收购期限届满，收购人将按照××证券公司根据××证券登记结算机构临时保管的预受要约的股份数量确认收购结果，并按照要约条件履行收购要约”。

采用证券支付方式的，收购人应当在要约收购报告书中做出如下声明：

“收购人已将履行本次要约所需的证券（名称及数量）委托××证券登记结算机构保存。收购人承诺具备履约能力。要约收购期限届满，收购人将按照××证券公司根据××证券登记结算机构临时保管的预受要约的股份数量确认收购结果，并按照要约条件履行收购要约”。

2. 如采取银行保函方式：

收购人应当在要约收购报告书中做出如下声明：

“收购人承诺具备履约能力。要约收购期限届满，收购人将按照××证券公司根据××证券登记结算机构临时保管的预受要约的股份数量确认收购结果，并按照要约条件履行收购要约。××银行已经对本次要约收购所需××价款出具保函”。

出具保函的银行应当在要约收购报告书中做出如下声明：

“如收购要约期限届满，收购人不按照约定支付收购价款或者购买预受股份的，本银行将在接到××证券登记结算机构书面通知后3日内，无条件在保函保证金额内代为履行付款义务”。

3. 如采取财务顾问出具承担连带保证责任的书面承诺方式的：

收购人应当在要约收购报告书中做出如下声明：

“收购人承诺具备履约能力。要约收购期限届满，收购人将按照××证券公司根据××证券登记结算机构临时保管的预受要约的股份数量确认收购结果，并按照要约条件履行收购要约。××公司（财务顾问名称）已经对本次要约收购所需××价款出具承担连带保证责任的书面承诺”。

出具承担连带保证责任书面承诺的财务顾问应当在要约收购报告书中做出如下声明：

“如收购要约期限届满，收购人不按照约定支付收购价款或者购买预受股份的，本财务顾问将在接到××证券登记结算机构书面通知后3日内，无条件代为履行付款义务”。

第六节　后续计划

第二十七条　收购人应当如实披露要约收购完成后的后续计划，包括：

（一）是否拟在未来12个月内改变上市公司主营业务或者对上市公司主营业务作出重大调整。

（二）未来12个月内是否拟对上市公司或其子公司的资产和业务进行出售、合并、与他人合资或合作的计划，或上市公司拟购买或置换资产的重组计划。

（三）是否拟改变上市公司现任董事会或高级管理人员的组成，包括更改董事会中董事的人数和任期、改选董事的计划或建议、更换上市公司高级管理人员的计划或建议；如果拟更换董事或者高级管理人员的，应当披露拟推荐的董事或者高级管理人员的简况；说明收购人与其他股东之间是否就董事、高级管理人员的任免存在任何合同或者默契。

（四）是否拟对可能阻碍收购上市公司控制权的公司章程条款进行修改及修改的草案。

（五）是否拟对被收购公司现有员工聘用计划作重大变动及其具体内容。

（六）上市公司分红政策的重大变化。

（七）其他对上市公司业务和组织结构有重大影响的计划。

第七节　对上市公司的影响分析

第二十八条　收购人应当就本次收购完成后，对上市公司的影响及风险予以充分披露，包括：

（一）本次收购完成后，收购人与上市公司之间是否人员独立、资产完整、财务独立。

上市公司是否具有独立经营能力，在采购、生产、销售、知识产权等方面是否保持独立。

（二）收购人及其关联方所从事的业务与上市公司的业务之间是否存在同业竞争或潜在的同业竞争，是否存在关联交易；如存在，收购人已做出的确保收购人及其关联方与上市公司之间避免同业竞争以及保持上市公司独立性的相应安排。

第八节　与被收购公司之间的重大交易

第二十九条　收购人应当披露各成员以及各自的董事、监事、高级管理人员（或者主要负责人）在报告日前 24 个月内，与下列当事人发生的以下交易：

（一）与被收购公司及其子公司进行的合计金额超过 3000 万元或者高于被收购公司最近经审计净资产值 5%以上的交易的具体情况（前述交易按累计数额计算）；

（二）与被收购公司的董事、监事、高级管理人员进行的合计金额超过人民币 5 万元以上的交易；

（三）是否存在对拟更换的上市公司董事、监事、高级管理人员进行补偿或者其他任何类似安排；

（四）对被收购公司股东是否接受要约的决定有重大影响的其他已签署或正在谈判的合同、默契或者安排。

第九节　前 6 个月内买卖上市交易股份的情况

第三十条　收购人应当如实披露要约收购报告书摘要公告日的以下持股情况：

（一）在被收购公司中合计拥有权益的股份种类、数量和占被收购公司已发行股份的比例；

（二）各收购人（如涉及多人）在被收购公司中单独拥有权益的股份的种类、数量和占被收购公司已发行股份的比例。

第三十一条　收购人及其各自董事、监事、高级管理人员（或者主要负责人），以及上述人员的直系亲属，应当如实披露在要约收购报告书摘要公告日各自在被收购公司中拥有权益的股份的详细名称、数量及占被收购公司已发行股份的比例。

前款所述关联方未参与要约收购决定、且未知悉有关要约收购信息的，收购人及关联方可以免于披露。但中国证监会认为需要披露的，收购人及关联方应当披露。

第三十二条　收购人应当如实披露其与被收购公司股份有关的全部交易。

如就被收购公司股份的转让、质押、表决权行使的委托或者撤消等方面与他人存在其他安排，应当予以披露。

第三十三条　收购人在要约收购报告书摘要公告之日起前6个月内有通过证券交易所的证券交易买卖被收购公司上市交易股票的，应当披露交易的起始期间、每月交易的股票种类、交易数量、价格区间（按买入和卖出分别统计）。

第三十四条　收购人及其各自董事、监事、高级管理人员（或者主要负责人），以及上述人员的直系亲属，在要约收购报告书摘要公告之日起前6个月内有通过证券交易所的证券交易买卖被收购公司股票行为的，应按照第三十三条的规定披露具体的交易情况。

前款所述关联方未参与要约收购决定、且未知悉有关要约收购信息的，收购人及关联方可以免于披露。但中国证监会认为需要披露的，收购人及关联方应当披露。

第三十五条　收购人在指定媒体公告要约收购报告书时，可以不公告具体交易记录，但应将该记录报送证券交易所备查，并在公告中予以说明。

第十节　专业机构的意见

第三十六条　收购人应当列明参与本次收购的各专业机构名称，说明各专业机构与收购人、被收购公司以及本次要约收购行为之间是否存在关联关系及其具体情况。

第三十七条　收购人聘请的财务顾问就本次要约收购是否合法合规、收购人是否具备实际履行收购要约的能力所发表的结论性意见。

第三十八条　律师在法律意见书中就本要约收购报告书内容的真实性、

准确性、完整性所发表的结论性意见。

第十一节　收购人的财务资料

第三十九条　收购人为法人或者其他组织的，收购人应当披露其最近 3 年的财务会计报表，注明是否经审计及审计意见的主要内容；其中最近一个会计年度财务会计报告应当经具有证券期货业务资格的会计师事务所审计，并注明审计意见的主要内容、采用的会计制度及主要会计政策、主要科目的注释等。会计师应当说明公司前两年所采用的会计制度及主要会计政策与最近 1 年是否一致，如不一致，应做出相应的调整。

如截至要约收购报告书摘要公告之日，收购人的财务状况较最近一个会计年度的财务会计报告有重大变动的，收购人应当公告最近一期财务会计报告并予以说明。

如果该法人或其他组织成立不足一年或者是专为本次上市公司收购而设立的，则应当比照前述规定披露其实际控制人或者控股公司的财务资料。

收购人是境内上市公司的，可以免于披露最近 3 年财务会计报告；但应当说明刊登其年报的报刊名称及时间。

收购人为境外投资者的，应当公告依据中国会计准则或国际会计准则编制的财务会计报告。

第十二节　其他重大事项

第四十条　收购人应当详细说明其实际控制人或者其他关联方是否已经采取或者拟采取对本次要约存在重大影响的行动，或者存在对本次要约产生重大影响的事实。

第四十一条　除上述规定应当披露的有关内容外，收购人还应当披露：

（一）为避免对本报告内容产生误解而必须披露的其他信息；

（二）任何其他对被收购公司股东做出是否接受要约的决定有重大影响的信息；

（三）中国证监会或者证券交易所依法要求披露的其他信息。

第四十二条　各收购人的法定代表人（或者主要负责人）或者其指定代表应当在要约收购报告书上签字、盖章、签注日期，并载明以下声明：

"本人（以及本人所代表的机构）已经采取审慎合理的措施，对本要约收购报告书及其摘要所涉及内容均已进行详细审查，报告内容真实、准确、完整，并对此承担个别和连带的法律责任"。

第四十三条　财务顾问及其法定代表人应当在本报告上签字、盖章、签注日期，并载明以下声明：

“本人及本人所代表的机构已按照执业规则规定的工作程序履行尽职调查义务，经过审慎调查，本人及本人所代表的机构确认收购人有能力按照收购要约所列条件实际履行收购要约，并对此承担相应的法律责任”。

第四十四条　对要约收购报告书出具法律意见的律师事务所及签字律师应当在本报告上签字、盖章、签注日期，并载明以下声明：

“本人及本人所代表的机构已履行勤勉尽责义务，对要约收购报告书的内容进行核查和验证，未发现虚假记载、误导性陈述或者重大遗漏，并对此承担相应的责任”。

第十三节　备查文件

第四十五条　收购人应当将备查文件的原件或有法律效力的复印件报送证券交易所及上市公司。备查文件包括：

（一）收购人为自然人的，提供其身份证明文件；收购人为法人或其他组织的，在中国境内登记注册的法人或者其他组织的工商营业执照和税务登记证，或在中国境外登记注册的文件。

（二）收购人董事、监事及高级管理人员、以及上述人员直系亲属的名单及身份证明文件。

（三）收购人就要约收购做出的相关决定。

（四）如以现金支付收购要约价款的，有关资金来源及相关协议，包括借贷协议、资产置换或其他交易协议。

（五）下列文件之一：1.收购人将履约保证金存入并冻结于指定商业银行的存单或者收购人将用以支付的全部证券委托证券登记结算机构保管的证明文件；2.银行对要约收购所需价款出具的保函；3.财务顾问出具承担连带保证责任的书面承诺。

（六）收购人与上市公司及上市公司关联方之间在报告日前 24 个月内发生的相关交易的协议、合同。

收购人与上市公司、上市公司的关联方之间已签署但尚未履行的协议、合同，或者正在谈判的其他合作意向。

（七）要约收购报告书摘要公告之日起前 6 个月内收购人及其关联方、各方的高级管理人员（或者主要负责人）、以及上述人员的直系亲属的名单及其持有或买卖被收购公司、收购公司（如收购人为上市公司）股票的说明及相关证明。

（八）收购人所聘请的专业机构及相关人员在要约收购报告书摘要公告之日起前 6 个月内持有或买卖被收购公司、收购人（如收购人为上市公司）

股票的情况。

（九）任何与本次要约收购有关的合同、协议和其他安排的文件。

（十）收购人不存在《收购办法》第六条规定的情形及符合《收购办法》第五十条规定的说明。

（十一）按照本准则第三十九条要求公告的收购人的财务资料，包括但不限于收购人最近3年财务会计报告及最近一个会计年度经审计的财务会计报告；最近一年经审计的财务会计报告应包括审计意见、财务报表和附注。

（十二）财务顾问报告。

（十三）法律意见书。

（十四）中国证监会或者证券交易所依法要求的其他备查文件。

第四十六条　收购人应当列示上述备查文件目录，并告知投资者备置地点。备查文件上网的，应披露网址。

第三章　要约收购报告书摘要

第四十七条　收购人应当在要约收购报告书摘要的显著位置做出如下声明：

“本要约收购报告书摘要的目的仅为向社会公众投资者提供本次要约收购的简要情况，投资者在做出是否预受要约的决定之前，应当仔细阅读要约收购报告书全文，并以此作为投资决定的依据。要约收购报告书全文将于×年×月×日刊登于×××。”

本次要约收购依法应当取得批准的，应当在公告中特别提示：

“本次要约收购文件尚须取得×××的批准（尚须满足×××条件），本收购要约并未生效，具有相当的不确定性。要约收购报告书全文将在取得×××的批准（满足×××条件）后刊登于×××。”

第四十八条　收购人在要约收购报告书摘要中，应当按照本准则第十六条、第十七条的规定披露有关本次要约的重要事项，以及本准则第二章第二节、第三节的内容和专业机构的结论性意见。

第四章　附则

第四十九条　本准则由中国证监会负责解释。

第五十条　本准则自公布之日起施行。

附表

要约收购报告书

基本情况			
上市公司名称		上市公司所在地	
股票简称		股票代码	
收购人名称		收购人注册地	
收购人是否为公司第一大股东或实际控制人		是否有一致行动人	
收购人是否对境内、境外其他上市公司持股5%以上	是 □ 否 □ 回答“是”，请注明公司家数	收购人是否拥有境内、外两个以上上市公司的控制权	是 □ 否 □ 回答“是”，请注明公司家数
要约收购目的	履行要约义务 □ 取得或巩固公司控制权 □ 退市 □ 其他________（请注明）		
要约类型（可多选）	全面要约 □　部分要约 □ 主动要约 □　强制要约 □ 初始要约 □　竞争要约 □		
预定收购股份数量和比例	数量：__________　比例：__________		
要约价格是否符合《收购办法》规定	是 □　否 □		
对价支付方式	现金对价 □　证券对价 □ 现金对价与证券对价任选其一 □ 现金对价与证券对价二者结合 □		
与上市公司之间是否存在持续关联交易	是 □　否 □		
与上市公司之间是否存在同业竞争或潜在同业竞争	是 □　否 □		
收购人是否拟于未来12个月内继续增持	是 □　否 □		
收购人前6个月是否在二级市场买卖该上市公司股票	是 □　否 □		
是否存在《收购办法》第六条规定的情形	是 □　否 □		
是否已提供《收购办法》第五十条要求的文件	是 □　否 □		
是否已充分披露资金来源；	是 □　否 □		
是否披露后续计划	是 □　否 □		
是否聘请财务顾问	是 □　否 □		

续表

本次收购是否需取得批准及批准进展情况	是 □　　否 □
收购人是否声明放弃行使相关股份的表决权	是 □　　否 □

填表说明：

1、存在对照表所列事项的按“是或否”填写核对情况，选择“否”的，必须在栏目中加备注予以说明；

2、不存在对照表所列事项的按“无”填写核对情况；

3、需要加注说明的，可在栏目中注明并填写；

4、收购人是多人的，可以推选其中一人作为指定代表以共同名义制作要约收购报告书及其附表。

收购人（如为法人或其他组织）名称（签章）：

法定代表人（签章）

收购人（如为自然人）姓名：

签字：

日期：

公开发行证券的公司信息披露内容与格式准则第 26 号——上市公司重大资产重组（2018 年修订）

第一章　总则

第一条　为规范上市公司重大资产重组的信息披露行为，根据《证券法》、《上市公司重大资产重组管理办法》（证监会令第 127 号，以下简称《重组办法》）及其他相关法律、行政法规及部门规章的规定，制定本准则。

第二条　上市公司进行《重组办法》规定的资产交易行为（以下简称重大资产重组），应当按照本准则编制重大资产重组报告书（以下简称重组报告书）等信息披露文件，并按《重组办法》等相关规定予以披露。

上市公司进行需向中国证券监督管理委员会（以下简称中国证监会）申请行政许可的资产交易行为，还应当按照本准则的要求制作和报送申请文件。上市公司未按照本准则的要求制作、报送申请文件的，中国证监会可不予受理或者要求其重新制作、报送。

第三条　本准则的规定是对上市公司重大资产重组信息披露或申请文件的最低要求。不论本准则是否有明确规定，凡对上市公司股票及其衍生品交易价格可能产生较大影响或对投资者做出投资决策有重大影响的信息，均应披露或提供。

本准则某些具体要求对当次重大资产重组确实不适用的，上市公司可根据实际情况，在不影响内容完整性的前提下予以适当调整，但应当在披露或申请时作出说明。

中国证监会、证券交易所可以根据监管实际需要，要求上市公司补充披露其他有关信息或提供其他有关文件。

第四条　由于涉及国家机密、商业秘密（如核心技术的保密资料、商业合同的具体内容等）等特殊原因，本准则规定的某些信息或文件确实不便披露或提供的，上市公司可以不予披露或提供，但应当在相关章节中详细说明未按本准则要求进行披露或提供的原因。中国证监会认为需要披露或提供的，上市公司应当披露或提供。

第五条　重大资产重组有关各方应当及时、公平地披露或提供信息，披露或提供的所有信息应当真实、准确、完整，所描述的事实应当有充分、客观、公正的依据，所引用的数据应当注明资料来源，不得有虚假记载、误导性陈述或者重大遗漏。

上市公司全体董事、监事、高级管理人员及相关证券服务机构及其人员应当按要求在所披露或提供的有关文件上发表声明，确保披露或提供文件的真实性、准确性和完整性。

交易对方应当按要求在所披露或申请的有关文件上发表声明，确保为本次重组所提供的信息的真实性、准确性和完整性。

第六条　重大资产重组信息披露文件应当便于投资者阅读，在充分披露的基础上做到逻辑清晰、简明扼要，具有可读性和可理解性。

重大资产重组信息披露文件和申请文件（如涉及）应当作为备查文件，供投资者查阅。

第二章　重组预案

第七条　上市公司编制的重组预案应当至少包括以下内容：

（一）重大事项提示、重大风险提示。

（二）本次交易的背景和目的。

（三）本次交易的方案概况。方案介绍中应当披露本次交易是否构成《重组办法》第十三条规定的交易情形（以下简称重组上市）及其判断依据。

（四）上市公司最近六十个月的控制权变动情况，最近三年的主营业务发展情况以及因本次交易导致的股权控制结构的预计变化情况。

（五）主要交易对方基本情况。主要交易对方为法人的，应当披露其名称、注册地、法定代表人，与其控股股东、实际控制人之间的产权控制关系结构图；主要交易对方为自然人的，应当披露其姓名（包括曾用名）、性别、国籍、是否取得其他国家或者地区的居留权等；主要交易对方为其他主体的，应当披露其名称、性质，如为合伙企业，应披露合伙企业及其相关的产权及控制关系、主要合伙人等情况。

上市公司以公开招标、公开拍卖等方式购买或出售资产的，如确实无法在重组预案中披露交易对方基本情况，应说明无法披露的原因及影响。

（六）交易标的基本情况，包括报告期（本准则所述报告期指最近两年及一期，如初步估算为重组上市的情形，报告期指最近三年及一期）主营业务（主要产品或服务、盈利模式、核心竞争力等概要情况）、主要财务指标（可为未审计数）、预估值及拟定价（如有）等。未披露预估值及拟定价的，应当说明原因及影响。

相关证券服务机构未完成审计、评估或估值、盈利预测审核（如涉及）的，上市公司应当作出“相关资产经审计的财务数据、评估或估值结果、以及经审核的盈利预测数据（如涉及）将在重大资产重组报告书中予以披露”的特别提示以及“相关资产经审计的财务数据、评估或估值最终结果可能与预案披露情况存在较大差异”的风险揭示。

交易标的属于境外资产或者通过公开招标、公开拍卖等方式购买的，如确实无法披露财务数据，应说明无法披露的原因和影响，并提出解决方案。

（七）非现金支付方式情况（如涉及）。上市公司发行股份购买资产的，应当披露发行股份的定价及依据、本次发行股份购买资产的董事会决议明确的发行价格调整方案等相关信息。上市公司通过发行优先股、向特定对象发行可转换为股票的公司债券、定向权证等非现金支付方式购买资产的，应当比照前述要求披露相关信息。

交易方案涉及吸收合并的，应当披露换股价格及确定方法、本次吸收合并的董事会决议明确的换股价格调整方案、异议股东权利保护安排、债权人权利保护安排等相关信息。

交易方案涉及募集配套资金的，应当简要披露募集配套资金的预计金额及占交易总金额的比例、股份发行情况、用途等相关信息。

（八）本次交易存在其他重大不确定性因素，包括尚需取得有关主管部门的批准等情况的，应当对相关风险作出充分说明和特别提示。

（九）上市公司的控股股东及其一致行动人对本次重组的原则性意见，及控股股东及其一致行动人、董事、监事、高级管理人员自本次重组复牌之日起至实施完毕期间的股份减持计划。上市公司披露为无控股股东的，应当比照前述要求，披露第一大股东及持股5%以上股东的意见及减持计划。

（十）相关证券服务机构对重组预案已披露内容发表的核查意见（如有）。

第三章　重组报告书

第一节　封面、目录、释义

第八条　上市公司应当在重组报告书全文文本封面列明重组报告书的标题。重组报告书标题应明确具体交易形式，包括但不限于：××股份有限公司重大资产购买报告书、××股份有限公司重大资产出售报告书、××股份有限公司重大资产置换报告书、××股份有限公司发行股份购买资产报告书或××股份有限公司吸收合并××公司报告书。

资产重组采取两种以上交易形式组合的，应当在标题中列明，如“××股份有限公司重大资产置换及发行股份购买资产报告书”；发行股份购买资产同时募集配套资金的，应当在标题中标明“并募集配套资金”，如“××股份有限公司发行股份购买资产并募集配套资金报告书”；资产重组构成关联交易的，还应当在标题中标明“暨关联交易”的字样，如“××股份有限公司重大资产购买暨关联交易报告书”。

同时，封面中应当载明以下内容：

（1）上市公司的名称、股票上市地点、股票简称、股票代码；

（2）交易对方的名称或姓名；

（3）独立财务顾问名称；

（4）重组报告书签署日期。

第九条　重组报告书的目录应当标明各章、节的标题及相应的页码，内容编排应当符合通行的中文惯例。

第十条　上市公司应当在重组报告书中对可能造成投资者理解障碍及有特定含义的术语作出释义，释义应当在目录次页排印。

第二节　重大事项提示

第十一条　上市公司应当在重组报告书扉页中，遵循重要性和相关性原则，以简明扼要的方式，就与本次重组有关的重大事项，进行“重大事项提示”。包括但不限于：

（一）本次重组方案简要介绍。

（二）按《重组办法》规定计算的相关指标、本次重组是否构成关联交易（如构成关联交易，应披露构成关联交易的原因、涉及董事和股东的回避表决安排）、是否构成重组上市及判断依据。

（三）如披露本次交易不构成重组上市，但交易完成后，持有上市公司5%以上股份的股东或者实际控制人持股情况或者控制公司的情况以及上市公司的业务构成都将发生较大变化，应当披露未来六十个月上市公司是否存在维持或变更控制权、调整主营业务的相关安排、承诺、协议等，如存在，应当详细披露主要内容。

（四）本次重组支付方式、募集配套资金安排简要介绍（如涉及）。

（五）交易标的评估或估值情况简要介绍。

（六）本次重组对上市公司影响的简要介绍，列表披露本次重组对上市公司股权结构的影响及对上市公司主要财务指标的影响。

（七）本次重组已履行的和尚未履行的决策程序及报批程序，本次重组方案实施前尚需取得的有关批准。涉及并联审批的，应当明确取得批准前不得实施本次重组方案。

（八）列表披露本次重组相关方作出的重要承诺。

（九）上市公司的控股股东及其一致行动人对本次重组的原则性意见，及控股股东及其一致行动人、董事、监事、高级管理人员自本次重组复牌之日起至实施完毕期间的股份减持计划。上市公司披露为无控股股东的，应当比照前述要求，披露第一大股东及持股5%以上股东的意见及减持计划。

（十）本次重组对中小投资者权益保护的安排，包括但不限于股东大会表决情况、网络投票安排、并购重组摊薄当期每股收益的填补回报安排等。

（十一）其他需要提醒投资者重点关注的事项。

第三节　重大风险提示

第十二条　上市公司应当在重组报告书扉页中针对本次重组的实际情况，遵循重要性和相关性原则，在第十三节“风险因素”基础上，选择若干可能直接或间接对本次重组及重组后上市公司生产经营状况、财务状况和持续盈利能力等产生严重不利影响的风险因素，进行“重大风险提示”。

第四节　本次交易概况

第十三条　介绍本次重组的交易概况，包括但不限于：

（一）交易背景及目的；

（二）本次交易决策过程和批准情况；

（三）本次交易具体方案；

（四）本次重组对上市公司的影响。

第五节　交易各方

第十四条　上市公司基本情况，包括公司设立情况及曾用名称，最近六十个月的控制权变动情况，最近三年的重大资产重组情况、主营业务发展情况和主要财务指标，以及控股股东、实际控制人概况。

上市公司是否因涉嫌犯罪被司法机关立案侦查或者涉嫌违法违规被中国证监会立案调查，最近三年是否受到行政处罚或者刑事处罚，如存在，应当披露相关情况，并说明对本次重组的影响。构成重组上市的，还应当说明上市公司及其最近三年内的控股股东、实际控制人是否存在因涉嫌犯罪正被司法机关立案侦查或涉嫌违法违规被中国证监会立案调查的情形，如存在，涉嫌犯罪或违法违规的行为终止是否已满三年，交易方案是否能够消除该行为可能造成的不良后果，是否影响对相关行为人追究责任。上市公司及其控股股东、实际控制人最近十二个月内是否受到证券交易所公开谴责，是否存在其他重大失信行为。

第十五条　交易对方情况：

（一）交易对方为法人的，应当披露其名称、企业性质、注册地、主要办公地点、法定代表人、注册资本、统一社会信用代码、历史沿革、经营范围，最近三年注册资本变化情况、主要业务发展状况和最近两年主要财务指标，最近一年简要财务报表并注明是否已经审计。

以方框图或者其他有效形式，全面披露交易对方相关的产权及控制关系，包括交易对方的主要股东或权益持有人、股权或权益的间接控制人及各层之间的产权关系结构图，直至自然人、国有资产管理部门或者股东之间达成某种协议或安排的其他机构；以文字简要介绍交易对方的主要股东及其他关联人的基本情况；列示交易对方按产业类别划分的下属企业名目。

交易对方成立不足一个完整会计年度、没有具体经营业务或者是专为本次交易而设立的，则应当按照上述要求披露交易对方的实际控制人或者控股公司的相关资料。

（二）交易对方为自然人的，应当披露其姓名（包括曾用名）、性别、国籍、身份证号码、住所、通讯地址、是否取得其他国家或者地区的居留权、最近三年的职业和职务，并注明每份职业的起止日期和任职单位，是否与任职单位存在产权关系，以及其控制的企业和关联企业的基本情况。

（三）交易对方为其他主体的，应当披露其名称、性质及相关协议安排，并比照本条第（一）项相关要求，披露该主体的基本情况及其相关产权及控制关系，以及该主体下属企业名目等情况。如为合伙企业，应当穿透披露至最终出资人，同时还应披露合伙人、最终出资人与参与本次交易的其他有关主体的关联关系（如有）；交易完成后合伙企业成为上市公司第一大股东或持股 5%以上股东的，还应当披露最终出资人的资金来源，合伙企业利润分配、亏损负担及合伙事务执行（含表决权行使）的有关协议安排，本次交易停牌前六个月内及停牌期间合伙人入伙、退伙、转让财产份额、有限合伙人与普通合伙人转变身份的情况及未来存续期间内的类似变动安排（如有）。如为契约型私募基金、券商资产管理计划、基金专户及基金子公司产品、信托计划、理财产品、保险资管计划、专为本次交易设立的公司等，应当比照对合伙企业的上述要求进行披露。

（四）交易对方为多个主体的，应当披露交易对方之间是否存在关联关系及其情况说明。

（五）交易对方与上市公司之间是否存在关联关系及其情况说明，交易对方向上市公司推荐董事或者高级管理人员的情况。

（六）交易对方及其主要管理人员最近五年内受过行政处罚（与证券市场明显无关的除外）、刑事处罚、或者涉及与经济纠纷有关的重大民事诉讼或者仲裁的，应当披露处罚机关或者受理机构的名称、处罚种类、诉讼或者仲裁结果，以及日期、原因和执行情况。

（七）交易对方及其主要管理人员最近五年的诚信情况，包括但不限于：

交易对方及其主要管理人员未按期偿还大额债务、未履行承诺、被中国证监会采取行政监管措施或受到证券交易所纪律处分的情况等。

第六节　交易标的

第十六条　交易标的为完整经营性资产的（包括股权或其他构成可独立核算会计主体的经营性资产），应当披露：

（一）该经营性资产的名称、企业性质、注册地、主要办公地点、法定代表人、注册资本、成立日期、统一社会信用代码。

（二）该经营性资产的历史沿革，包括设立情况、历次增减资或股权转让情况、是否存在出资瑕疵或影响其合法存续的情况。

该经营性资产最近三年增减资及股权转让的原因、作价依据及其合理性，股权变动相关方的关联关系，是否履行必要的审议和批准程序，是否符合相关法律法规及公司章程的规定，是否存在违反限制或禁止性规定而转让的情形。

（三）该经营性资产的产权或控制关系，包括其主要股东或权益持有人及持有股权或权益的比例、公司章程中可能对本次交易产生影响的主要内容或相关投资协议、高级管理人员的安排、是否存在影响该资产独立性的协议或其他安排（如让渡经营管理权、收益权等）。

（四）该经营性资产及其对应的主要资产的权属状况、对外担保情况及主要负债、或有负债情况，说明产权是否清晰，是否存在抵押、质押等权利限制，是否涉及诉讼、仲裁、司法强制执行等重大争议或者存在妨碍权属转移的其他情况。

该经营性资产是否因涉嫌犯罪被司法机关立案侦查或者涉嫌违法违规被中国证监会立案调查，是否受到行政处罚或者刑事处罚，如存在，应当披露相关情况，并说明对本次重组的影响。

（五）最近三年主营业务发展情况。如果该经营性资产的主营业务和产品（或服务）分属不同行业，则应按不同行业分别披露相关信息。

（六）报告期经审计的财务指标。除主要财务指标外，还应包括扣除非经常性损益的净利润，同时说明报告期非经常性损益的构成及原因，扣除非经常性损益后净利润的稳定性，非经常性损益（如财政补贴）是否具备持续性。

（七）交易标的为企业股权的，应当披露该企业是否存在出资瑕疵或影响其合法存续的情况；上市公司在交易完成后将成为持股型公司的，应当披露作为主要交易标的的企业股权是否为控股权；交易标的为有限责任公司股权的，应当披露是否已取得该公司其他股东的同意或者符合公司章程规定的股权转让前置条件。

（八）该经营性资产的权益最近三年曾进行与交易、增资或改制相关的评估或估值的，应当披露相关评估或估值的方法、评估或估值结果及其与账面值的增减情况，交易价格、交易对方和增资改制的情况，并列表说明该经营性资产最近三年评估或估值情况与本次重组评估或估值情况的差异原因。

（九）该经营性资产的下属企业构成该经营性资产最近一期经审计的资产总额、营业收入、净资产额或净利润来源20%以上且有重大影响的，应参照上述要求披露该下属企业的相关信息。

第十七条　交易标的不构成完整经营性资产的，应当披露：

（一）相关资产的名称、类别；

（二）相关资产的权属状况，包括产权是否清晰，是否存在抵押、质押等权利限制，是否涉及诉讼、仲裁、司法强制执行等重大争议或者存在妨碍权属转移的其他情况；

（三）相关资产最近三年的运营情况和报告期经审计的财务数据，包括但不限于资产总额、资产净额、可准确核算的收入或费用额；

（四）相关资产在最近三年曾进行评估、估值或者交易的，应当披露评估或估值结果、交易价格、交易对方等情况，并列表说明相关资产最近三年评估或估值情况与本次重组评估或估值情况的差异原因。

第十八条　交易标的涉及土地使用权、矿业权等资源类权利的，应当披露是否已取得相应的权属证书、是否已具备相应的开发或开采条件、以及土地出让金、矿业权价款等费用的缴纳情况。

交易标的涉及立项、环保、行业准入、用地、规划、施工建设等有关报批事项的，应当披露是否已取得相应的许可证书或相关主管部门的批复文件。

交易标的未取得许可证书或相关主管部门的批复文件的（如涉及），上市公司应作出“标的资产××许可证书或相关主管部门的批复文件尚未取得，本次重组存在重大不确定性”的特别提示。

第十九条　交易标的涉及许可他人使用自己所有的资产，或者作为被许可方使用他人资产的，应当简要披露许可合同的主要内容，包括许可人、被许可人、许可使用的具体资产内容、许可方式、许可年限、许可使用费等，以及合同履行情况；充分说明本次重组对上述许可合同效力的影响，该等资产对交易标的持续经营的影响，并就许可的范围、使用的稳定性、协议安排的合理性等进行说明。

第二十条　资产交易涉及债权债务转移的，应当披露该等债权债务的基本情况、已取得债权人书面同意的情况，说明未获得同意部分的债务金额、债务形成原因、到期日，并对该部分债务的处理做出妥善安排，说明交易完成后上市公司是否存在偿债风险和其他或有风险及应对措施。

第二十一条　资产交易涉及重大资产购买的，上市公司应当根据重要性原则，结合行业特点，披露拟购买资产主营业务的具体情况，包括：

（一）主要产品（或服务）所处行业的主管部门、监管体制、主要法律法规及政策等。

（二）主要产品（或服务）的用途及报告期的变化情况。如从事多种产品（或服务）生产经营的，产品（或服务）分类的口径应当前后一致。如产品（或服务）分属不同行业，则应按不同行业分别披露相关信息。

（三）主要产品的工艺流程图或主要服务的流程图。

（四）主要经营模式（通常包括采购模式、生产模式、销售模式）、盈利模式和结算模式。

（五）列表披露报告期各期主要产品（或服务）的产能、产量、期初及期末库存、销量、销售收入，产品（或服务）的主要消费群体、销售价格的变动情况；报告期各期向前五名客户合计的销售额占当期销售总额的百分比，向单个客户的销售比例超过总额的50%或严重依赖于少数客户的，应当披露其名称及销售比例。如该客户为交易对方及其关联方，则应当披露产品最终实现销售的情况。受同一实际控制人控制的销售客户，应当合并计算销售额。

（六）报告期主要产品的原材料和能源及其供应情况，主要原材料和能源的价格变动趋势、主要原材料和能源占成本的比重；报告期各期向前五名供应商合计的采购额占当期采购总额的百分比，向单个供应商的采购比例超过总额的50%或严重依赖于少数供应商的，应当披露其名称及采购比例。受同一实际控制人控制的供应商，应当合并计算采购额。

（七）报告期董事、监事、高级管理人员和核心技术人员，其他主要关联方或持有拟购买资产5%以上股份的股东在前五名供应商或客户中所占的权益。如无，亦应明确说明。

（八）如在境外进行生产经营，应当对有关业务活动进行地域性分析；如在境外拥有资产，应当详细披露该资产的资产规模、所在地、经营管理和盈利情况等具体内容。

（九）存在高危险、重污染情况的，应当披露安全生产和污染治理制度及执行情况、因安全生产及环境保护原因受到处罚的情况、最近三年相关费用成本支出及未来支出的情况，说明是否符合国家关于安全生产和环境保护的要求。

（十）主要产品和服务的质量控制情况，包括质量控制标准、质量控制措施、出现的质量纠纷等。

（十一）主要产品生产技术所处的阶段，如处于基础研究、试生产、小批量生产或大批量生产阶段。

（十二）报告期核心技术人员特点分析及变动情况。

第二十二条　资产交易涉及重大资产购买的，上市公司还应当列表披露与拟购买资产业务相关的主要固定资产、无形资产及特许经营权的具体情况，包括：

（一）生产经营所使用的主要生产设备、房屋建筑物及其取得和使用情况、成新率或尚可使用年限；

（二）商标、专利、非专利技术、土地使用权、水面养殖权、探矿权、采矿权等主要无形资产的数量、取得方式和时间、使用情况、使用期限或保护期、最近一期期末账面价值，以及上述资产对拟购买资产生产经营的重要程度；

（三）拥有的特许经营权的情况，主要包括特许经营权的取得情况，特许经营权的期限、费用标准，以及对拟购买资产持续生产经营的影响。

第二十三条　资产交易涉及重大资产购买的，还应当披露拟购买资产报告期的会计政策及相关会计处理：

（一）收入成本的确认原则和计量方法；

（二）比较分析会计政策和会计估计与同行业或同类资产之间的差异及对拟购买资产利润的影响；

（三）财务报表编制基础，确定合并报表时的重大判断和假设，合并财务报表范围、变化情况及变化原因；

（四）报告期存在资产转移剥离调整的，还应披露资产转移剥离调整的原则、方法和具体剥离情况，及对拟购买资产利润产生的影响；

（五）拟购买资产的重大会计政策或会计估计与上市公司存在较大差异的，报告期发生变更的或者按规定将要进行变更的，应当分析重大会计政策或会计估计的差异或变更对拟购买资产利润产生的影响；

（六）行业特殊的会计处理政策。

第七节　交易标的评估或估值

第二十四条　重大资产重组中相关资产以资产评估结果或估值报告结

果作为定价依据的，应当至少披露以下信息：

（一）评估或估值的基本情况（包括账面价值、所采用的评估或估值方法、评估或估值结果、增减值幅度，下同），分析评估或估值增减值主要原因、不同评估或估值方法的评估或估值结果的差异及其原因、最终确定评估或估值结论的理由。

（二）对评估或估值结论有重要影响的评估或估值假设，如宏观和外部环境假设及根据交易标的自身状况所采用的特定假设等。

（三）选用的评估或估值方法和重要评估或估值参数以及相关依据。具体如下：

1. 收益法：具体模型、未来预期收益现金流、折现率确定方法、评估或估值测算过程、非经营性和溢余资产的分析与确认等。

2. 市场法：具体模型、价值比率的选取及理由、可比对象或可比案例的选取原则、调整因素和流动性折扣的考虑测算等。

3. 资产基础法：主要资产的评估或估值方法及选择理由、评估或估值结果等，如：房地产企业的存货、矿产资源类企业的矿业权、生产型企业的主要房屋和关键设备等固定资产以及对未来经营存在重大影响的在建工程、科技创新企业的核心技术等无形资产、持股型企业的长期股权投资等。主要资产采用收益法、市场法评估或估值的，应参照上述收益法或市场法的相关要求进行披露。

（四）引用其他评估机构或估值机构报告内容（如矿业权评估报告、土地估价报告等）、特殊类别资产（如珠宝、林权、生物资产等）相关第三方专业鉴定等资料的，应对其相关专业机构、业务资质、签字评估师或鉴定师、评估或估值情况进行必要披露。

（五）存在评估或估值特殊处理、对评估或估值结论有重大影响事项，应当进行说明并分析其对评估或估值结论的影响；存在前述情况或因评估或估值程序受限造成评估报告或估值报告使用受限的，应提请报告使用者关注。

（六）评估或估值基准日至重组报告书签署日的重要变化事项及其对评估或估值结果的影响。

（七）该交易标的的下属企业构成该交易标的最近一期经审计的资产总额、营业收入、净资产额或净利润来源20%以上且有重大影响的，应参照上述要求披露。交易标的涉及其他长期股权投资的，应当列表披露评估或估值的基本情况。

第二十五条　上市公司董事会应当对本次交易标的评估或估值的合理

性以及定价的公允性做出分析。包括但不限于：

（一）对资产评估机构或估值机构的独立性、假设前提的合理性、评估或估值方法与目的的相关性发表意见。

（二）结合报告期及未来财务预测的相关情况（包括各产品产销量、销售价格、毛利率、净利润等）、所处行业地位、行业发展趋势、行业竞争及经营情况等，详细说明评估或估值依据的合理性。如果未来预测与报告期财务情况差异较大的，应当分析说明差异的原因及其合理性。

（三）分析交易标的后续经营过程中政策、宏观环境、技术、行业、重大合作协议、经营许可、技术许可、税收优惠等方面的变化趋势、董事会拟采取的应对措施及其对评估或估值的影响。

（四）结合交易标的经营模式，分析报告期变动频繁且影响较大的指标（如成本、价格、销量、毛利率等方面）对评估或估值的影响，并进行敏感性分析。

（五）分析说明交易标的与上市公司现有业务是否存在显著可量化的协同效应；如有，说明对未来上市公司业绩的影响；交易定价中是否考虑了上述协同效应。

（六）结合交易标的的市场可比交易价格、同行业上市公司的市盈率或者市净率等指标，分析交易定价的公允性。

（七）说明评估或估值基准日至重组报告书披露日交易标的发生的重要变化事项，分析其对交易作价的影响。

（八）如交易定价与评估或估值结果存在较大差异，分析说明差异的原因及其合理性。

第二十六条　上市公司独立董事对评估机构或者估值机构的独立性、评估或者估值假设前提的合理性和交易定价的公允性发表的独立意见。

第八节　本次交易主要合同

第二十七条　上市公司应当披露本次交易合同的主要内容，包括但不限于：

（一）资产出售或购买协议：

1. 合同主体、签订时间；
2. 交易价格及定价依据；
3. 支付方式（一次或分次支付的安排或特别条款、股份发行条款等）；
4. 资产交付或过户的时间安排；
5. 交易标的自定价基准日至交割日期间损益的归属；

6. 与资产相关的人员安排；

7. 合同的生效条件和生效时间；

8. 合同附带的任何形式的保留条款、补充协议和前置条件；

9. 违约责任条款。

（二）业绩补偿协议（如有）。

（三）募集配套资金股份认购协议（如有）。

（四）其他重要协议。

第九节　交易的合规性分析

第二十八条　上市公司应当对照《重组办法》第十一条，逐项说明本次交易是否符合《重组办法》的规定。

第二十九条　独立财务顾问和律师对本次交易是否符合《重组办法》的规定发表的明确意见。其他证券服务机构出具的相关报告的结论性意见。

第十节　管理层讨论与分析

第三十条　上市公司董事会就本次交易对上市公司的影响进行的讨论与分析。该讨论与分析的内容应当着重于董事会已知的、从一般性财务报告分析难以取得且对上市公司未来经营具有影响的重大事项。

第三十一条　本次交易前上市公司财务状况和经营成果的讨论与分析；上市公司主要资产或利润构成在本次交易前一年发生重大变动的，应当详细说明具体变动情况及原因。

第三十二条　结合上市公司情况，对交易标的行业特点和经营情况的讨论与分析：

（一）行业特点：

1. 行业竞争格局和市场化程度，行业内主要企业及其市场份额，市场供求状况及变动原因，行业利润水平的变动趋势及变动原因等；

2. 影响行业发展的有利和不利因素，如产业政策，技术替代，行业发展瓶颈，国际市场冲击等；

3. 进入该行业的主要障碍；

4. 行业技术水平及技术特点，经营模式，周期性，区域性或季节性特征等；

5. 所处行业与上、下游行业之间的关联性，上、下游行业发展状况对该行业及其发展前景的有利和不利影响；

6. 交易标的的出口业务比例较大的，还应当披露产品进口国的有关进口政策、贸易摩擦对出口业务的影响、以及进口国同类产品的竞争格局等情况。

（二）核心竞争力及行业地位：

技术及管理水平、产品（或服务）的市场占有率最近三年的变化情况及未来变化趋势等简要情况。

（三）财务状况分析：

1. 资产、负债的主要构成，分析说明主要资产减值准备提取和商誉减值的确认情况是否与资产实际状况相符；报告期资产结构、负债结构发生重大变化的，还应当分析说明导致变化的主要因素；

2. 报告期流动比率、速动比率、资产负债率、息税折旧摊销前利润及利息保障倍数的变动趋势。交易标的报告期经营活动产生的现金流量净额为负数或者远低于当期净利润的，应当分析原因；

3. 报告期应收账款周转率、存货周转率等反映资产周转能力的财务指标的变动趋势，并结合市场发展、行业竞争状况、生产模式及物流管理、销售模式及赊销政策等情况，分析说明交易标的的资产周转能力；

4. 最近一期末持有金额较大的交易性金融资产、可供出售的金融资产、借与他人款项、委托理财等财务性投资的，应当分析其投资目的、对交易标的资金安排的影响、投资期限、交易标的对投资的监管方案、投资的可回收性及减值准备的计提是否充足。

（四）盈利能力分析：

1. 基于交易标的报告期营业收入的分部数据，结合交易标的具体情况，分别按各产品（或服务）类别及各业务、各地区的收入构成，分析营业收入增减变化的情况及原因；营业收入存在季节性波动的，应当分析季节性因素对各季度经营成果的影响；

2. 结合交易标的所从事主营业务、采用的经营模式及行业竞争情况，分析报告期利润的主要来源、可能影响盈利能力连续性和稳定性的主要因素；

3. 结合利润构成及资产周转能力等说明盈利能力的驱动要素及其可持续性；

4. 按照利润表项目逐项分析报告期经营成果变化的原因，对于变动幅度较大的项目应当重点说明；

5. 列表披露报告期交易标的综合毛利率、分行业毛利率的数据及变动情况；报告期发生重大变化的，还应当用数据说明相关因素对毛利率变动的影响程度；

6. 报告期非经常性损益、投资收益以及少数股东损益对经营成果有重大影响的，应当分析原因及对盈利稳定性的影响。

（五）交易标的报告期财务指标变化较大或报告期财务数据不足以真实、准确、完整反映交易标的经营状况的情况下，应当披露反映标的资产经营状况的其他信息。

第三十三条　就本次交易对上市公司的持续经营能力、未来发展前景、当期每股收益等财务指标和非财务指标的影响进行详细分析：

（一）本次交易对上市公司的持续经营能力影响的分析：

1. 从本次交易完成后的规模效应、产业链整合、运营成本、销售渠道、技术或资产整合等方面，分析本次交易对上市公司盈利能力驱动因素及持续经营能力的影响；

2. 本次交易完成后形成多主业的，结合财务指标分析说明未来各业务构成、经营发展战略和业务管理模式、对上市公司持续经营能力的影响；

3. 结合本次交易完成后将从事的新业务的市场情况、风险因素等，分析说明上市公司未来经营中的优势和劣势；

4. 结合本次交易完成后的资产、负债的主要构成及行业分析说明交易后上市公司资产负债率是否处于合理水平；同时结合上市公司的现金流量状况、可利用的融资渠道及授信额度及或有负债（如担保、诉讼、承诺）等情况，分析说明上市公司的财务安全性。

（二）本次交易对上市公司未来发展前景影响的分析：

1. 结合本次交易在业务、资产、财务、人员、机构等方面的整合计划，分析对上市公司未来发展的影响；

2. 交易当年和未来两年拟执行的发展计划，包括提高竞争能力、市场和业务开拓等方面。

（三）本次交易对上市公司当期每股收益等财务指标和非财务指标影响的分析：

1. 分析本次交易对上市公司主要财务指标及反映上市公司未来持续经营能力的其他重要非财务指标（如每股储量、每股产能或每股用户数等）的影响；如预计交易后将摊薄上市公司当年每股收益的，根据《重组办法》第三十五条披露填补每股收益的具体措施；

2. 预计本次交易对上市公司未来资本性支出的影响，及上市公司为满足该等资本性支出初步拟定的融资计划；

3. 结合本次交易职工安置方案及执行情况，分析其对上市公司的影响；

4. 结合本次交易成本（包括但不限于交易税费、中介机构费用等）的具体情况，分析其对上市公司的影响。

第十一节　财务会计信息

第三十四条　交易标的为完整经营性资产的，报告期的简要财务报表。

第三十五条　依据交易完成后的资产、业务架构编制的上市公司最近一年及一期的简要备考财务报表。

第三十六条　上市公司或相关资产盈利预测的主要数据（如有，包括主营业务收入、利润总额、净利润等）。

第十二节　同业竞争和关联交易

第三十七条　交易标的在报告期是否存在关联交易、关联交易的具体内容、必要性及定价公允性。

第三十八条　本次交易完成后，上市公司与实际控制人及其关联企业之间是否存在同业竞争或关联交易、同业竞争或关联交易的具体内容和拟采取的具体解决或规范措施。

第十三节　风险因素

第三十九条　上市公司应以简明扼要的方式，遵循重要性原则，对本次重组及重组后上市公司的相关风险予以揭示，并进行定量分析，无法进行定量分析的，应有针对性地作出定性描述。

第四十条　上市公司应披露的风险包括但不限于以下内容：

（一）本次重组审批风险。本次重组尚未履行的决策程序及报批程序未能获得批准的风险。

（二）交易标的权属风险。如抵押、质押等权利限制，诉讼、仲裁或司法强制执行等重大争议或者妨碍权属转移的其他情形，可能导致本次重组存在潜在不利影响和风险等。

（三）债权债务转移风险。资产交易涉及债权债务转移的，未获得债权人同意的债务可能给上市公司带来的偿债风险或其他或有风险。

（四）交易标的评估或估值风险。本次评估或估值存在报告期变动频繁且对评估或估值影响较大的指标，该指标的预测对本次评估或估值的影响，进而对交易价格公允性的影响等。

（五）交易标的对上市公司持续经营影响的风险。由于政策、市场、技术、汇率等因素引起的风险：

1. 政策风险。交易标的的经营环境和法律环境发生变化导致的政策风险，如财政、金融、税收（如所得税优惠、出口退税等）、贸易、土地使用、产业政策（如属国家限制发展的范围）、行业管理、环境保护等，或可能因重组后生产经营情况发生变化不能继续适用原有的相关政策引致的风险。

2. 市场风险。交易标的主要产品或服务的市场前景、行业经营环境的变化、商业周期或产品生命周期的影响、市场饱和或市场分割、过度依赖单一市场、市场占有率下降和市场竞争的风险等。

3. 经营风险。经营模式发生变化，经营业绩不稳定，主要产品或主要原材料价格波动，过度依赖某一重要原材料、产品（或服务），经营场所过度集中或分散，非经常性损益或投资收益金额较大等。

4. 技术风险。交易标的涉及的技术不成熟、技术尚未产业化、技术缺乏有效保护或保护期限短或保护期限到期、缺乏核心技术或核心技术依赖他人、产品或技术的快速更新换代可能导致现有产品或技术面临被淘汰、核心技术人员流失及核心技术失密等风险。

5. 可能严重影响上市公司持续经营的其他因素，如自然灾害、安全生产、汇率变化、外贸环境等。

（六）整合风险。上市公司管理水平不能适应重组后上市公司规模扩张或业务变化的风险，交易标的与上市公司原有业务、资产、财务、人员、机构等方面的整合风险。

（七）业务转型风险。上市公司所购买资产与现有主营业务没有显著协同效应的，涉及的业务转型升级可能面临的风险。

（八）财务风险。本次重组导致上市公司财务结构发生重大变化的风险。

上市公司和相关各方应全面、审慎评估可能对本次重组以及重组后上市公司产生重大不利影响的所有因素，如有除上述风险之外的因素，应予以充分披露。

第十四节　其他重要事项

第四十一条　本次交易完成后，上市公司是否存在资金、资产被实际控制人或其他关联人占用的情形；上市公司是否存在为实际控制人或其他关联人提供担保的情形。

第四十二条　上市公司负债结构是否合理，是否存在因本次交易大量增加负债（包括或有负债）的情况。

第四十三条　上市公司在最近十二个月内曾发生资产交易的，应当说明与本次交易的关系。

第四十四条　本次交易对上市公司治理机制的影响。

第四十五条　本次交易后上市公司的现金分红政策及相应的安排、董事会对上述情况的说明。

第四十六条　本次交易涉及的相关主体买卖上市公司股票的自查情况。

第四十七条　其他能够影响股东及其他投资者做出合理判断的、有关本次交易的所有信息。

上市公司已披露的媒体说明会、对证券交易所问询函的回复中有关本次交易的信息，应当在重组报告书相应章节进行披露。

第四十八条　独立财务顾问和律师事务所对本次交易出具的结论性意见。

第四十九条　本次交易所聘请的独立财务顾问、律师事务所、会计师事务所、资产评估机构（如有）、估值机构（如有）等专业机构名称、法定代表人、住所、联系电话、传真，以及有关经办人员的姓名。

第五十条　中国证监会要求披露的其他信息。

第五十一条　上市公司应当在重组报告书的显著位置载明：

“本公司及全体董事、监事、高级管理人员保证本报告书内容的真实、准确、完整，对报告书的虚假记载、误导性陈述或重大遗漏负连带责任”。

第十五节　重组上市

第五十二条　上市公司重大资产重组构成重组上市的，除应按第一节至第十四节规定编制重组报告书外，还应当按照《公开发行证券的公司信息披露内容与格式准则第 1 号——招股说明书》（以下简称《1 号准则》）相关章节的要求，对重组报告书的相关内容加以补充。

需要补充披露的内容包括但不限于：

（一）在“风险因素”部分，补充《1 号准则》“风险因素”相关内容；

（二）在“交易标的”部分，补充《1 号准则》“发行人基本情况”“业务与技术”“董事、监事、高级管理人员与核心技术人员”相关内容；

（三）在“交易的合规性分析”部分，逐项说明上市公司购买的资产对应的经营实体是否符合《首次公开发行股票并上市管理办法》（以下简称《首发办法》）规定的发行条件，证券服务机构应当对上市公司购买的资产对应的经营实体是否符合《首发办法》规定的发行条件发表明确的结论性意见；

（四）在“管理层讨论与分析”部分，补充《1 号准则》“管理层讨论与分析”“业务发展目标”相关内容；

（五）在“财务会计信息”部分，补充《1 号准则》“财务会计信息”相关内容；

（六）在“同业竞争和关联交易”部分，补充《1 号准则》“同业竞争与关联交易”相关内容；

（七）在“其他重要事项”部分，补充《1 号准则》“公司治理”“股利分配政策”“其他重要事项”相关内容。

第五十三条　上市公司重大资产重组构成重组上市的，上市公司控股股东、实际控制人、董事、监事、高级管理人员及交易对方应当公开承诺：如本次交易所提供或披露的信息涉嫌虚假记载、误导性陈述或者重大遗漏，被司法机关立案侦查或者被中国证监会立案调查的，在形成调查结论以前，不转让在该上市公司拥有权益的股份，并于收到立案稽查通知的两个交易日内将暂停转让的书面申请和股票账户提交上市公司董事会，由董事会代其向证券交易所和登记结算公司申请锁定；未在两个交易日内提交锁定申请的，授权董事会核实后直接向证券交易所和登记结算公司报送本人或本单位的身份信息和账户信息并申请锁定；董事会未向证券交易所和登记结算公司报送本人或本单位的身份信息和账户信息的，授权证券交易所和登记结算公司直接锁定相关股份。如调查结论发现存在违法违规情节，本人或本单位承诺锁定股份自愿用于相关投资者赔偿安排。

第十六节　非现金支付方式

第五十四条　上市公司拟发行股份购买资产的，重组报告书中还应当包括以下内容：

（一）在第六节规定的“交易标的”部分后，加入第七节“发行股份情况”，其以下各部分依次顺延。在“发行股份情况”部分应当披露以下内容：

1. 上市公司发行股份的价格、定价原则及合理性分析。上市公司应当披露按照《重组办法》第四十五条计算的董事会就发行股份购买资产作出决议公告日前二十个交易日、六十个交易日或者一百二十个交易日的公司股票交易均价，以及发行股份市场参考价的选择依据及理由，并进行合理性分析。

2. 本次发行股份购买资产的董事会决议明确的发行价格调整方案。发行价格调整方案应当建立在大盘和同行业因素调整基础上，触发发行价格调整的情形应当明确、具体、可操作，并充分说明理由。如出现上市公司发行价格的调整，还应当说明调整程序、是否相应调整交易标的的定价及理由、发行股份数量的变化情况等。

3. 上市公司拟发行股份的种类、每股面值。

4. 上市公司拟发行股份的数量、占发行后总股本的比例。

5. 特定对象所持股份的转让或交易限制，股东关于锁定所持股份的相关承诺。

上市公司发行股份购买资产的，控股股东、实际控制人、董事、监事、高级管理人员及交易对方应当按照本准则第五十三条要求作出公开承诺。

6. 上市公司发行股份前后主要财务数据（如每股收益、每股净资产等）和其他重要经济指标的对照表。

7. 本次发行股份前后上市公司的股权结构，说明本次发行股份是否导致上市公司控制权发生变化。

（二）在第七节规定的“交易标的评估或估值”部分，披露董事会结合股份发行价对应的市盈率、市净率水平以及本次发行对上市公司盈利能力、持续发展能力的影响等对股份发行定价合理性所作的分析。

（三）在第九节规定的“交易的合规性分析”部分，逐项说明是否符合《重组办法》第四十三条的规定。

第五十五条 上市公司拟发行优先股购买资产的，重组报告书中除包括第五十四条第（二）项、第（三）项规定的内容外，还应在“发行股份情况”部分，比照第五十四条第（一）项相关要求，并结合《公开发行证券的公司信息披露内容与格式准则第 34 号——发行优先股募集说明书》第四节、第六节第三十五条相关要求，披露相关信息。

如本次优先股发行涉及公司章程的，还应披露公司章程相应修订情况。

第五十六条 上市公司拟通过向特定对象发行可转换为股票的公司债券、定向权证等其他支付方式购买资产的，应当比照上述要求，披露相关内容。

第十七节 换股吸收合并

第五十七条 换股吸收合并涉及上市公司的，重组报告书还应当在第六节规定的“交易标的”部分后，加入第七节“换股吸收合并方案”，其以下各部分依次顺延。“换股吸收合并方案”部分应当比照第五十四条相关要求进行披露，此外还应当包括以下内容：

（一）换股各方名称；

（二）换股价格及确定方法；

（三）本次换股吸收合并的董事会决议明确的换股价格调整方案；

（四）本次换股吸收合并对异议股东权利保护的相关安排，如为提供现金选择权，应当披露其安排，包括定价及定价原则、被提供现金选择权的股东范围（异议股东或全体股东）、现金选择权提供方、与换股价格的差异及差异原因；

（五）本次换股吸收合并涉及的债权债务处置及债权人权利保护的相关安排；

（六）本次换股吸收合并涉及的相关资产过户或交付的安排；

（七）本次换股吸收合并涉及的员工安置。

第五十八条　上市公司发行优先股、向特定对象发行可转换为股票的公司债券、定向权证用于与其他公司合并的，应当比照上述要求，披露相关内容。

第十八节　募集配套资金

第五十九条　上市公司发行股份购买资产同时募集部分配套资金的，在重组报告书“发行股份情况”部分还应当披露以下内容：

（一）募集配套资金的金额及占交易总金额的比例。

（二）募集配套资金的股份发行情况。比照第五十四条相关要求，披露上市公司募集配套资金的股份发行情况，包括发行股份的种类、每股面值、定价原则、发行数量及占本次交易前总股本的比例、占发行后总股本的比例。

（三）募集配套资金的用途。包括具体用途、资金安排、测试依据、使用计划进度和预期收益，如募集配套资金用于投资项目的，应当披露项目是否取得相应的许可证书或者有关主管部门的批复文件。

（四）募集配套资金的必要性。结合行业特点、资金用途、前次募集资金使用效率、上市公司及交易标的现有生产经营规模、财务状况、是否有利于提高重组项目的整合绩效等方面，说明募集配套资金的必要性及配套金额是否与之相匹配。

（五）其他信息。本次募集配套资金管理和使用的内部控制制度，募集配套资金使用的分级审批权限、决策程序、风险控制措施及信息披露程序；本次募集配套资金失败的补救措施；对交易标的采取收益法评估时，预测现金流中是否包含了募集配套资金投入带来的收益。

第十九节　重组报告书摘要

第六十条　编制重组报告书摘要的目的是为向公众提供有关本次重组的简要情况，摘要内容必须忠实于重组报告书全文，不得出现与全文相矛盾之处。上市公司编制的重组报告书摘要应当至少包括以下内容：

（一）本准则第三章第一节到第四节部分的内容。

（二）上市公司应当在重组报告书摘要的显著位置载明：

“本重大资产重组报告书摘要的目的仅为向公众提供有关本次重组的简要情况，并不包括重大资产重组报告书全文的各部分内容。重大资产重组报告书全文同时刊载于×××网站；备查文件的查阅方式为：×××。”

“本公司及董事会全体成员保证重大资产重组报告书及其摘要内容的

真实、准确、完整，对报告书及其摘要的虚假记载、误导性陈述或重大遗漏负连带责任”。

第四章　证券服务机构报告

第一节　独立财务顾问报告

第六十一条　上市公司应当披露由证券经营机构按照本准则及有关业务准则的规定出具的独立财务顾问报告。独立财务顾问应当至少就以下事项发表明确的结论性意见：

（一）结合对本准则第三章规定的内容进行核查的实际情况，逐项说明本次重组是否符合《重组办法》第十一条的规定；拟发行股份购买资产的，还应当结合核查的实际情况，逐项说明是否符合《重组办法》第四十三条的规定。

（二）本次交易是否构成重组上市，如构成，上市公司购买的资产对应的经营实体是否为股份有限公司或者有限责任公司，是否符合《首发办法》规定的其他发行条件，上市公司及其最近三年内的控股股东、实际控制人是否存在因涉嫌犯罪正被司法机关立案侦查或涉嫌违法违规被中国证监会立案调查的情形，如存在，涉嫌犯罪或违法违规的行为终止是否已满三年，交易方案是否能够消除该行为可能造成的不良后果，是否影响对相关行为人追究责任。上市公司及其控股股东、实际控制人最近十二个月内是否受到证券交易所公开谴责，是否存在其他重大失信行为。本次重大资产重组是否存在中国证监会认定的可能损害投资者合法权益，或者违背公开、公平、公正原则的其他情形。

（三）对本次交易所涉及的资产定价和股份定价（如涉及）进行全面分析，说明定价是否合理。

（四）本次交易根据资产评估结果定价，应当对所选取的评估方法的适当性、评估假设前提的合理性、重要评估参数取值的合理性发表明确意见；本次交易不以资产评估结果作为定价依据的，应当对相关资产的估值方法、参数选择的合理性及其他影响估值结果的指标和因素发表明确意见。

（五）结合上市公司管理层讨论与分析以及盈利预测（如有），分析说明本次交易完成后上市公司的盈利能力和财务状况、本次交易是否有利于上市公司的持续发展、是否存在损害股东合法权益的问题。

（六）对交易完成后上市公司的市场地位、经营业绩、持续发展能力、公司治理机制进行全面分析。

（七）对交易合同约定的资产交付安排是否可能导致上市公司交付现金

或其他资产后不能及时获得对价的风险、相关的违约责任是否切实有效，发表明确意见。

（八）对本次重组是否构成关联交易进行核查，并依据核查确认的相关事实发表明确意见。涉及关联交易的，还应当充分分析本次交易的必要性及本次交易是否损害上市公司及非关联股东的利益。

（九）交易对方与上市公司根据《重组办法》第三十五条的规定，就相关资产实际盈利数不足利润预测数的情况签订补偿协议或提出填补每股收益具体措施的，独立财务顾问应当对补偿安排或具体措施的可行性、合理性发表意见（如有）。

第二节　法律意见书

第六十二条　上市公司应当披露由律师事务所按照本准则及有关业务准则的规定出具的法律意见书。律师事务所应当对照中国证监会的各项规定，在充分核查验证的基础上，至少就上市公司本次重组涉及的以下法律问题和事项发表明确的结论性意见：

（一）上市公司和交易对方是否具备相应的主体资格、是否依法有效存续。

（二）本次交易是否构成重组上市，如构成，上市公司购买的资产对应的经营实体是否为股份有限公司或者有限责任公司，是否符合《首发办法》规定的其他发行条件，上市公司及其最近三年内的控股股东、实际控制人是否存在因涉嫌犯罪正被司法机关立案侦查或涉嫌违法违规被中国证监会立案调查的情形，如存在，涉嫌犯罪或违法违规的行为终止是否已满三年，交易方案是否能够消除该行为可能造成的不良后果，是否影响对相关行为人追究责任。上市公司及其控股股东、实际控制人最近十二个月内是否受到证券交易所公开谴责，是否存在其他重大失信行为。本次重大资产重组是否存在中国证监会认定的可能损害投资者合法权益，或者违背公开、公平、公正原则的其他情形。

（三）本次交易是否已履行必要的批准或授权程序，相关的批准和授权是否合法有效；本次交易是否构成关联交易；构成关联交易的，是否已依法履行必要的信息披露义务和审议批准程序；本次交易涉及的须呈报有关主管部门批准的事项是否已获得有效批准；本次交易的相关合同和协议是否合法有效。

（四）交易标的（包括标的股权所涉及企业的主要资产）的权属状况是否清晰，权属证书是否完备有效；尚未取得完备权属证书的，应说明取得权属证书是否存在法律障碍；交易标的是否存在产权纠纷或潜在纠纷，如有，应说明对本次交易的影响；交易标的是否存在抵押、担保或其他权利受到限制的情况，如有，应说明对本次交易的影响。

（五）本次交易所涉及的债权债务的处理及其他相关权利、义务的处理是否合法有效，其实施或履行是否存在法律障碍和风险。

（六）上市公司、交易对方和其他相关各方是否已履行法定的披露和报告义务，是否存在应当披露而未披露的合同、协议、安排或其他事项。

（七）本次交易是否符合《重组办法》和相关规范性文件规定的原则和实质性条件。

（八）参与上市公司本次交易活动的证券服务机构是否具备必要的资格。

（九）本次交易是否符合相关法律、法规、规章和规范性文件的规定，是否存在法律障碍，是否存在其他可能对本次交易构成影响的法律问题和风险。

第三节　相关财务资料

第六十三条　上市公司应当披露本次交易所涉及的相关资产的财务报告和审计报告。经审计的最近一期财务资料在财务报告截止日后六个月内有效，特别情况下可申请适当延长，但延长时间至多不超过一个月。

有关财务报告和审计报告应当按照与上市公司相同的会计制度和会计政策编制。如不能披露完整财务报告，应当解释原因，并出具对相关资产财务状况和/或经营成果的说明及审计报告。

上市公司拟进行《重组办法》第十三条规定的重大资产重组的，还应当披露依据重组完成后的资产架构编制的上市公司最近一年及一期的备考财务报告和审计报告。其他重大资产重组，应当披露最近一年及一期的备考财务报告和审阅报告。

交易标的的财务资料虽处于前款所述有效期内，但截至重组报告书披露之日，该等资产的财务状况和经营成果发生重大变动的，应当补充披露最近一期的相关财务资料（包括该等资产的财务报告、备考财务资料等）。

第六十四条　根据《重组办法》第二十二条规定，披露盈利预测报告。

盈利预测报告数据包含了非经常性损益项目的，应当特别说明。

第四节　资产评估报告及估值报告

第六十五条　上市公司重大资产重组以评估值为交易标的定价依据的，应当披露相关资产的资产评估报告。上市公司重大资产重组不以资产评估结果作为定价依据的应当披露相关资产的估值报告；估值报告中应包括但不限于以下内容：估值目的、估值对象和估值范围、价值类型、估值基准日、估值假设、估值依据、估值方法、估值参数及其他影响估值结果的指标和因素、估值结论、特别事项说明、估值报告日等；估值人员需在估值报告上签字并由所属机构加盖公章。

资产评估机构或估值机构为本次重组而出具的评估或估值资料中应明确声明在评估或估值基准日后××月内（最长十二个月）有效。

第五章　二级市场自查报告

第六十六条　上市公司董事会应当就本次重组申请股票停止交易前或首次作出决议前（孰早）六个月至重组报告书披露之前一日止，上市公司及其董事、监事、高级管理人员，交易对方及其董事、监事、高级管理人员（或主要负责人），相关专业机构及其他知悉本次重大资产交易内幕信息的法人和自然人，以及上述相关人员的直系亲属买卖该上市公司股票及其他相关证券情况进行自查，并制作自查报告。

法人的自查报告中应当列明法人的名称、股票账户、有无买卖股票行为并盖章确认；自然人的自查报告应当列明自然人的姓名、职务、身份证号码、股票账户、有无买卖股票行为，并经本人签字确认。

前述法人及自然人在本条第一款规定的期限内存在买卖上市公司股票行为的，当事人应当书面说明其买卖股票行为是否利用了相关内幕信息；上市公司及相关方应当书面说明相关申请事项的动议时间，买卖股票人员是否参与决策，买卖行为与本次申请事项是否存在关联关系；律师事务所应当对相关当事人及其买卖行为进行核查，对该行为是否涉嫌内幕交易、是否对本次交易构成法律障碍发表明确意见。

第六章　重组实施情况报告书

第六十七条　上市公司编制的重大资产重组实施情况报告书应当至少披露以下内容：

（一）本次重组的实施过程，相关资产过户或交付、相关债权债务处理以及证券发行登记等事宜的办理状况；

（二）相关实际情况与此前披露的信息是否存在差异（包括相关资产的权属情况及历史财务数据是否如实披露、相关盈利预测或者管理层预计达到的目标是否实现、控股股东及其一致行动人、董事、监事、高级管理人员等特定主体自本次重组复牌之日起至实施完毕期间的股份减持情况是否与计划一致等）；

（三）董事、监事、高级管理人员的更换情况及其他相关人员的调整情况；

（四）重组实施过程中，是否发生上市公司资金、资产被实际控制人或其他关联人占用的情形，或上市公司为实际控制人及其关联人提供担保的情形；

（五）相关协议及承诺的履行情况；

（六）相关后续事项的合规性及风险；

（七）其他需要披露的事项。

独立财务顾问应当对前款所述内容逐项进行核查，并发表明确意见。律师事务所应当对前款所述内容涉及的法律问题逐项进行核查，并发表明确意见。

第七章　重大资产重组申请文件格式和报送方式

第六十八条　向中国证监会初次报送申请文件的，应当提供一份书面材料（原件）、三份电子版（非加密的 Word 等可编辑、可索引模式）及两份重组报告书（复印件）；按照中国证监会要求提交补充材料的，应当提供一份书面材料（原件）、三份电子版（非加密的 Word 等可编辑、可索引模式）。其中书面材料按规定报送原件，如不能提供原件，应当由上市公司聘请的律师事务所提供鉴证意见，或由出文单位盖章，以保证与原件一致。如原出文单位不再存续，可由承继其职权的单位或做出撤销决定的单位出文证明文件的真实性。

第六十九条　申请文件所有需要签名处，均应为签名人亲笔签名，不得以名章、签名章等代替。

申请文件中需要由律师鉴证的文件，律师应在该文件首页注明“以下第××页至第××页与原件一致”，并签名和签署鉴证日期，律师事务所应在该文件首页加盖公章，并在第××页至第××页侧面以公章加盖骑缝章。

第七十条　上市公司应当根据中国证监会对申请文件的反馈意见提供补充材料。相关证券服务机构应对反馈意见相关问题进行尽职调查或补充出具专业意见。

上市公司重大资产重组申请获得中国证监会核准的，上市公司及相关证券服务机构应当根据中国证监会的审核情况重新修订重组报告书及相关证券服务机构的报告或意见，并作出补充披露。上市公司及相关证券服务机构应当在修订的重组报告书及相关证券服务机构报告或意见的首页就补充或修改的内容作出特别提示。

第七十一条　申请文件的纸张应当采用幅面为 209×295 毫米规格的纸张（标准 A4 纸张规格）。

第七十二条　申请文件的封面应当标有“××股份有限公司重大资产重组申请文件”字样及重大资产重组报告书标题，侧面应当标注“××股份有限公司重大资产重组申请文件原件”字样。申请文件的扉页应当附有上市公司董事会秘书、联系人、独立财务顾问及其他专业机构的联系人姓名、电话、传真及其他方便的联系方式。

第七十三条　申请文件章与章之间、章与节之间应当有明显的分隔标识。

第七十四条　申请文件中的页码应当与目录中的页码相符。例如，第四部分 4-1 的页码标注为 4-1-1，4-1-2，4-1-3，......4-1-n。

第八章　附则

第七十五条　本准则由中国证监会负责解释。

第七十六条　本准则自公布之日起施行。

附件：上市公司重大资产重组申请文件目录

附件

上市公司重大资产重组申请文件目录

0-0 重大资产重组申请文件目录及交易各方和中介机构联系表（包含独立财务顾问、律师事务所、会计师事务所、资产评估机构、估值机构等证券服务机构及其签字人员的名单，包括名称/姓名、组织机构代码、统一社会信用代码/公民身份证号码或其他身份信息）

0-1 并购重组方案概况表

0-2 关于书面文件与电子文件一致的承诺函

0-3 关于本次重大资产重组申报文件不适用内容的说明

第一部分 上市公司重大资产重组报告书及相关文件

1-1 重大资产重组报告书

1-2 重大资产重组的董事会决议和股东大会决议

1-3 上市公司独立董事意见

1-4 公告的其他相关信息披露文件

第二部分 独立财务顾问和律师事务所出具的文件

2-1 独立财务顾问报告

2-2 法律意见书

2-3 关于本次交易产业政策和交易类型的独立财务顾问核查意见

第三部分 本次重大资产重组涉及的财务信息相关文件

3-1 本次重大资产重组涉及的拟购买资产最近两年及一期的财务报告和审计报告（确实无法提供的，应当说明原因及相关资产的财务状况和经营成果）

3-2 本次重大资产重组涉及的拟购买资产的评估报告及评估说明，或者估值报告

3-3 本次重大资产重组涉及的拟出售资产最近两年及一期的财务报告和审计报告（确实无法提供的，应当说明原因及相关资产的财务状况和经营成果）

3-4 本次重大资产重组涉及的拟出售资产的评估报告及评估说明，或者估值报告

3-5 根据本次重大资产重组完成后的架构编制的上市公司最近一年及一期的备考财务报告及其审阅报告

3-6 盈利预测报告和审核报告（如有）

3-7 上市公司董事会、注册会计师关于上市公司最近一年及一期的非标准保留意见审计报告的补充意见（如有）

3-8 交易对方最近一年的财务报告和审计报告（如有）

第四部分 关于重组上市的申请文件要求

4-1 内部控制鉴证报告

4-2 标的资产最近三年及一期的财务报告和审计报告

4-3 标的资产最近三年原始报表及其与申报财务报表的差异比较表及会计师事务所出具的意见

4-4 标的资产最近三年及一期非经常性损益明细表及会计师事务所出具的专项说明

4-5 标的资产最近三年及一期的纳税证明文件

4-6 根据本次重大资产重组完成后的架构编制的上市公司最近一年及一期的备考财务报告及其审计报告

第五部分 本次重大资产重组涉及的有关协议、合同、决议及承诺函

5-1 重大资产重组的协议或合同

5-2 涉及本次重大资产重组的其他重要协议或合同

5-3 交易对方与上市公司就相关资产实际盈利数不足利润预测数的情况签订的补偿协议（如有）

5-4 交易对方内部权力机关批准本次交易事项的相关决议

5-5 涉及本次重大资产重组的承诺函

5-6 涉及本次重大资产重组的媒体说明会召开情况、对证券交易所问询函的回复等已披露信息

第六部分 本次重大资产重组的其他文件

6-1 有关部门对重大资产重组的审批、核准或备案文件

6-2 债权人同意函（如有）

6-3 关于同意职工安置方案的职工代表大会决议或相关文件（涉及职工安置问题的）

6-4 交易对方的营业执照复印件

6-5 拟购买资产的权属证明文件

6-6 与拟购买资产生产经营有关的资质证明或批准文件

6-7 上市公司全体董事和独立财务顾问、律师事务所、会计师事务所、资产评估机构、估值机构等证券服务机构及其签字人员对重大资产重组申请文件真实性、准确性和完整性的承诺书

6-8 独立财务顾问、律师事务所、会计师事务所、资产评估机构、估值机构等证券服务机构对上市公司重大资产重组报告书援引其出具的结论性意见的同意书

6-9 上市公司与交易对方就重大资产重组事宜采取的保密措施及保密制度的说明，并提供与所聘请的证券服务机构签署的保密协议及交易进程备忘录

6-10 上市公司、交易对方和相关证券服务机构以及其他知悉本次重大资产重组内幕信息的单位和自然人在董事会就本次重组申请股票停止交易前或第一次作出决议前（孰早）六个月至重大资产重组报告书披露之前一日止，买卖该上市公司股票及其他相关证券情况的自查报告，并提供证券登记结算机构就前述单位及自然人二级市场交易情况出具的证明文件

6-11 上市公司及其控股股东、实际控制人、董事、监事和高级管理人员，构成收购人的交易对方、本次重组证券服务机构及其主办人名单，包括名称/姓名、组织机构代码、统一社会信用代码/公民身份证号码或其他身份信息

6-12 本次重大资产重组前十二个月内上市公司购买、出售资产的说明及专业机构意见（如有）

6-13 资产评估结果备案或核准文件（如有）

6-14 中国证监会要求提供的其他文件

关于完善上市公司股票停复牌制度的指导意见

为促进上市公司规范治理、提升质量，确保上市公司股票停复牌信息披露及时、公平，维护市场交易秩序，保护广大中小投资者合法权益，促进资本市场持续稳定健康发展，根据《公司法》《证券法》等有关规定，现就完善上市公司股票停复牌制度，提出如下指导意见。

一、明确上市公司股票停复牌基本原则

（一）审慎停牌原则。上市公司应当审慎停牌，以不停牌为原则、停牌为例外，短期停牌为原则、长期停牌为例外，间断性停牌为原则、连续性停牌为例外，不得随意停牌或者无故拖延复牌时间，并应采取有效措施防止出现长期停牌等情况。

（二）分阶段披露原则。上市公司发生重大事项，持续时间较长的，应当按照及时披露的原则，分阶段披露有关事项进展的具体情况。上市公司不应以相关事项结果尚不确定为由随意申请股票停牌。

（三）严格保密原则。上市公司及其股东、实际控制人，董事、监事、高级管理人员和其他交易各方，以及提供服务的证券公司、证券服务机构等相关主体，在筹划、实施可能对公司股票交易价格产生较大影响的重大事项过程中，应当切实履行法定保密义务，建立健全保密制度，做好信息管理和内幕信息知情人登记工作。不得以申请上市公司股票停牌代替相关各方的保密义务。

二、健全上市公司股票停复牌申请制度

（一）明确重大事项停牌的差异化安排。证券交易所应当进一步减少上市公司可以申请股票停牌的重大事项类型，并根据不同类型的重大事项，对停牌期限、决策程序、信息披露要求等作出差异化安排。

（二）压缩重大事项停牌期限。证券交易所应当进一步缩短上市公司因重大事项申请股票停牌的期限，明确各类型重大事项停牌的最长期限。上市公司股票超过规定期限仍不复牌的，原则上应当强制其股票复牌。

上市公司破产重整期间原则上股票不停牌。证券交易所应当明确破产重整期间的分阶段信息披露要求，并可以根据市场实际情况，对破产重整期间股票停牌作出细化安排。

证监会并购重组委审核上市公司重大资产重组申请的，上市公司股票在并购重组委工作会议召开当天应当停牌。

（三）严格上市公司股票停复牌的申请程序。上市公司申请其股票停复牌，应当符合证券交易所规定的条件和程序。

证券交易所应当明确上市公司申请股票停牌的自律管理要求，采取形式审核和实质审核相结合的方式，关注上市公司是否具备充足的停牌理由。证券交易所认为不符合规定事由或者不宜停牌的，应当拒绝上市公司股票停牌申请。

证券市场交易出现极端异常情况，为维护市场交易的连续性，证券交易所可以根据市场实际情况，暂停办理上市公司股票停牌申请。

（四）明晰长期停牌的程序。上市公司应当审慎办理股票停牌、延期复牌等事项；确需长期停牌的，应当按照证券交易所规定履行程序。

三、强化上市公司股票停复牌信息披露要求

（一）提高初始停牌时的信息披露标准。上市公司因筹划重大事项提出股票停牌申请的，应当根据证券交易所的规定，披露重大事项类型、交易标的名称、交易对手方、中介机构情况、停牌期限、预计复牌时间等信息。信息披露内容应当明确、具体，不得含糊、笼统。

（二）严格履行强制停复牌的信息披露义务。上市公司股票被证券交易所实施强制停牌或者复牌，或者其股票停复牌申请被证券交易所拒绝的，应当按照证券交易所的规定公开披露。

（三）强化上市公司股票停牌期间的分阶段披露要求。上市公司股票停牌期间，停牌相关事项出现证券交易所规定的情形，或者出现重大进展或变化的，上市公司应当按照证券交易所的规定及时、分阶段披露有关情况。

上市公司应当按照证券交易所规定，进一步贯彻重组预案、草案分阶段披露制度，强化重大资产重组预案披露，在达到预案披露标准时予以披露并复牌。

四、做好相关配套工作

（一）完善停复牌自律规则等配套制度。证券交易所应当进一步完善有关上市公司股票停复牌的自律规则，对停牌原则、类型、期限、程序、信息披露等作出具体规定，并根据实施情况及时调整补充，做好自律管理服务工作。

同时，证券交易所应当建立股票停牌时间与成分股指数剔除挂钩机制和停牌信息公示制度，并定期向市场公告上市公司股票停牌频次、时长排序情况，督促上市公司采取措施减少股票停牌。

（二）严格追究上市公司股票停复牌涉及的违法违规行为的法律责任。对违反证券交易所规则随意停牌、拖延复牌时间，或者不履行相应程序和信息披露义务等行为，证券交易所应当采取相应的自律管理措施，对涉嫌违反法律、行政法规及证监会规定的行为，及时报证监会处理。

对于实践中出现的随意停牌、长期停牌、信息披露不充分不清晰，以及利用停复牌进行控制权之争等不当行为，证监会将加大监管执法力度，并严厉打击内幕交易等违法违规行为，依法严格追究违法违规主体的法律责任。

关于加强与上市公司重大资产重组相关股票异常交易监管的暂行规定（2016年修订）

（2012年11月6日公布根据2016年9月9日中国证券监督管理委员会《关于修改〈关于加强与上市公司重大资产重组相关股票异常交易监管的暂行规定〉的决定》修订）

第一条 为加强与上市公司重大资产重组相关股票异常交易监管，防控和打击内幕交易，维护证券市场秩序，保护投资者合法权益，根据《中华人民共和国证券法》《中华人民共和国行政许可法》《国务院办公厅转发证监会等部门关于依法打击和防控资本市场内幕交易意见的通知》《上市公司信息披露管理办法》《上市公司重大资产重组管理办法》，制定本规定。

第二条 上市公司和交易对方，以及其控股股东、实际控制人，为本次重大资产重组提供服务的证券公司、证券服务机构等重大资产重组相关主体，应当严格按照法律、行政法规、规章的规定，做好重大资产重组信息的管理和内幕信息知情人登记工作，增强保密意识。

第三条 上市公司及其控股股东、实际控制人等相关方研究、筹划、决策涉及上市公司重大资产重组事项的，原则上应当在相关股票停牌后或者非交易时间进行，并应当简化决策流程、提高决策效率、缩短决策时限，尽可能缩小内幕信息知情人范围。如需要向有关部门进行政策咨询、方案论证的，应当在相关股票停牌后进行。

上市公司控股股东、实际控制人等相关方，应当及时主动向上市公司通报有关信息，并配合上市公司做好股票停牌和信息披露工作。

第四条 上市公司应当在重大资产重组交易各方初步达成实质性意向或者虽未达成实质性意向但预计该信息难以保密时，及时向证券交易所申请股票停牌，真实、准确、完整、及时、公平地进行分阶段信息披露，充分揭示风险。

第五条 上市公司因重大资产重组事项停牌后，证券交易所立即启动二级市场股票交易核查程序，并在后续各阶段对二级市场股票交易情况进行持续监管。

第六条 上市公司向中国证监会提出重大资产重组行政许可申请，如该重大资产重组事项涉嫌内幕交易被中国证监会立案调查或者被司法机关立案侦查，尚未受理的，中国证监会不予受理；已经受理的，中国证监会暂停审核。

第七条 按照本规定第六条不予受理或暂停审核的行政许可申请，如符合以下条件，未受理的，中国证监会恢复受理程序，暂停审核的恢复审核：

（一）中国证监会或者司法机关经调查核实未发现上市公司、占本次重组总交易金额比例在20%以上的交易对方（如涉及多个交易对方违规的，交易金额合并计算），及上述主体的控股股东、实际控制人及其控制的机构存在内幕交易的；

（二）中国证监会或者司法机关经调查核实未发现上市公司董事、监事、高级管理人员，上市公司控股股东、实际控制人的董事、监事、高级管理人员，交易对方的董事、监事、高级管理人员，占本次重组总交易金额比例在20%以下的交易对方及其控股股东、实际控制人及上述主体控制的机构，为本次重大资产重组提供服务的证券公司、证券服务机构及其经办人员，参与本次重大资产重组的其他主体等存在内幕交易的；或者上述主体虽涉嫌内幕交易，但已被撤换或者退出本次重大资产重组交易的；

（三）被立案调查或者立案侦查的事项未涉及本款第（一）项、第（二）项所列主体的。

依据前款第（二）项规定撤换财务顾问的，上市公司应当撤回原重大资产重组行政许可申请，重新向中国证监会提出申请。上市公司对交易对象、交易标的等作出变更导致重大资产重组方案重大调整的，还应当重新履行相应的决策程序。

第八条　中国证监会根据履行职责掌握的情况，确认不予受理或暂停审核的上市公司重大资产重组行政许可申请符合本规定第七条规定条件的，及时恢复受理或者审核。

上市公司有证据证明其重大资产重组行政许可申请符合本规定第七条规定条件的，经聘请的财务顾问和律师事务所对本次重大资产重组有关的主体进行尽职调查，并出具确认意见，可以向中国证监会提出恢复受理或者审核的申请。中国证监会根据履行职责掌握的情况，决定是否恢复受理或者审核。

第九条　因本次重大资产重组事项存在重大市场质疑或者有明确线索的举报，上市公司及涉及的相关机构和人员应当就市场质疑及时作出说明或澄清；中国证监会应当对该项举报进行核查。如果该涉嫌内幕交易的重大市场质疑或者举报涉及事项已被中国证监会立案调查或者被司法机关立案侦查，按照本规定第六条至第八条的规定执行。

第十条　中国证监会受理行政许可申请后，本规定第七条第一款第（一）项所列主体因本次重大资产重组相关的内幕交易被中国证监会行政处罚或者被司法机关依法追究刑事责任的，中国证监会终止审核，并将行政许可申请材料退还申请人或者其聘请的财务顾问。

第十一条　重大资产重组行政许可申请被中国证监会不予受理、恢复受理程序、暂停审核、恢复审核或者终止审核的，上市公司应当及时公告并作出风险提示。

第十二条　上市公司披露重大资产重组预案或者草案后主动终止重大资产重组进程的，上市公司应当同时承诺自公告之日起至少 1 个月内不再筹划重大资产重组，并予以披露。

重大资产重组行政许可申请因上市公司控股股东及其实际控制人存在内幕交易被中国证监会依照本规定第十条的规定终止审核的，上市公司应当同时承诺自公告之日起至少 12 个月内不再筹划重大资产重组，并予以披露。

第十三条　本规定第七条所列主体因涉嫌本次重大资产重组相关的内幕交易被立案调查或者立案侦查的，自立案之日起至责任认定前不得参与任何上市公司的重大资产重组。中国证监会作出行政处罚或者司法机关依法追究刑事责任的，上述主体自中国证监会作出行政处罚决定或者司法机关作出相关裁判生效之日起至少 36 个月内不得参与任何上市公司的重大资产重组。

第十四条　上市公司及其控股股东、实际控制人和交易相关方、证券公司及证券服务机构、其他信息披露义务人，应当配合中国证监会的监管执法工作。拒不配合的，中国证监会将依法采取监管措施，并将实施监管措施的情况对外公布。

第十五条　关于上市公司吸收合并、分立的行政许可事项，参照本规定执行。

第十六条　本规定自 2012 年 12 月 17 日起施行。

关于规范上市公司重大资产重组若干问题的规定（2016 年修订）

（2008 年 4 月 16 日公布 根据 2016 年 9 月 9 日中国证券监督管理委员会《关于修改〈关于规范上市公司重大资产重组若干问题的规定〉的决定》修订）

第一条　上市公司拟实施重大资产重组的，全体董事应当严格履行诚信义务，切实做好信息保密及停复牌工作。

重大资产重组的首次董事会决议经表决通过后，上市公司应当在决议当日或者次一工作日的非交易时间向证券交易所申请公告。董事会应当按照《上市公司重大资产重组管理办法》及相关的信息披露准则编制重大资产重组预案或者报告书，并将该预案或者报告书作为董事会决议的附件，与董事会决议同时公告。

重大资产重组的交易对方应当承诺，保证其所提供信息的真实性、准确性和完整性，保证不存在虚假记载、误导性陈述或者重大遗漏，并声明承担个别和连带的法律责任。该等承诺和声明应当与上市公司董事会决议同时公告。

第二条　上市公司首次召开董事会审议重大资产重组事项的，应当在召开董事会的当日或者前一日与相应的交易对方签订附条件生效的交易合同。交易合同应当载明本次重大资产重组事项一经上市公司董事会、股东大会批准并经中国证监会核准，交易合同即应生效。

重大资产重组涉及发行股份购买资产的，交易合同应当载明特定对象拟认购股份的数量或者数量区间、认购价格或者定价原则、限售期，以及目标资产的基本情况、交易价格或者定价原则、资产过户或交付的时间安排和违约责任等条款。

第三条　发行股份购买资产的首次董事会决议公告后，董事会在 6 个月内未发布召开股东大会通知的，上市公司应当重新召开董事会审议发行股份购买资产事项，并以该次董事会决议公告日作为发行股份的定价基准日。

发行股份购买资产事项提交股东大会审议未获批准的，上市公司董事会如再次作出发行股份购买资产的决议，应当以该次董事会决议公告日作为发行股份的定价基准日。

第四条　上市公司拟实施重大资产重组的，董事会应当就本次交易是否符合下列规定作出审慎判断，并记载于董事会决议记录中：

（一）交易标的资产涉及立项、环保、行业准入、用地、规划、建设施工等有关报批事项的，应当在重大资产重组预案和报告书中披露是否已取得相应的许可证书或有关主管部门的批复文件；本次交易行为涉及有关报批事项的，应当在重大资产重组预案和报告书中详细披露已向有关主管部门报批的进展情况和尚需呈报批准的程序。重大资产重组预案和报告书中应当对报批事项可能无法获得批准的风险作出特别提示。

（二）上市公司拟购买资产的，在本次交易的首次董事会决议公告前，资产出售方必须已经合法拥有标的资产的完整权利，不存在限制或者禁止转让的情形。

上市公司拟购买的资产为企业股权的，该企业应当不存在出资不实或者影响其合法存续的情况；上市公司在交易完成后成为持股型公司的，作为主要标的资产的企业股权应当为控股权。

上市公司拟购买的资产为土地使用权、矿业权等资源类权利的，应当已取得相应的权属证书，并具备相应的开发或者开采条件。

（三）上市公司购买资产应当有利于提高上市公司资产的完整性（包括取得生产经营所需要的商标权、专利权、非专利技术、采矿权、特许经营权等无形资产），有利于上市公司在人员、采购、生产、销售、知识产权等方面保持独立。

（四）本次交易应当有利于上市公司改善财务状况、增强持续盈利能力，有利于上市公司突出主业、增强抗风险能力，有利于上市公司增强独立性、减少关联交易、避免同业竞争。

第五条　上市公司拟实施重大资产重组的，董事会、交易对方、证券服务机构及相关人员应当严格遵守《关于规范上市公司信息披露及相关各方行为的通知》（证监公司字〔2007〕128 号）的相关规定，切实履行信息披露等义务和程序。

重大资产重组的首次董事会决议公告后，上市公司董事会和交易对方非因充分正当事由，撤销、中止重组方案或者对重组方案作出实质性变更（包括但不限于变更主要交易对象、变更主要标的资产等）的，中国证监会将依据有关规定对上市公司、交易对方、证券服务机构等单位和相关人员采取监管措施，并依法追究法律责任。

关于规范上市公司信息披露及相关各方行为的通知

证监公司字〔2007〕128 号

各上市公司：

为维护证券市场的秩序，打击内幕交易和市场操纵行为，保护投资者合法权益，现就有关事项通知如下：

一、上市公司及相关信息披露义务人应当严格按照《证券法》、《上市公司信息披露管理办法》（证监会令第 40 号）的相关规定，切实履行信息披露义务，公平地向所有投资者披露可能对上市公司股票交易价格产生较大影响的重大事件（以下简称股价敏感重大信息），以使所有投资者均可以同时获悉同样的信息，不得有选择性地、提前向特定对象单独泄露。特定对象包括（但不限于）从事证券投资、证券分析、咨询及其他证券服务业的机构、个人及其关联人等。

二、上市公司的股东、实际控制人及筹划并购重组等重大事件过程中的相关人员，应及时主动向上市公司通报有关信息，并配合上市公司及时、准确、完整地进行披露。上市公司在获悉相关信息时，应及时向证券交易所申请停牌并披露影响股价的重大信息。

三、对于正在筹划中的可能影响公司股价的重大事项，上市公司及其董事、监事、高级管理人员，交易对手方及其关联方和其董事、监事、高级管理人员（或主要负责人），聘请的专业机构和经办人员，参与制订、论证、审批等相关环节的有关机构和人员，以及提供咨询服务、由于业务往来知悉或可能知悉该事项的相关机构和人员等（以下简称内幕信息知情人）在相关事项依法披露前负有保密义务。在上市公司股价敏感重大信息依法披露前，任何内幕信息知情人不得公开或者泄露该信息，不得利用该信息进行内幕交易。

四、上市公司预计筹划中的重大事件难以保密或相关事件已经泄露的，应及时向证券交易所主动申请停牌，直至真实、准确、完整地披露信息。停牌期间，上市公司应当至少每周发布一次事件进展情况公告。发生涉及上市公司的市场传闻或在没有公布任何股价敏感重大信息的情况下股票交易发生异常波动时，上市公司应当向证券交易所主动申请停牌，并核实有无影响上市公司股票交易的重大事件，不得以相关事项存在不确定性为由不履行信息披露义务。

五、剔除大盘因素和同行业板块因素影响，上市公司股价在股价敏感重大信息公布前 20 个交易日内累计涨跌幅超过 20%的，上市公司在向中国证监会提起行政许可申请时，应充分举证相关内幕信息知情人及直系亲属等不存在内幕交易行为。证券交易所应对公司股价敏感重大信息公布前股票交易是否存在异常行为进行专项分析，并报中国证监会。中国证监会可对上市公司股价异动行为进行调查，调查期间将暂缓审核上市公司的行政许可申请。

六、上市公司如在澄清公告及股票交易异常波动公告中披露不存在重大资产重组、收购、发行股份等行为的，应同时承诺至少3个月内不再筹划同一事项。对于上市公司澄清公告涉嫌虚假记载、误导性陈述、或者重大遗漏的，中国证监会依法追究法律责任。

七、上市公司拟实施无先例、存在重大不确定性、需要向有关部门进行政策咨询、方案论证的重大事项，在向有关部门政策咨询、方案论证前，均应当在闭市后向证券交易所申请停牌。停牌的同时应披露该重大事项类型，原则上自停牌后5个工作日内携带相关材料向相关部门咨询论证。

上市公司向证券交易所申请停牌时，应同时提交停牌和复牌的书面申请。复牌书面申请应当明确：自公司股票停牌之日起5个工作日内（含停牌当日），如果公司未就停牌事项及方案与相关部门咨询、论证，或者经论证方案未获准的，则其股票在下一个交易日自动复牌。自动复牌时，公司应按规定进行公告。上市公司应在方案咨询、论证结束后立即向证券交易所申请复牌，复牌的同时披露方案论证结果。如果方案未通过论证，公司应披露原因；如果通过论证，公司应公告方案。

八、上市公司涉及行政许可及无先例、存在重大不确定性、需要向有关部门进行政策咨询、方案论证的重大事项的，上市公司应当向中国证监会提交内幕信息知情人以及直系亲属在事实发生之日起前6个月内有无持有或买卖上市公司股票的相关文件，并充分举证相关人员不存在内幕交易行为。中国证监会、证券交易所将密切关注股价敏感重大信息公布前的上市公司股票交易情况，发现其股票交易存在涉嫌内幕交易或操纵行为的，中国证监会将依法立案查处，并对可疑账户采取限制交易，冻结、查封等措施。涉嫌犯罪的，移交公安机关追究其刑事责任。

特此通知。

《上市公司收购管理办法》第六十二条及《上市公司重大资产重组管理办法》第四十三条有关限制股份转让的适用意见——证券期货法律适用意见第 4 号

《上市公司收购管理办法》（证监会令第 35 号，以下简称《收购办法》）第六十二条第一款第（二）项规定："上市公司面临严重财务困难，收购人提出的挽救公司的重组方案取得该公司股东大会批准，且收购人承诺 3 年内不转让其在该公司中所拥有的权益"的，收购人可以向我会申请免于履行要约收购义务；《收购办法》第六十二条第一款第（三）项规定："经上市公司股东大会非关联股东批准，收购人取得上市公司向其发行的新股，导致其在该公司拥有权益的股份超过该公司已发行股份的 30%，收购人承诺 3 年内不转让其拥有权益的股份，且公司股东大会同意收购人免于发出要约"的，收购人可以向我会申请免于履行要约收购义务。《上市公司重大资产重组管理办法》（证监会令第 53 号，以下简称《重组办法》）第四十三条规定："特定对象以资产认购而取得的上市公司股份，自股份发行结束之日起 12 个月内不得转让；属于下列情形之一的，36 个月内不得转让：（一）特定对象为上市公司控股股东、实际控制人或者其控制的关联人；（二）特定对象通过认购本次发行的股份取得上市公司的实际控制权；（三）特定对象取得本次发行的股份时，对其用于认购股份的资产持续拥有权益的时间不足 12 个月"。近来，一些上市公司股东咨询在同一实际控制人控制之下不同主体之间转让上市公司股份是否符合《收购办法》和《重组办法》的上述要求。我会认为，《收购办法》、《重组办法》的上述要求，旨在保证上市公司控制权相对稳定，以利于公司的长远发展，同时保障投资者可基于控制权归属的明确预期作出投资决策。实践中，同一实际控制人之下不同主体之间转让上市公司股份的案例，反映了部分上市公司基于资源整合及长远规划发展的考虑进行集团内持股结构调整的合理需求。经研究，我会认为：

一、适用《收购办法》第六十二条第一款第（二）项、第（三）项及《重组办法》第四十三条规定时，在控制关系清晰明确，易于判断的情况下，同一实际控制人控制之下不同主体之间转让上市公司股份，不属于上述规定限制转让的范围。

二、上市公司的实际控制人、控股股东及相关市场主体不得通过持股结构调整进行利益输送等损害上市公司及投资者利益的行为。

三、前述在同一实际控制人控制之下不同主体之间转让上市公司股份行为完成后，受让方或实际控制人仍应当按照诚实信用原则忠实履行相关承诺义务，不得擅自变更、解除承诺义务。

四、律师和律师事务所应当就上市公司的股份转让是否属于同一实际控制人之下不同主体之间的转让出具法律意见书。律师和律师事务所应当确保法律意见书的结论明确，依据适当、充分，法律分析清晰、合理，违反相关规定的，除依法采取相应的监管措施外，监管部门还将对法律意见书的签字律师和签字的律师事务所负责人此后出具的法律意见书给予重点关注。律师和律师事务所存在违法违规行为的，将依法追究其法律责任。

五、上述股份转让中，涉及股份过户登记的，应按照有关流通股协议转让规则办理。

《上市公司证券发行管理办法》第三十九条“违规对外提供担保且尚未解除”的理解和适用——证券期货法律适用意见第5号

《上市公司证券发行管理办法》（证监会令第30号，以下简称《管理办法》）第三十九条第（三）项规定，上市公司申请非公开发行股票，不得存在“上市公司及其附属公司违规对外提供担保且尚未解除”的情形。在非公开发行股票的行政许可审核实践中，部分上市公司及其附属公司通常采取一些纠正或补救措施，以解除违规担保或消除违规担保对公司的不利影响。由于实践中违规担保的情形多种多样，公司采取的纠正和补救措施各不相同，经过重大资产重组的上市公司历史遗留的违规担保情况则更加复杂，由此造成对于《管理办法》第三十九条“违规对外提供担保且尚未解除”规定的不同理解和认识。经研究，我会认为：

一、非公开发行股票的上市公司应当具有规范的公司治理结构和相应的内控制度，并应严格控制对外担保风险，避免给上市公司、附属公司及其股东产生重大不利影响和造成经济损失。

二、《管理办法》所规定的“上市公司及其附属公司”是指上市公司及其合并报表的控股子公司。

三、《管理办法》所规定的“违规对外提供担保”（以下简称违规担保），是指上市公司及其附属公司违反相关法律、行政法规、规章、中国证监会发布的规范性文件、公司章程的规定（以下简称相关法律规定）对外提供担保。以下情形属于《管理办法》所规定的违规担保：

（一）未按照相关法律规定履行董事会或股东大会表决程序；

（二）董事会或股东大会作出对外担保事项决议时，关联董事或股东未按照相关法律规定回避表决；

（三）董事会或股东大会批准的公司对外担保总额或单项担保的数额超过中国证监会或者公司章程规定的限额；

（四）董事会或股东大会批准对外担保事项后，未按照中国证监会规定的内容在指定媒体及时披露信息；

（五）独立董事未按规定在年度报告中对对外担保事项进行专项说明，并发表独立意见；

（六）其他违反相关法律规定的对外担保行为。

四、《管理办法》所规定的“尚未解除”，是指上市公司递交非公开发行股票申请文件时，上市公司及其附属公司违规担保尚未解除或其风险隐患尚未消除，上市公司及其股东的利益安全存在重大不确定性，而不局限于《合同法》中“合同解除”的概念。担保责任解除主要指上市公司及其附属公司违规担保状态的停止、担保责任的消灭，或者上市公司及其附属公司已经采取有效措施消除了违规担保对上市公司及股东带来的重大风险隐患等。

递交非公开发行股票申请文件前，保荐机构和发行人律师经核查存在下列情形之一的，可以出具意见认定违规担保已经解除或其对上市公司的风险隐患已经消除：

（一）上市公司及其附属公司已经采取相应纠正措施，自律组织、行政监管部门或司法机关已依法追究违规单位及相关人员的法律责任（包括立案调查或立案侦查），相关信息已及时披露；

（二）上市公司及其附属公司已按企业会计准则的要求对因违规担保而承担的付款义务确认预计负债或者已经承担担保责任，自律组织、行政监管部门或司法机关已依法追究违规单位及相关人员的法律责任（包括立案调查或立案侦查），相关信息已及时披露；

（三）担保合同未成立、未生效或已经被宣告无效、解除或撤销，上市公司及其附属公司不再继续承担担保责任以及其他相关赔偿责任；

（四）由于债务人已经全额偿还债务，或债权人未依法要求上市公司及其附属公司承担责任等原因，导致担保责任已经解除；

（五）因其他事由导致担保事项不再继续对上市公司及其社会公众股东利益产生重大不利影响。

前款第（二）项赋予上市公司及其附属公司一定选择权，但不鼓励其通过提前承担担保责任而直接给上市公司及其股东带来经济损失。上市公司及其附属公司选择确认预计负债方式可以给予投资者明确预期，同时，应努力通过法定途径避免或减少损失。

五、实施重大资产重组的上市公司，对于重组前遗留的违规担保，除适用前条规定外，保荐机构和发行人律师经核查存在下列情形之一的，可出具意见认定违规担保对上市公司的风险隐患已经消除：

（一）实施重大资产重组前，重组方已经知晓违规担保的事实，虽然递交非公开发行股票申请文件前违规担保尚未解除，但上市公司及其附属公司已按企业会计准则的要求对因违规担保而承担的付款义务确认预计负债，且自律组织、行政监管部门或司法机关已依法追究违规单位及相关人员的法律责任（包括立案调查或立案侦查），相关信息已及时披露；

（二）相关当事方已签署有效的法律文件，约定控股股东、实际控制人或重组方全部承担上市公司及其附属公司因违规担保可能产生的债务本息，且控股股东、实际控制人或重组方切实具备履约能力。

六、相关会计师事务所可以就上述第四条第二款第（二）项、第五条第（一）项关于上市公司及其附属公司对违规担保而承担的付款义务是否确认预计负债出具专项审核意见。

七、保荐机构和相关证券服务机构就上市公司及其附属公司违规担保是否已经解除出具的专业意见是监管部门作出判断的重要依据。保荐机构、相关证券服务机构及其人员应当确保专业意见的结论明确，依据适当、充分，分析清晰、合理。违反相关规定的，除依法采取相应的监管措施外，监管部门还将对相关机构和人员此后出具的专业意见给予重点关注。保荐机构、相关证券服务机构及其人员存在违法违规行为的，将依法追究其法律责任。

《上市公司收购管理办法》第六十二条有关上市公司严重财务困难的适用意见——证券期货法律适用意见第 7 号

《上市公司收购管理办法》（证监会令第 56 号）第六十二条第一款第（二）项规定，在“上市公司面临严重财务困难，收购人提出的挽救公司的重组方案取得该公司股东大会批准，且收购人承诺 3 年内不转让其在该公司中所拥有的权益”的情形下，收购人可以申请豁免要约收购义务。上述规定为收购人以危机上市公司为目标公司，实施有利于优化资源配置的收购活动提供了制度空间。为明确《上市公司收购管理办法》第六十二条第一款第（二）项有关“上市公司面临严重财务困难”的适用条件，进一步规范上市公司收购行为，现提出如下适用意见：

上市公司存在以下情形之一的，可以认定其面临严重财务困难：

一、最近两年连续亏损；

二、因三年连续亏损，股票被暂停上市；

三、最近一年期末股东权益为负值；

四、最近一年亏损且其主营业务已停顿半年以上；

五、中国证监会认定的其他情形。

《上市公司收购管理办法》第六十二条、第六十三条有关要约豁免申请的条款发生竞合时的适用意见——证券期货法律适用意见第 8 号

《上市公司收购管理办法》（证监会令第 56 号，以下简称《收购办法》）第六十二条、第六十三条对可以提出要约豁免申请的情形作了规定，并设置了不同的申请程序。近来，一些申请人及其财务顾问等证券服务机构多次向我会咨询，当申请人同时符合《收购办法》第六十二条和第六十三条规定的情形时，可否选择其中一条适用。为明确《收购办法》有关规定，现就《收购办法》第六十二条、第六十三条有关规定提出适用意见如下：

拟向中国证监会申请免于以要约收购方式增持股份的申请人同时符合《收购办法》第六十二条和第六十三条规定的情形时，可以自行选择其中一条作为申请豁免的依据。

《上市公司收购管理办法》第七十四条有关通过集中竞价交易方式增持上市公司股份的收购完成时点认定的适用意见——证券期货法律适用意见第 9 号

《上市公司收购管理办法》(证监会令第 108 号，以下简称《收购办法》)第七十四条第一款规定:“在上市公司收购中，收购人持有的被收购公司的股份，在收购完成后 12 个月内不得转让。”近来，一些通过集中竞价交易方式增持上市公司股份的收购人及其财务顾问等证券服务机构多次向我会咨询对于其收购行为完成时点的认定问题。为明确《收购办法》有关规定，现就《收购办法》第七十四条有关规定提出适用意见如下：

一、收购人通过集中竞价交易方式增持上市公司股份的，当收购人最后一笔增持股份登记过户后，视为其收购行为完成。自此，收购人持有的被收购公司的股份，在 12 个月内不得转让。

二、在上市公司中拥有权益的股份达到或者超过该公司已发行股份的30%的当事人，自上述事实发生之日起一年后，拟在 12 个月内通过集中竞价交易方式增加其在该公司中拥有权益的股份不超过该公司已发行股份的 2%，并拟根据《收购办法》第六十三条第二款第（二）项的规定申请免除发出要约的，当事人可以选择在增持期届满时进行公告，也可以选择在完成增持计划或者提前终止增持计划时进行公告。当事人在进行前述公告后，应当按照《收购办法》规定的相关程序办理。

《上市公司重大资产重组管理办法》第三条有关拟购买资产存在资金占用问题的适用意见——证券期货法律适用意见第 10 号

《上市公司重大资产重组管理办法》（证监会令第 53 号，以下简称《重组办法》）第三条规定："任何单位和个人不得利用重大资产重组损害上市公司及其股东的合法权益。"近来，一些上市公司及其独立财务顾问等证券服务机构多次咨询我会当上市公司拟购买资产存在被其股东及其关联方、资产所有人及其关联方非经营性占用资金时的有关监管政策把握问题。为明确《重组办法》有关规定，现就《重组办法》第三条有关规定提出适用意见如下：

一、上市公司重大资产重组时，拟购买资产存在被其股东及其关联方、资产所有人及其关联方非经营性资金占用的，前述有关各方应当在中国证监会受理重大资产重组申报材料前，解决对拟购买资产的非经营性资金占用问题。

二、上市公司应当在《上市公司重大资产重组报告书》第（十三）部分对拟购买资产的股东及其关联方、资产所有人及其关联方是否存在对拟购买资产非经营性资金占用问题进行特别说明。独立财务顾问应当对此进行核查并发表意见。

《上市公司重大资产重组管理办法》第十二条上市公司在 12 个月内连续购买、出售同一或者相关资产的有关比例计算的适用意见——证券期货法律适用意见第 11 号

《上市公司重大资产重组管理办法》（证监会令第 53 号，以下简称《重组办法》）第十二条第一款第（四）项规定，“上市公司在 12 个月内连续对同一或者相关资产进行购买、出售的，以其累计数分别计算相应数额”。近来，一些上市公司及其独立财务顾问等证券服务机构多次向我会咨询关于上市公司在 12 个月内连续对同一或者相关资产进行购买、出售的，该如何计算相关比例的问题。为明确《重组办法》有关规定，现就《重组办法》第十二条有关规定提出适用意见如下：

在上市公司股东大会作出购买或者出售资产的决议后 12 个月内，股东大会再次或者多次作出购买、出售同一或者相关资产的决议的，应当适用《重组办法》第十二条第一款第（四）项的规定。在计算相应指标时，应当以第一次交易时最近一个会计年度上市公司经审计的合并财务会计报告期末资产总额、期末净资产额、当期营业收入作为分母。

《上市公司重大资产重组管理办法》第十四条、第四十四条的适用意见——证券期货法律适用意见第 12 号

为了正确理解与适用《上市公司重大资产重组管理办法》(证监会令第 127 号，以下简称《重组办法》)第十四条、第四十四条的规定，我会制定了《〈上市公司重大资产重组管理办法〉第十四条、第四十四条的适用意见——证券期货法律适用意见第 12 号》，现予公布，请遵照执行。

一、《重组办法》第十四条第一款第(四)项规定："上市公司在 12 个月内连续对同一或者相关资产进行购买、出售的，以其累计数分别计算相应数额。已按照本办法的规定编制并披露重大资产重组报告书的资产交易行为，无须纳入累计计算的范围。中国证监会对本办法第十三条第一款规定的重大资产重组的累计期限和范围另有规定的，从其规定。"考虑到《重组办法》第十三条规定的重组行为的特殊性，为防止化整为零规避监管，严格执行拟注入资产须符合首次公开发行股票有关条件的要求，现就该规定中相关计算原则提出适用意见如下：

(一)执行累计首次原则，即上市公司控制权发生变更之日起 60 个月内(含上市公司控制权发生变更的同时)，向收购人及其关联人购买的资产所对应的资产总额、资产净额、营业收入或净利润，占上市公司控制权发生变更的前一个会计年度经审计的合并财务会计报告的相应指标的比例累计首次达到 100%以上的，或者所对应的发行股份的数量，占上市公司首次向收购人及其关联人购买资产的董事会决议前一个交易日的股份比例累计首次达到 100%以上的，合并视为一次重大资产重组，应当按规定申报核准；前述 60 个月内分次购买资产的，每次所购买资产对应的资产总额、资产净额、营业收入、净利润，以该购买事项首次公告日的前一个会计年度经审计的相应指标为准。

(二)执行预期合并原则，即上市公司按累计首次原则申报重大资产重组方案时，如存在同业竞争或非正常关联交易等问题，则对于收购人及其关联人为解决该等问题所制定的承诺方案，涉及未来向上市公司注入资产的，也将合并计算。

二、《重组办法》第四十四条第一款规定："上市公司发行股份购买资产的，除属于本办法第十三条第一款规定的交易情形外，可以同时募集部分配套资金，其定价方式按照现行相关规定办理。"现就该规定中发行股份购买资产项目配套融资提出适用意见如下：

上市公司发行股份购买资产同时募集配套资金，所配套资金比例不超过拟购买资产交易价格 100%的，一并由并购重组审核委员会予以审核；超过100%的，一并由发行审核委员会予以审核。不属于发行股份购买资产项目配套融资的上市公司再融资，仍按现行规定办理。

三、本规定自公布之日起施行。《〈上市公司重大资产重组管理办法〉第十四条、第四十四条的适用意见——证券期货法律适用意见第 12 号》（证监会公告〔2015〕10 号）同时废止。

四、证监会网站相关问题与解答

关于 IPO 被否企业作为标的资产参与上市公司重组交易的相关问题与解答

（2018 年 10 月 19 日）

问：如企业在申报 IPO 被否决后拟作为标的资产参与上市公司重组交易，请问对此有何监管标准？

答：我会将区分交易类型，对标的资产曾申报 IPO 被否决的重组项目加强监管：对于重组上市类交易（俗称借壳上市），企业自中国证监会作出不予核准决定之日起 6 个月后方可筹划重组上市；对于不构成重组上市的其他交易，我会将加强信息披露监管，重点关注 IPO 被否的具体原因及整改情况、相关财务数据及经营情况与 IPO 申报时相比是否发生重大变动及原因等情况。我会将统筹沪深证券交易所、证监局，通过问询、实地核查等措施，加强监管，切实促进上市公司质量提升。

关于并购重组审核分道制“豁免/快速通道”产业政策要求的相关问题与解答

（2018 年 10 月 19 日）

问：并购重组审核分道制下，适用“豁免/快速通道”的，有哪些产业政策的具体要求？

答：为切实服务供给侧结构性改革，进一步支持高新技术行业发展，在原有支持产业的基础上，按照《中华人民共和国国民经济和社会发展第十三个五年规划纲要》、《中国制造 2025》（国发〔2015〕28 号）、《“十三五”国家战略性新兴产业发展规划》（国发〔2016〕67 号）等决策部署，证监会进一步新增并购重组审核分道制豁免/快速通道产业类型如下：

高档数控机床和机器人、航空航天装备、海洋工程装备及高技术船舶、先进轨道交通装备、电力装备、新一代信息技术、新材料、环保、新能源、生物产业；党中央、国务院要求的其他亟需加快整合、转型升级的产业。

财务顾问应就前述事项开展专项核查并发表明确意见。

关于上市公司发行股份购买资产同时募集配套资金的相关问题与解答（2018年修订）

（2018年10月12日）

一、《上市公司重大资产重组管理办法》第四十四条规定："上市公司发行股份购买资产的，可以同时募集部分配套资金"。上市公司发行股份购买资产同时募集配套资金的，有哪些注意事项？

1.《〈上市公司重大资产重组管理办法〉第十四条、第四十四条的适用意见——证券期货法律适用意见第12号》规定"上市公司发行股份购买资产同时募集配套资金，所配套资金比例不超过拟购买资产交易价格100%的，一并由并购重组审核委员会予以审核"。其中，拟购买资产交易价格怎么计算？

答："拟购买资产交易价格"指本次交易中以发行股份方式购买资产的交易价格，不包括交易对方在本次交易停牌前六个月内及停牌期间以现金增资入股标的资产部分对应的交易价格，但上市公司董事会首次就重大资产重组作出决议前该等现金增资部分已设定明确、合理资金用途的除外。

2. 上市公司控股股东、实际控制人及其一致行动人通过认购募集配套资金或取得标的资产权益巩固控制权的，有何监管要求？

答：在认定是否构成《上市公司重大资产重组办法》第十三条规定的交易情形时，上市公司控股股东、实际控制人及其一致行动人拟认购募集配套资金的，相应股份在认定控制权是否变更时剔除计算，但已就认购股份所需资金和所得股份锁定作出切实、可行安排，能够确保按期、足额认购且取得股份后不会出现变相转让等情形的除外。

上市公司控股股东、实际控制人及其一致行动人在本次交易停牌前六个月内及停牌期间取得标的资产权益的，以该部分权益认购的上市公司股份，相应股份在认定控制权是否变更时剔除计算，但上市公司董事会首次就重大资产重组作出决议前，前述主体已通过足额缴纳出资、足额支付对价获得标的资产权益的除外。

独立财务顾问应就前述主体是否按期、足额认购配套募集资金相应股份，取得股份后是否变相转让，取得标的资产权益后有无抽逃出资等开展专项核查。

3. 募集配套资金的用途有何要求？

答：考虑到募集资金的配套性，所募资金可以用于支付本次并购交易中的现金对价，支付本次并购交易税费、人员安置费用等并购整合费用和投入标的资产在建项目建设，也可以用于补充上市公司和标的资产流动资金、偿还债务。

募集配套资金用于补充公司流动资金、偿还债务的比例不应超过交易作价的 25%；或者不超过募集配套资金总额的 50%。

二、根据《上市公司重大资产重组管理办法》第四十六条，“特定对象取得本次发行的股份时，对其用于认购股份的资产持续拥有权益的时间不足 12 个月”的，特定对象以资产认购而取得的上市公司股份，自股份发行结束之日起 36 个月内不得转让。标的资产为公司股权时，如何确定前述特定对象“持续拥有权益时间”的起算时点？

答：上市公司发行股份购买的标的资产为公司股权时，“持续拥有权益的时间”自公司登记机关就特定对象持股办理完毕相关登记手续之日起算。特定对象足额缴纳出资晚于相关登记手续办理完毕之日的，自其足额缴纳出资之日起算。

本问答自发布之日起施行。

关于并购重组“小额快速”审核适用情形的相关问题与解答

（2018 年 10 月 8 日）

问：上市公司并购重组“小额快速”审核的适用情形有哪些，有何要求？

答：上市公司发行股份购买资产，不构成重大资产重组，且满足下列情形之一的，即可适用“小额快速”审核，证监会受理后直接交并购重组委审议：

（一）最近 12 个月内累计交易金额不超过 5 亿元；

（二）最近 12 个月内累计发行的股份不超过本次交易前上市公司总股本的 5%且最近 12 个月内累计交易金额不超过 10 亿元。

“累计交易金额”是指以发行股份方式购买资产的交易金额；“累计发行的股份”是指用于购买资产而发行的股份。未适用“小额快速”审核的发行股份购买资产行为，无需纳入累计计算的范围。

有下列情形之一的，不适用“小额快速”审核：

（一）募集配套资金用于支付本次交易现金对价的，或募集配套资金金额超过 5000 万元的；

（二）按照“分道制”分类结果属于审慎审核类别的。

适用“小额快速”审核的，独立财务顾问应当对以上情况进行核查并发表明确意见。

关于并购重组交易对方为“200人公司”的相关问题与解答

（2018年9月28日）

问：上市公司并购重组交易对方为股东人数超200人非上市股份有限公司（以下简称“200人公司”）的，有哪些注意事项？

答：上市公司应当聘请财务顾问、律师，参照《非上市公众公司监管指引第4号——股东人数超过200人的未上市股份有限公司申请行政许可有关问题的审核指引》要求，对“200人公司”合规性问题开展核查并发表明确意见。

“200人公司”为标的资产控股股东、实际控制人，或者在交易完成后成为上市公司控股股东、实际控制人的，还应当按照《非上市公众公司监督管理办法》相关规定，申请纳入监管范围。

关于《上市公司重大资产重组管理办法》第四十三条“经营性资产”的相关问题与解答（2018年修订）

（2018年9月10日）

问：《上市公司重大资产重组管理办法》第四十三条第一款第（四）项规定，“充分说明并披露上市公司发行股份所购买的资产为权属清晰的经营性资产，并能在约定期限内办理完毕权属转移手续”。当上市公司发行股份拟购买的资产为少数股权时，应如何理解是否属于“经营性资产”？

答：上市公司发行股份拟购买的资产为企业股权时，原则上在交易完成后应取得标的企业的控股权，如确有必要购买少数股权，应当同时符合以下条件：

（一）少数股权与上市公司现有主营业务具有显著的协同效应，或者与本次拟购买的主要标的资产属于同行业或紧密相关的上下游行业，通过本次交易一并注入有助于增强上市公司独立性、提升上市公司整体质量。

（二）交易完成后上市公司需拥有具体的主营业务和相应的持续经营能力，不存在净利润主要来自合并财务报表范围以外的投资收益情况。

对于少数股权对应的经营机构为金融企业的，需符合金融监管机构及其他有权机构的相关规定；且最近一个会计年度对应的营业收入、资产总额、资产净额三项指标，均不得超过上市公司同期合并报表对应指标的20%。

上市公司重大资产重组涉及购买股权的，也应当符合前述条件。

关于发行股份购买资产发行价格调整机制的相关问题与解答

（2018 年 9 月 7 日）

问：《上市公司重大资产重组管理办法》第四十五条第四款关于“发行价格调整方案应当明确、具体、可操作”的规定，应如何理解？

答：上市公司发行股份购买资产的，可以按照《上市公司重大资产重组办法》第四十五条的规定设置发行价格调整机制，保护上市公司股东利益。发行价格调整方案的设定应当符合以下要求：

1）发行价格调整方案应当建立在市场和同行业指数变动基础上，且上市公司的股票价格相比最初确定的发行价格须同时发生重大变化。

2）发行价格调整方案应当有利于保护股东权益，设置双向调整机制；若仅单向调整，应当说明理由，是否有利于中小股东保护。

3）调价基准日应当明确、具体。股东大会授权董事会对发行价格调整进行决策的，在调价条件触发后，董事会应当审慎、及时履职。

4）董事会决定在重组方案中设置发行价格调整机制时，应对发行价格调整方案可能产生的影响以及是否有利于股东保护进行充分评估论证并做信息披露。

5）董事会在调价条件触发后根据股东大会授权对是否调整发行价格进行决议。决定对发行价格进行调整的，应对发行价格调整可能产生的影响、价格调整的合理性、是否有利于股东保护等进行充分评估论证并做信息披露，并应同时披露董事会就此决策的勤勉尽责情况；决定不对发行价格进行调整的，应当披露原因、可能产生的影响以及是否有利于股东保护等，并应同时披露董事会就此决策的勤勉尽责情况。

独立财务顾问和律师应当对以上情况进行核查并发表明确意见。

关于上市公司指定报刊披露的问题与解答

（2018 年 8 月 31 日）

问：2017 年，证监会修订的上市公司年度报告、半年度报告内容与格式准则，将“刊登在至少一种中国证监会指定报纸上”修改为“只需选择在一种中国证监会指定报纸上刊登”。但其他信息披露规则仍规定为“刊登在至少一种中国证监会指定报纸上”，请问信息披露义务人只选择在一种中国证监会指定报纸上刊登定期报告、临时报告是否符合这些规则要求？

答：2017 年，我会修订上市公司年度报告、半年度报告内容与格式准则后，上市公司只需选择在一种中国证监会指定报纸上刊登相关信息披露文件。这一做法既考虑了投资者获取信息的实际需求，也有利于降低信息披露义务人披露成本，符合降低实体经济企业成本的改革方向。信息披露义务人只选择在一种中国证监会指定报纸上刊登定期报告、临时报告符合现行规定。

关于强化财务顾问管理层对上市公司并购重组项目签字责任的问题与解答

（2017 年 11 月 17 日）

问：《上市公司并购重组财务顾问业务管理办法》规定，财务顾问应当遵守法律、行政法规、中国证监会的规定和行业规范，诚实守信，勤勉尽责，对上市公司并购重组活动进行尽职调查，对委托人的申报文件进行核查，出具专业意见，并保证其所出具的意见真实、准确、完整。请问财务顾问应当如何进一步强化管理层对重组项目的签字责任，切实提高执业质量？

答：为落实“依法监管、从严监管、全面监管”的工作要求，督促财务顾问勤勉尽责，保护投资者特别是中小投资者的合法权益，财务顾问应当进一步完善内部控制制度，强化对授权行为和授权代表人签字的约束。

（一）财务顾问应进一步强化重组项目的内部控制，重组项目的内部控制应当纳入财务顾问公司整体层面的合规和内部控制体系。反馈意见回复报告、重组委意见回复报告等文件的财务顾问专业意见，举报信核查报告等均应履行内核程序。

（二）重组报告书、财务顾问报告等申报文件，反馈意见回复报告、重组委意见回复等文件的财务顾问专业意见，举报信核查报告等原则上应当由财务顾问法定代表人签字。

（三）在法定代表人授权其代表人签字时，应当建立明确的授权制度，不得概括授权，而应针对具体项目环节履行授权程序，且被授权对象应当为内控、风控、投行等业务条线的公司负责人，授权委托书应当与签字文件一并提供。

关于上市公司重大资产重组前发生业绩“变脸”或本次重组存在拟置出资产情形的相关问题与解答

（2016 年 6 月 24 日）

问：上市公司重大资产重组前发生业绩“变脸”或本次重组存在拟置出

资产情形，对中介机构有哪些要求？

答：上市公司重大资产重组前一会计年度发生业绩“变脸”、净利润下降 50%以上（含由盈转亏），或本次重组拟置出资产超过现有资产 50%的，为避免相关方通过本次重组逃避有关义务、责任，独立财务顾问、律师、会计师和评估师应当勤勉尽责，对上市公司（包括但不限于）以下事项进行专项核查并发表明确意见：

1. 上市后的承诺履行情况，是否存在不规范承诺、承诺未履行或未履行完毕的情形。

2. 最近三年的规范运作情况，是否存在违规资金占用、违规对外担保等情形，上市公司及其控股股东、实际控制人、现任董事、监事、高级管理人员是否曾受到行政处罚、刑事处罚，是否曾被交易所采取监管措施、纪律处分或者被我会派出机构采取行政监管措施，是否有正被司法机关立案侦查、被我会立案调查或者被其他有权部门调查等情形。

3. 最近三年的业绩真实性和会计处理合规性，是否存在虚假交易、虚构利润，是否存在关联方利益输送，是否存在调节会计利润以符合或规避监管要求的情形，相关会计处理是否符合企业会计准则规定，是否存在滥用会计政策、会计差错更正或会计估计变更等对上市公司进行“大洗澡”的情形，尤其关注应收账款、存货、商誉大幅计提减值准备的情形等。

4. 拟置出资产的评估（估值）作价情况（如有），相关评估（估值）方法、评估（估值）假设、评估（估值）参数预测是否合理，是否符合资产实际经营情况，是否履行必要的决策程序等。

上市公司应当在公布重组草案的同时，披露上述专项核查意见。

关于上市公司业绩补偿承诺的相关问题与解答

（2016 年 6 月 17 日）

上市公司重大资产重组中，重组方作出的业绩补偿承诺，能否依据《上市公司监管指引第 4 号——上市公司实际控制人、股东、关联方、收购人以及上市公司承诺及履行》的规定进行变更？

答：上市公司重大资产重组中，重组方的业绩补偿承诺是基于其与上市公司签订的业绩补偿协议作出的，该承诺是重组方案的重要组成部分，因此，重组方应当严格按照业绩补偿协议履行承诺。重组方不得适用《上市公司监管指引第 4 号——上市公司实际控制人、股东、关联方、收购人以及上市公司承诺及履行》第五条的规定，变更其作出的业绩补偿承诺。

本问答发布前股东大会已经审议通过变更事项的，不适用本问答。

关于上市公司监管指引第 2 号有关财务性投资认定的问答

（2016 年 3 月 4 日）

问:《上市公司监管指引第 2 号——上市公司募集资金管理和适用的监管要求》第六条规定，“上市公司募集资金原则上应用于主营业务，除金融类企业外，募集资金投资项目不得为持有交易性金融资产和可供出售金融资产、借予他人、委托理财等财务性投资，不得直接或间接投资于以买卖有价证券为主要业务的投资”。对于其中的“财务性投资”应如何理解?

答：财务性投资除监管指引中已明确的持有交易性金融资产和可供出售金融资产、借予他人、委托理财等情形外，对于上市公司投资于产业基金以及其他类似基金或产品的，如同时属于以下情形的，应认定为财务性投资：

1、上市公司为有限合伙人或其投资身份类似于有限合伙人，不具有该基金（产品）的实际管理权或控制权；

2、上市公司以获取该基金（产品）或其投资项目的投资收益为主要目的。

上市公司将募集资金用于设立控股或参股子公司，实际资金投向应遵守监管指引第 2 号的相关规定。

关于并购重组业绩补偿相关问题与解答

（2016 年 1 月 15 日）

问题:《上市公司重大资产重组管理办法》第三十五条规定，“采取收益现值法、假设开发法等基于未来收益预期的方法对拟购买资产进行评估或者估值并作为定价参考依据的，……交易对方应当与上市公司就相关资产实际盈利数不足利润预测数的情况签订明确可行的补偿协议”。对于交易对方为上市公司的控股股东、实际控制人或者其控制的关联人，但并不控制交易标的；或者交易定价以资产基础法估值结果作为依据的，应当如何适用?

答:

1. 无论标的资产是否为其所有或控制，也无论其参与此次交易是否基于过桥等暂时性安排，上市公司的控股股东、实际控制人或者其控制的关联人均应以其获得的股份和现金进行业绩补偿。

2. 在交易定价采用资产基础法估值结果的情况下，如果资产基础法中对于一项或几项资产采用了基于未来收益预期的方法，上市公司的控股股东、实际控制人或者其控制的关联人也应就此部分进行业绩补偿。

关于并购重组业绩奖励有关问题与解答

（2016 年 1 月 15 日）

问：上市公司重大资产重组方案中，基于相关资产实际盈利数超过利润预测数而设置对标的资产交易对方、管理层或核心技术人员的奖励对价、超额业绩奖励等业绩奖励安排时，有哪些注意事项？

答：

1. 上述业绩奖励安排应基于标的资产实际盈利数大于预测数的超额部分，奖励总额不应超过其超额业绩部分的 100%，且不超过其交易作价的 20%。

2. 上市公司应在重组报告书中充分披露设置业绩奖励的原因、依据及合理性，相关会计处理及对上市公司可能造成的影响。

关于重大资产重组中标的资产曾拆除 VIE 协议控制架构的信息披露要求的相关问题与解答

（2015 年 12 月 18 日）

问：重大资产重组中，如拟购买的标的资产历史上曾拆除 VIE 协议控制架构，有哪些信息披露要求？

答：上市公司进行重大资产重组，如拟购买的标的资产在预案公告前曾拆除 VIE 协议控制架构，应当在重组报告书中对以下事项进行专项披露：

1. VIE 协议控制架构搭建和拆除过程，VIE 协议执行情况，以及拆除前后的控制关系结构图；

2. 标的资产是否曾筹划境外资本市场上市。如是，应当披露筹划上市进展、未上市原因等情况；

3. VIE 协议控制架构的搭建和拆除过程是否符合外资、外汇、税收等有关规定，是否存在行政处罚风险；

4. VIE 协议控制架构是否彻底拆除，拆除后标的资产股权权属是否清晰，是否存在诉讼等法律风险；

5. VIE 协议控制架构拆除后，标的资产的生产经营是否符合国家产业政策相关法律法规等规定；

6. 如构成借壳上市，还应当重点说明 VIE 协议控制架构拆除是否导致标的资产近 3 年主营业务和董事、高级管理人员发生重大变化、实际控制人发生变更，是否符合《首次公开发行股票并上市管理办法》第十二条的规定。

独立财务顾问应当对以上情况进行核查并发表明确意见。我会将在审核中重点关注。

本问答自公布之日起施行。

关于上市不满三年进行重大资产重组（构成借壳）信息披露要求的相关问题与解答

（2015 年 12 月 4 日）

问：对于上市不满三年即进行重大资产重组（构成借壳）的上市公司，有哪些信息披露要求？

答：上市公司进行重大资产重组（构成借壳），截至预案公告时，如上市时间不满三年，应当在重组报告书中对以下事项做出专项说明：

1. 历次募集资金使用情况，是否按照披露的投向使用，使用进度、效果与披露情况是否一致；

2. 上市后的承诺履行情况，是否存在不规范承诺及未履行承诺等情形；

3. 上市后的规范运作情况，是否存在违规资金占用、违规对外担保等情形，上市公司及其控股股东、实际控制人、现任董事、监事、高级管理人员是否曾受到行政处罚、刑事处罚，是否曾被交易所采取自律监管措施、纪律处分或者被我会派出机构采取行政监管措施，是否正被司法机关立案侦查、被我会立案调查或者被其他有权部门调查等情形；

4. 上市后的持续经营及公司治理情况，发行上市时的信息披露（特别是预测性信息披露）与上市后的实际经营情况是否相符。如不符，应当详细披露原因，以及董事、高级管理人员是否已履行相应义务并勤勉尽责。

独立财务顾问应当对以上情况进行核查并发表明确意见。

上市公司所在辖区派出机构应当进行专项核查，我会将在审核中重点关注。

本问答自公布之日起施行。

关于再融资募投项目达到重大资产重组标准时相关监管要求的问题与解答

（2015 年 11 月 27 日）

问：上市公司再融资募投项目达到重大资产重组标准时，应当符合哪些监管要求？

答：根据《上市公司重大资产重组管理办法》（以下简称《重组办法》）第二条第三款的规定，如果上市公司非公开发行预案披露的募投项目，在我会核准之后实施，或者该项目的实施与非公开发行获得我会核准互为前提，可以不再适用《重组办法》的相关规定。

如果募投项目不以非公开发行获得我会核准为前提，且在我会核准之前即单独实施，则应当视为单独的购买资产行为。如达到重大资产重组标准，应当按照《公开发行证券的公司信息披露内容与格式准则第 26 号——上市公司重大资产重组（2014 年修订）》的规定编制、披露相关文件。

关于并购重组申报文件相关问题与解答

（2015 年 11 月 11 日）

并购重组审核流程优化后，上市公司并购重组行政许可事项申报有哪些注意事项？

答：1.申请人应根据我会《上市公司行业分类指引》的有关要求，合理确定《并购重组方案概况表》中交易标的所属行业，财务顾问应对交易标的分类情况进行复核。一般情况下，交易标的应至少分类至行业门类（共 19 类），如行业门类属于制造业的，应同时确定其所属大类（共 31 类）。

2. 首次申报文件应包括 1 份全套书面材料（原件）、4 份电子版及 3 份重组报告书单行本；反馈回复的申报文件应包括 1 份书面材料（原件）及 4 份电子版。上述电子版文件应为非加密的 word 等可编辑、可索引模式。

3. 重组报告书中应增加专项披露：“（中介机构）承诺：如本次重组申请文件存在虚假记载、误导性陈述或重大遗漏，（中介机构）未能勤勉尽责的，将承担连带赔偿责任。”中介机构包括为本次重组出具财务顾问报告、审计报告、法律意见、资产评估报告、估值报告及其他专业文件的证券服务机构。

自 11 月 9 日起，并购重组的材料应按照上述要求进行申报。

上市公司监管法律法规常见问题与解答修订汇编

（2015 年 9 月 18 日）

一、上市公司计算相关交易是否达到重大资产重组标准时，其净资产额是否包括少数股东权益？

答：上市公司根据《上市公司重大资产重组管理办法》第十二条、十四条等条款，计算购买、出售的资产净额占上市公司最近一个会计年度经审计的合并财务会计报告期末净资产额的比例时，应当参照《公开发行证券的公司信息披露编报规则第 9 号——净资产收益率和每股收益的计算及披露》的相关规定，前述净资产额不应包括少数股东权益。

二、上市公司发行股份购买资产同时募集配套资金的，有哪些注意事项？

1.《上市公司重大资产重组管理办法》第四十四条规定："上市公司发行股份购买资产的，可以同时募集部分配套资金"。募集配套资金的用途有何要求？

答：募集配套资金的用途应当符合《上市公司证券发行管理办法》、《创业板上市公司证券发行管理暂行办法》的相关规定。考虑到并购重组的特殊性，募集配套资金还可用于：支付本次并购交易中的现金对价；支付本次并购交易税费、人员安置费用等并购整合费用；标的资产在建项目建设等。

募集配套资金用于补充公司流动资金的比例不应超过交易作价的 25%；或者不超过募集配套资金总额的 50%，构成借壳上市的，不超过 30%。

2. 募集配套资金的定价方法、锁定期、聘请中介机构的具体要求有哪些？

答：发行股份购买资产部分应当按照《上市公司重大资产重组管理办法》、《上市公司并购重组财务顾问业务管理办法》等相关规定执行，募集配套资金部分应当按照《上市公司证券发行管理办法》、《创业板上市公司证券发行管理暂行办法》、《证券发行上市保荐业务管理办法》等相关规定执行。募集配套资金部分与购买资产部分应当分别定价，视为两次发行。具有保荐人资格的独立财务顾问可以兼任保荐机构。

3. 上市公司按照《公开发行证券的公司信息披露内容与格式准则第 26 号——上市公司重大资产重组（2014 年修订）》的规定披露募集配套资金方案时，还应注意什么？

答：上市公司在披露募集配套资金的必要性时，应结合以下方面进行说明：上市公司前次募集资金金额、使用进度、效益及剩余资金安排；上市公司、标的资产报告期末货币资金金额及用途；上市公司资产负债率等财务状况与同行业的比较；本次募集配套资金金额是否与上市公司及标的资产现有生产经营规模、财务状况相匹配等。

上市公司还应披露募集配套资金选取询价或锁价方式的原因。如采用锁价方式，锁价发行的可行性，锁价发行对象与上市公司、标的资产之间的关系，锁价发行对象认购本次募集配套资金的资金来源，放弃认购的违约责任，以及发行失败对上市公司可能造成的影响。

三、上市公司实施并购重组中，向特定对象发行股份购买资产的发行对象数量是不超过 10 名还是不超过 200 名？

答：上市公司实施并购重组中向特定对象发行股份购买资产的发行对象数量原则上不超过 200 名。

四、《上市公司重大资产重组管理办法》第四十五条“本次发行股份购买资产的董事会决议应当说明市场参考价的选择依据”应当如何理解？

答：《上市公司重大资产重组管理办法》规定了发行股份购买资产的市场参考价可以是董事会决议公告日前 20 个交易日、60 个交易日或者 120 个交易日的公司股票交易均价之一。上市公司应当充分说明市场参考价的选择原因。

五、上市公司重大资产重组涉及其他主管部门批复的有什么要求？

答：《上市公司重大资产重组管理办法》第十一条规定，“上市公司实施重大资产重组，应当就本次交易符合下列要求作出充分说明，并予以披露：（一）符合国家产业政策和有关环境保护、土地管理、反垄断等法律和行政法规的规定”。对于涉及其他主管部门批复的，中介机构应当就本次交易涉及哪些部门批复、是否为前置审批、批复进度、不确定性风险，以及无法获取相关批复对本次交易的影响等事项发表明确意见并予以披露。

六、上市公司公告重大资产重组预案后，如对重组方案进行调整，有什么要求？

答：（一）股东大会作出重大资产重组的决议后，根据《上市公司重大资产重组管理办法》第二十八条规定，对于如何认定是否构成对重组方案的重大调整问题，明确审核要求如下：

1. 关于交易对象

1）拟增加交易对象的，应当视为构成对重组方案重大调整。

2）拟减少交易对象的，如交易各方同意将该交易对象及其持有的标的资产份额剔除出重组方案，且剔除相关标的资产后按照下述第 2 条的规定不构成重组方案重大调整的，可以视为不构成重组方案重大调整。

3）拟调整交易对象所持标的资产份额的，如交易各方同意交易对象之间转让标的资产份额，且转让份额不超过交易作价 20%的，可以视为不构成重组方案重大调整。

2. 关于交易标的

拟对标的资产进行变更，如同时满足以下条件，可以视为不构成重组方案重大调整。

1）拟增加或减少的交易标的的交易作价、资产总额、资产净额及营业收入占原标的资产相应指标总量的比例均不超过 20%；

2）变更标的资产对交易标的的生产经营不构成实质性影响，包括不影响标的资产及业务完整性等。

3. 关于配套募集资金

1）调减或取消配套募集资金不构成重组方案的重大调整。重组委会议可以审议通过申请人的重组方案，但要求申请人调减或取消配套募集资金。

2）新增配套募集资金，应当视为构成对重组方案重大调整。

（二）上市公司公告预案后，对重组方案进行调整达到上述调整范围的，需重新履行相关程序。

七、中介机构被立案调查是否影响上市公司并购重组行政许可的受理？

答：上市公司并购重组行政许可中，涉及的中介机构主要有：独立财务顾问、律师事务所、审计机构、评估机构。

根据《上市公司并购重组财务顾问业务管理办法》以及《证券发行上市保荐业务管理办法》的规定，独立财务顾问（暨保荐机构）因从事并购重组、保荐业务被立案调查后，我会对其出具的文件暂不受理，待立案调查影响消除后，视情况受理。

根据《律师事务所从事证券法律业务管理办法》的规定，律师事务所被立案调查后，我会对其出具的文件暂不受理，待立案调查影响消除后，视情况受理。

审计机构、评估机构被立案调查的，我会在受理其出具的财务报告、评估报告等文件后，在审核中将重点关注其诚信信息及执业状况。

八、《上市公司重大资产重组管理办法》第三十五条“交易对方应当与上市公司就相关资产实际盈利数不足利润预测数的情况签订明确可行的补偿协议”应当如何理解？

答：交易对方为上市公司控股股东、实际控制人或者其控制的关联人，应当以其获得的股份和现金进行业绩补偿。如构成借壳上市的，应当以拟购买资产的价格进行业绩补偿的计算，且股份补偿不低于本次交易发行股份数量的 90%。业绩补偿应先以股份补偿，不足部分以现金补偿。

在交易对方以股份方式进行业绩补偿的情况下，通常按照下列原则确定应当补偿股份的数量及期限：

（一）补偿股份数量的计算

1. 基本公式

1）以收益现值法、假设开发法等基于未来收益预期的估值方法对拟购买资产进行评估或估值的，每年补偿的股份数量为：

当期补偿金额=（截至当期期末累积承诺净利润数-截至当期期末累积实现净利润数）÷补偿期限内各年的预测净利润数总和×拟购买资产交易作价-累积已补偿金额

当期应当补偿股份数量=当期补偿金额/本次股份的发行价格

当期股份不足补偿的部分，应现金补偿

采用现金流量法对拟购买资产进行评估或估值的，交易对方计算出现金流量对应的税后净利润数，并据此计算补偿股份数量。

此外，在补偿期限届满时，上市公司应当对拟购买资产进行减值测试，如：期末减值额/拟购买资产交易作价>补偿期限内已补偿股份总数/认购股份总数，则交易对方需另行补偿股份，补偿的股份数量为：

期末减值额/每股发行价格-补偿期限内已补偿股份总数

2）以市场法对拟购买资产进行评估或估值的，每年补偿的股份数量为：期末减值额/每股发行价格-补偿期限内已补偿股份总数

当期股份不足补偿的部分，应现金补偿。

2. 其他事项

按照前述第1）、2）项的公式计算补偿股份数量时，遵照下列原则：

前述净利润数均应当以拟购买资产扣除非经常性损益后的利润数确定。

前述减值额为拟购买资产交易作价减去期末拟购买资产的评估值并扣除补偿期限内拟购买资产股东增资、减资、接受赠与以及利润分配的影响。会计师应当对减值测试出具专项审核意见，同时说明与本次评估选取重要参数的差异及合理性，上市公司董事会、独立董事及独立财务顾问应当对此发表意见。

在逐年补偿的情况下，在各年计算的补偿股份数量小于0时，按0取值，即已经补偿的股份不冲回。

拟购买资产为非股权资产的，补偿股份数量比照前述原则处理。

拟购买资产为房地产公司或房地产类资产的，上市公司董事会可以在补偿期限届满时，一次确定补偿股份数量，无需逐年计算。

3. 上市公司董事会及独立董事应当关注拟购买资产折现率、预测期收益分布等其他评估参数取值的合理性，防止交易对方利用降低折现率、调整预测期收益分布等方式减轻股份补偿义务，并对此发表意见。独立财务顾问应当进行核查并发表意见。

（二）补偿期限

业绩补偿期限一般为重组实施完毕后的三年，对于拟购买资产作价较账面值溢价过高的，视情况延长业绩补偿期限。

九、《上市公司重大资产重组管理办法》第35条规定“上市公司应当在重大资产重组实施完毕后的有关年度报告中单独披露上市公司及相关资产的实际盈利数与利润预测数的差异情况”，前述“实施完毕”是指上市公司取得相关批文还是办理资产过户？

答：“实施完毕”是指资产过户实施完毕。

十、上市公司实施重大资产重组中，对过渡期间损益安排有什么特殊要求？

答：对于以收益现值法、假设开发法等基于未来收益预期的估值方法作为主要评估方法的，拟购买资产在过渡期间（自评估基准日至资产交割日）等相关期间的收益应当归上市公司所有，亏损应当由交易对方补足。

十一、上市公司实施重大资产重组中，对审计机构和评估机构独立性有什么特殊要求？

答：在上市公司重大资产重组中，为上市公司重大资产重组活动提供服务的审计机构及其人员与评估机构及其人员应当在以下方面保持独立性：

1. 不存在主要股东相同、主要经营管理人员双重任职、受同一实际控制人控制等情形。

2. 不存在由同一人员对同一标的资产既执行审计业务又执行评估业务的情形。

十二、在上市公司并购重组审核中，拟购买资产为游戏公司的，在重组报告书中应当披露哪些内容？对独立财务顾问有什么特殊要求？

答：申请人应当结合游戏公司特点及运营模式，在重组报告书中分析并披露以下业务数据：主要游戏的总玩家数量、付费玩家数量、活跃用户数、付费玩家报告期内每月人均消费值、充值消费比、玩家的年龄和地域分布、开发人员等。同时，披露将未开发项目纳入收益法评估范围的说明，以及作为高风险、高波动公司的折现率和风险系数取值合理性的说明。

独立财务顾问应当围绕游戏公司业绩真实性进行专项核查，专项核查报告应当在申请人向监管机构报送申请文件时一并提交，同时提供关于拟购买资产销售真实性的核查方法、核查经过、核查范围等事项的说明。

十三、上市公司并购重组行政许可审核中，对私募投资基金备案及资产管理计划设立有何要求？

答：（一）私募投资基金备案要求

1. 资产重组行政许可申请中，独立财务顾问和律师事务所应当对本次重组是否涉及私募投资基金以及备案情况进行核查并发表明确意见。涉及私募投资基金的，应当在重组方案实施前完成备案程序。

如向我会提交申请材料时尚未完成私募投资基金备案，申请人应当在重组报告书中充分提示风险，并对备案事项作出专项说明，承诺在完成私募投资基金备案前，不能实施本次重组方案。

在我会审核期间及完成批准程序后，完成私募投资基金备案的，申请人应当及时公告并向我会出具说明。独立财务顾问和律师事务所应当对备案完成情况进行核查并发表明确意见。之后，方可实施重组方案。

2. 要约豁免义务申请中，申请人为私募投资基金的，应当在我会受理前完成备案程序。财务顾问（如有）、律师事务所应当在《财务顾问报告》、《法律意见书》中对本次申请涉及的私募投资基金以及备案完成情况进行核查并发表明确意见。

（二）资产管理计划监管要求

资产管理计划参与配套募集资金且尚未成立的，在重组方案提交上市公司股东大会审议时，应当已有明确的认购对象以及确定的认购份额。

十四、重大资产重组方案被重组委否决后，上市公司应当采取哪些处理措施？

答：《上市公司重大资产重组管理办法》第三十一条规定："上市公司收到中国证监会就其重大资产重组申请作出的予以核准或者不予核准的决定后，应当在次一工作日予以公告"，结合实践，上市公司重大资产重组方案被重组委否决后应当采取以下处理措施：

1. 上市公司董事会可以在重组委审议结果公告后，就是否修改或终止本次重组方案做出决议并予以公告；

2. 上市公司应当在收到中国证监会不予核准的决定后次一工作日予以公告；

3. 上市公司董事会应当根据股东大会的授权，在收到中国证监会不予核准的决定后 10 日内，就是否修改或终止本次重组方案做出决议并予以公告，同时撤回相关的豁免申请的材料（如涉及）；

4. 如上市公司董事会根据股东大会的授权决定终止方案，应当在以上董事会的公告中明确向投资者说明；

5. 如上市公司董事会根据股东大会的授权准备落实重组委的意见并重新上报，应当在以上董事会公告中明确说明重新上报的原因、计划等。

十五、投资者在股份减持行为中是否适用一致行动人的定义，是否需合并计算相关股份?

答：按《证券法》第八十六条规定，投资者持有或者通过协议、其它安排与他人共同持有上市公司的股份达到 5%或达到 5%后，无论持股比例增加或者减少 5%时，均应当履行报告和公告义务。《上市公司收购管理办法》第十二、十三、十四以及八十三条进一步规定，投资者及其一致行动人持有的股份应当合并计算，其增持、减持行为都应当按照规定履行相关信息披露及报告义务。

《上市公司收购管理办法》所称一致行动情形，包括《上市公司收购管理办法》第八十三条第二款所列举的十二条情形，如无相反证据，即互为一致行动人，该种一致行动关系不以相关持股主体是否增持或减持上市公司股份为前提。

十六、如何计算一致行动人拥有的权益?

答：《上市公司收购管理办法》第十二条规定“投资者在一个上市公司中拥有的权益，包括登记在其名下的股份和虽未登记在其名下但该投资者可以实际支配表决权的股份。投资者及其一致行动人在一个上市公司中拥有的权益应当合并计算”，第八十三条进一步规定“一致行动人应当合并计算其所持有的股份。投资者计算其所持有的股份，应当包括登记在其名下的股份，也包括登记在其一致行动人名下的股份”。因而，《上市公司收购管理办法》所称合并计算，是指投资者与其一致行动人能够控制上市公司股份的总数。

十七、自然人与其配偶、兄弟姐妹等近亲属是否为一致行动人?

答：自然人及其近亲属符合《上市公司收购管理办法》第八十三条第二款第（九）项规定以及第（十二）项“投资者之间具有其他关联关系”的情形，如无相反证据，应当被认定为一致行动人。

十八、《上市公司收购管理办法》有在“事实发生之日”起 3 日内披露上市公司收购报告书（摘要）的规定，对于“事实发生之日”怎么理解?

答：《上市公司收购管理办法》及《公开发行证券的公司信息披露内容与格式准则第 16 号——上市公司收购报告书（2014 年修订）》有“事实发生

之日”起 3 日内披露上市公司收购报告书（摘要）的原则规定，对此规定应当理解如下：

1. 协议收购的，在达成收购协议之日起 3 日内，其中共同出资设立新公司的，在达成出资协议之日起 3 日内；

2. 以协议等方式一致行动的，在达成一致行动协议或者其他安排之日起 3 日内；

3. 行政划转的，在获得上市公司所在地国资部门批准之日起 3 日内；

4. 司法裁决的，在收到法院就公开拍卖结果裁定之日起 3 日内；

5. 继承、赠与的，在法律事实发生之日起 3 日内；

6. 认购上市公司发行新股的，在上市公司董事会作出向收购人发行新股的具体发行方案的决议之日起 3 日内。

十九、《上市公司收购管理办法》第六十二条第一款第（一）项规定，“收购人与出让人能够证明本次股份转让是在同一实际控制人控制的不同主体之间进行，未导致上市公司的实际控制人发生变化”，应当如何理解？

答：（一）存在以下情形之一的，属于股权转让完成后上市公司的实际控制人未发生变化：

1. 收购人与出让人在同一控股集团内，受同一自然人或法人控制。

2. 收购人与出让人属于同一出资人出资且控制。对于国有控股的，同一出资人系指同属于国务院国资委或者同属于同一省、自治区、直辖市地方人民政府。

（二）上市公司国有股在不同省、自治区、直辖市的国有企业之间，国务院国资委和地方国有企业之间进行转让时，视为实际控制人发生变化。

二十、收购人收购上市公司后对上市公司的持股（包括直接和间接持股）比例不足 30%的，是否需要锁定 12 个月？

答：《证券法》第九十八条、《上市公司收购管理办法》第七十四条规定：“在上市公司收购中，收购人持有的被收购上市公司的股票，在收购行为完成后的十二个月内不得转让”。结合实践，对于本条款的适用问题，明确要求如下：

对于投资者收购上市公司股份成为第一大股东但持股比例低于 30%的，也应当遵守《证券法》第九十八条、《上市公司收购管理办法》第七十四条有关股份锁定期的规定。

二十一、《上市公司收购管理办法》第十三条第二款中“占该上市公司已发行股份的比例每增加或者减少 5%”是指上市公司总股本的 5%或其整数倍，还是指每次股份变动的幅度达到 5%？此外该条中的“3 日”、“2 日”是指自然日还是交易日？

答：1.该条“占该上市公司已发行股份的比例每增加或者减少 5%”是指通过证券交易所的证券交易，投资者及其一致行动人拥有权益的股份“变动数量”达到上市公司已发行股份的 5%时（如从 11%降至 9%，虽然跨越 10%刻度，也不触发相关义务），应当依照相关规定进行公告。在公告后 2 日内，不得再行买卖该上市公司的股票。

2. 根据《证券法》第八十六条规定，如通过证券交易所的证券交易，投资者及其一致行动人拥有权益的股份降至 5%以下时，即使“变动数量”未达到上市公司已发行股份的 5%（如从 5.5%降至 4%），也应当披露权益变动报告书、履行相关限售义务。但上市公司披露的上市公告书中已包含权益变动信息的，可不再单独披露权益变动报告书。对于因增发股份等原因导致持股比例被动降至 5%以下后又主动减持股份的，应当披露权益变动报告书、履行相关限售义务。

3. 该条中“3 日”、“2 日”是指交易日，不含公告日当天。

二十二、关于上市公司并购重组行政许可事项封卷时间有哪些要求？

答：1.对提交并购重组委审议的行政许可事项：审核结果为无条件通过或未通过的，财务顾问应于重组委会议召开后两个工作日内来我部进行封卷；审核结果为有条件通过的，财务顾问应于申请人落实重组委审核意见后两个工作日内来我部进行封卷。

2. 对要约收购义务豁免类行政许可事项，财务顾问应于取得核准批文后两个工作日内来我部进行封卷。

3. 财务资料过期的，财务顾问应及时报送更新后的财务资料；封卷时间在前述时间基础上延后，于更新财务资料后两个工作日内来我部进行封卷。

4. 财务顾问应在领取核准批文两个工作日内，来我部核对并确认封卷信息。

二十三、关于沪港通权益变动相关信息披露中有何注意事项？

1. 在沪港通实行名义持有人制度下，上市公司前十大股东的认定和披露是以名义持有人为准还是以实际权益拥有人为准？

答：根据《公开发行证券的公司信息披露内容与格式准则第 2 号——年度报告的内容与格式》的规定，年报中应当披露报告期末股东总数、持股 5%以上股份的股东名称等，若持股 5%以上股东少于 10 人，则应列出至少前 10 名股东的持股情况。目前，A 股市场是依照记载于登记结算机构的股东名册确认股东身份的，也即按名义持有人进行确认。在沪港通实施初期，以名义持有人披露前十大股东是确保市场效率的重要制度安排。

2. 在披露持股 5%以上的股东、控股股东和实际控制人方面，是以实际权益拥有人为准还是以名义股东为准？权益变动的信息披露义务主体是谁？是否需要合并计算相关权益？

答：《证券法》第六十七条规定，“持有公司百分之五以上股份的股东或者实际控制人，其持有股份或者控制公司的情况发生较大变化”时，上市公司需要报告、公告临时报告。《上市公司收购管理办法》规定，投资者在一个上市公司中拥有的权益，包括登记在其名下的股份和虽未登记在其名下但该投资者可以实际支配表决权的股份。投资者及其一致行动人在一个上市公司中拥有的权益应当合并计算。持股 5%以上的股东、控股股东或实际控制人应按照上述规定切实履行权益披露义务。

根据《沪港股票交易互联互通机制试点若干规定》第十三条第四款规定：香港投资者通过沪股通买卖股票达到信息披露要求的，应当依法履行报告和信息披露义务。因此，通过沪股通买入内地市场上市公司股票的香港投资者，是信息披露的义务人。

3. 根据沪港通相关规定，单个境外投资者对单个上市公司的持股比例上限是 10%。在持股比例上限的计算和认定方面，是以名义股东还是以实际权益拥有人为准？境内和境外的上市股是否需要合并计算？

答：根据《上市公司收购管理办法》规定，“投资者及其一致行动人在一个上市公司中拥有的权益应当合并计算”。“本办法所称一致行动，是指投资者通过协议、其他安排，与其他投资者共同扩大其所能够支配的一个上市公司股份表决权数量的行为或者事实。”“在上市公司的收购及相关股份权益变动活动中有一致行动情形的投资者，互为一致行动人”。

根据《合格境外机构投资者境内证券投资管理办法》（以下简称 QFII 办法）规定，境外投资者履行信息披露义务时，应当合并计算其持有的同一上市公司的境内上市股和境外上市股。在境外投资者申请 QFII 资格时，应当切实履行持股信息披露和禁止短线交易的有关要求。QFII 及其一致行动人应当合并计算持有上市公司股份，同一 QFII 管理的不同产品的持股情况应当合并计算。

沪港通下，境外投资者应当按照上述规定切实履行信息披露。

4. 资产管理公司或者拥有多家子公司的集团公司，如何履行权益披露义务？是否需要合并计算子公司在同一家上市公司中持有的股份？

答：《上市公司收购管理办法》规定，投资者在一个上市公司中拥有的权益，包括登记在其名下的股份和虽未登记在其名下但该投资者可以实际支配表决权的股份。投资者及其一致行动人在一个上市公司中拥有的权益应当合并计算。沪港通下，资产管理公司或者集团公司按照上述规定履行权益披露义务。